für Wedig

Ich danke den eritreischen Kämpferinnen für die unvergeßlichen Gespräche, die Einblicke in ihr Leben. Das Buch gibt einigen – stellvertretend – das Wort, damit sich ihre persönliche Geschichte, ihre subjektiven Erfahrungen und die Leistung der Frauen während des Unabhängigkeitskrieges niemals verlieren in Anonymität oder in der offiziellen Version des Widerstandskampfes.

Danken möchte ich außerdem den Menschen in Eritrea für ihre Gastfreundschaft, Muzit, Klaus, Sabine Ferenschild und Beate Horlemann für ihr Engagement.

Das Buch beende ich jetzt, in der Silvesternacht 1995 in Bonn. Vor genau einem Jahr, Silvester 1994, war ich im kriegszerstörten Nakfa und habe den nächtlichen Jahreswechsel genauso wie alle Einwohner Nakfas vor und in einer Wellblechhütte erlebt – in kriechender Kälte, aber unter dem unendlich vollen eritreischen Sternenhimmel. Diese Erinnerung ist mir im Augenblick präsenter als die Gegenwart. Alle lebten in Wellblechhütten, aber es gab bereits eine Schule, eine Bibliothek wurde gerade gebaut. Ich frage mich, wie es den Menschen dort heute geht. Und wünsche ihnen, daß jedes Jahr ein gutes Jahr für Eritrea wird.

Stefanie Christmann

Inhalt

II. Lebensläufe – Für die Freiheit haben wir genauso gekämpft wie die Männer

Anhang

Eritrea
Siedlungsgebiete
der Volksgruppen

Rasheida
Nara
Tigrigna
Saho
Afar
Tigre
Kunama
Hedareb
Bilen

6

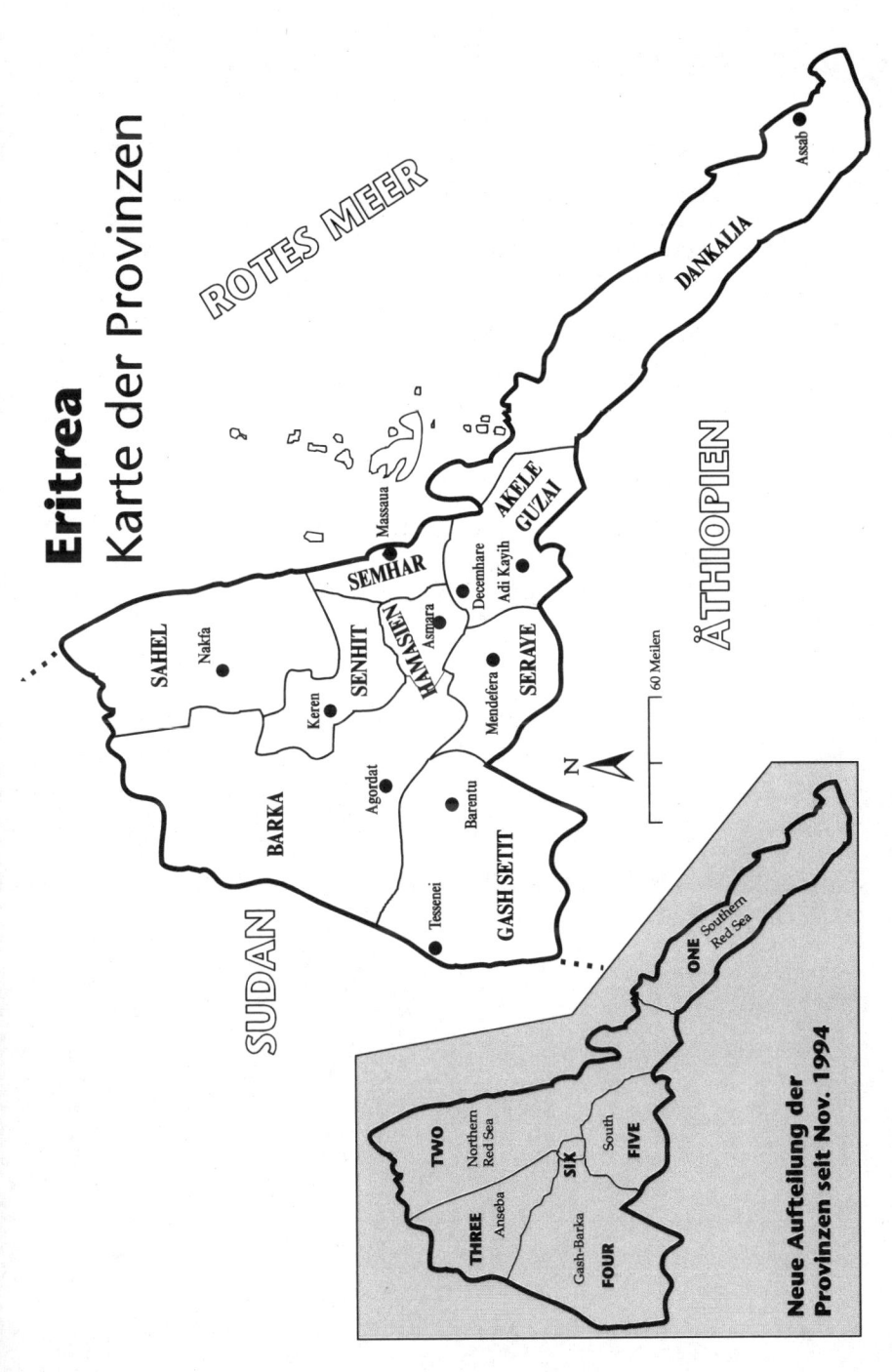

Eritrea
Karte der Provinzen

ROTES MEER

SUDAN

SAHEL

Nakfa

SEMHAR

Massaua

SENHIT

HAMASIEN

Asmara

Keren

Decemhare

Adi Kayih

AKELE GUZAI

BARKA

Agordat

SERAYE

Mendefera

Barentu

GASH SETIT

Tessenei

DANKALIA

Assab

ÄTHIOPIEN

N

60 Meilen

Neue Aufteilung der
Provinzen seit Nov. 1994

ONE
Southern
Red Sea

TWO
Northern
Red Sea

THREE
Anseba

SIK

South

FIVE

FOUR

Gash-Barka

Abkürzungen

BMZ	Bundesministerium für wirtschaftliche Zusammenarbeit
CERA	Commission for Eritrean Refugee Affairs
ELM	Eritrean Liberation Movement
ELF	Eritrean Liberation Front
EPLF	Eritrean People's Liberation Front
ERRA	Eritrean Relief and Rehabilitation Agency
FKP	Fachkräfteprogramm der GTZ
GTZ	Deutsche Gesellschaft für Technische Zusammenarbeit
MoH	Ministry of Health
MoA	Ministry for Agriculture
NCA	Norwegian Church Aid
NUEW	National Union of Eritrean Women
NUEYS	National Union of Eritrean Youth and Students
OBS	Otto Benecke Stiftung
PFDJ	People's Front for Democracy and Justice
UNICEF	United Nations Children's Fund

I. Die Situation von Frauen in Eritrea heute

1. Das Politikum
»Gleichberechtigung der Frauen«

»Wir haben jetzt oft genug die Erfahrung gemacht, daß die Beteiligung von Frauen am Befreiungskampf nicht notwendig oder automatisch zu einer gleichberechtigten Partizipation der Frauen in den unabhängig gewordenen Staaten führt.« (Mama/77)

30 Jahre lang kämpften EritreerInnen mit der Waffe um ihre nationale Unabhängigkeit. Am 24. Mai 1991 marschierten die BefreiungskämpferInnen in der Hauptstadt Asmara ein, damit begann de facto die nationale Unabhängigkeit Eritreas.

In der Eritrean People's Liberation Front (*EPLF*), die Ende des Krieges ca. 95.000 KämpferInnen zählte, waren ein Drittel Frauen: ca. 30.000. Auch in den anderen Befreiungsbewegungen kämpften Frauen neben Männern. Sie wurden ebenso wie Männer als FrontkämpferInnen, ÄrztInnen, LehrerInnen, MechanikerInnen, KöchInnen etc. eingesetzt. Unabhängig von ihrer Funktion lebten sie alle unter den gleichen Bedingungen, sie standen in derselben Befehlsstruktur. Kämpferinnen starben genauso qualvoll wie Kämpfer. »Die Freiheit haben wir nicht von den Männern«, sagen Kämpferinnen heute.

Die politische Agenda der Nachkriegszeit

Aber über die Gestaltung der Nachkriegsgesellschaft, und damit auch über die Lebensbedingungen und Chancen der Frauen, bestimmen jetzt vorwiegend Männer. Zwar gibt es auch Frauen in wichtigen Gremien, aber ihre Zahl und ihr Einfluß sind auffallend gering. Zum Teil, aber nur zum Teil, liegt dies daran, daß weniger Frauen als Männer die erforderliche Qualifikation haben.

Neben der nationalen Freiheit hatte sich die EPLF und hat sich die Nachfolgepartei, People's Front for Democracy and Justice (PFDJ), die volle Gleichberechtigung der Frauen und die Entwicklung des Landes auf die Fahne geschrieben. Unter Entwicklung verstanden die FreiheitskämpferInnen nicht die möglichst schnelle Industrialisierung des Landes, sondern Demokratie, die Förderung der Menschen durch Bildung, Gesundheitsfürsorge und ein Rechtssystem, das traditionell benachteiligten Gruppen wie Frauen oder Landlosen gleiche Chancen gäbe. Frauen sollten auf allen Ebenen gleiche Rechte und Pflichten haben wie Männer. Entwicklung wurde personenbezogen definiert: Entwicklung des einzelnen und der Gemeinschaft von Menschen.

Heute wird Entwicklung auch in Eritrea zunehmend sachbezogen definiert: Wichtig ist der Regierung vor allem, dem Staat eine bessere Infrastruktur zu schaffen, also Straßenbau, Hafen- oder Flughafenausbau. Dem alten Geist verpflichtet sind noch die Prioritäten für die Errichtung von Schulen und ein flächendeckendes Netz zur Gesundheitsfürsoge. Die Tatsache, daß 30% der Haushalte von alleinerziehenden Müttern in oft desolater Situation geleitet werden, wird von der Regierung dagegen als Problem minderer Dringlichkeit abgestuft. Insgesamt setzt die Regierung auf die Kräfte, die am meisten zum Aufbau der Infrastruktur, zum Aufbau der Wirtschaft beitragen können, vor allem auf Männer. So ist der Wiederaufbau die Stunde der unabhängigeren Männer, Frauen bleibt vielfach nur der Weg zurück ins Haus.

War die Zeit des Krieges stark vom Gedanken der Solidarität bestimmt, so ist heute Wettbewerb prägend. Frauen sind jetzt nicht mehr Mitstreiterinnen und Verbündete, sondern Konkurrentinnen um die wenigen Arbeitsplätze und Förderprogramme. Die Regierung gibt auch in den Bereichen, in denen sie Frauen fördern könnte, ohne sich den Zorn der Traditionalisten zuzuziehen, Männern immer wieder den Vorzug (Demobilisierung, Berufsbildung, Medien).

Regierung und traditionelle Gesellschaft

Die Verwirklichung der Gleichberechtigung der Frauen in Eritrea steht vor einem grundsätzlichen Dilemma: Lediglich eine progressive Minderheit unterstützt derzeit im noch weit überwiegend traditionell denkenden und lebenden Eritrea die Gleichberechtigung von Frauen. Ein Mehrparteiensystem mit Majoritätsentscheiden würde noch das Aus für Frauenpolitik bedeuten. Für das Gros ist die Gleichberechtigung der Frauen ein Gedanke des »modernen« westlichen Auslands. Manche Männer sehen gar ihre traditionelle Kultur bedroht, die wesentlich auf der Verschiedenheit der Geschlechter und der Geschlechterrollen beruht. Eine Berufstätigkeit von Frauen, Selbständigkeit, die Übernahme von öffentlichen Funktionen im Ort oder auf höherer Ebene – das können sich viele, Männer und Frauen, in Regionen, in denen die Frau auf das Haus beschränkt leben soll, noch nicht vorstellen.

Die Regierung, deren Rückhalt vor allem im traditionellen Westen viel geringer ist als im moderneren Hochland, ist damit bei der Frauenpolitik auf einer Gratwanderung: Bliebe sie in punkto Gleichberechtigung ihrem alten progressiven Kurs treu, brächte sie die Männer der traditionellen Gesellschaft, die sie ohnehin noch nicht sicher hinter sich weiß, gegen sich auf. Im Westen wird z.B. heute bei Familienangelegenheiten nach der Scharia Recht gesprochen, nicht nach staatlichen Gesetzen. Würde die Regierung im Westen konsequent staatliche Rechtsprechung einführen, müßte sie sich auf einen Machtkampf mit den geistlichen Würdenträgern einlassen. Darauf »verzichtet« die Regierung im Sinne des »nationalen Friedens« zu Lasten der Frauen.

Auch die Frauen selbst sind in den traditionellen Regionen in der Zwickmühle: Nehmen sie die Qualifizierungsangebote der Regierung an, nehmen sie sich ihre neuen Rechte, ziehen sie sich leicht den Zorn ihrer Väter, Brüder und Onkel zu, die sie zum innenpolitischen Gegenspieler »überlaufen« sehen.

Die Regierung verhält sich in bezug auf die Durchsetzung von Frauenrechten zaudernd, weil sie den Konflikt mit der traditionellen Gesellschaft fürchtet und nicht die nationale Einheit gefährden will. Sie löst ihre frauenpolitische Programmatik nicht ein, sondern ihre praktischen Maßnahmen widersprechen dieser ganz klar. Trotzdem ist die PFDJ im Bereich Frauenpolitik immer noch »der Spatz in der Hand« – »eine Taube auf dem Dach« nicht mal zu sehen. Trotz der immer offenkundiger werdenden Mängel und Mißbräuche in der Ausübung der Regierungsverantwortung gibt es aber derzeit aus frauenpolitischen Erwägungen auf dieser hohen politischen Ebene keine Alternative zur PFDJ. Ein Ausweg aus diesem Dilemma des zögernden und zweigleisig fahrenden Protagonisten an der Macht scheint nur über die Stärkung der »Gesellschaftswelt« (Ernst-Otto Czempiel) möglich, also durch die Förderung sozialer Bewegungen, die Forderung nach Zulassung vom Staat unabhängiger Medien etc.

Eritrea ist trotz dieses Dilemmas das Land am Horn von Afrika, das Erwartungen auf Stabilität und Entwicklung am ehesten erfüllen, und damit zum befriedenden Faktor in dieser Krisenregion werden könnte. Dafür ist aber notwendig, Frauen ebenso Entwicklungsmöglichkeiten zu eröffnen wie Männern, gleiche Chancen, sich zu bilden, sich zu engagieren, mitzubestimmen – auch über die sozialen Bewegungen.

Notwendiger Kurswechsel des Nordens

Der Wunsch des Nordens, Frauenförderung in Eritrea zu unterstützen, kann nur fruchtbar werden, wenn er sich bewußt ist, daß das eine von vielen im Land noch als Fremdbestimmung, als Modernisierung, als Kulturraub empfundene Zielsetzung ist. Vor allem in der extremen Nachkriegsarmut ist die Macht über die Frauen oft das einzige, was Männer haben – und die Chance auf Heirat bei bereitwilliger Unterordnung die einzige Hoffnung, die Frauen haben. Frauenförderung bricht gewaltsam in dieses traditionelle Gefüge ein.

Die Forderung des Nordens, Eritrea solle ein Mehrparteiensystem einführen, ist in ihren Auswirkungen kritisch zu reflektieren. Es könnte das Ende der Gleichberechtigung bringen. Ob die Parteidiktatur, die das Land derzeit regiert, für Frauen wirklich Hoffnungsträger ist, ist allerdings auch nicht gewiß. Hoffnungsträger für das Leben der Frauen in Städten und Dörfern sind heute eher die örtlichen Selbsthilfegruppen und die eritreische *Frauenunion*, noch nicht die Regierung.

2. Eritrea im Überblick

2.1 Geschichte

In Eritrea leben seit 10.000 Jahren Menschen. Schon zur Zeit der Alten Ägypter war die Region ein bedeutender Handelsplatz. Eritreische Geschichte beginnt keinesfalls mit der europäischen Kolonisierung, sondern das Land hat eine interessante und eine längere Geschichte als Europa.

In der Hand der Europäer

Die Vorgeschichte des 30jährigen eritreischen Unabhängigkeitskrieges begann vor etwa 150 Jahren. Mit dem Bau des Suez-Kanals wurde das Horn von Afrika zu einer für Europa »geostrategisch« bedeutsamen Region. Die Briten setzten sich im jemenitischen Aden fest, die Franzosen in Djibouti. 1869, im Jahr der Eröffnung des Kanals, begannen die Italiener, Land in Eritrea zu kaufen. Den Zivilisten folgte Militär. 1890 wurde das heutige Eritrea, auf das außer den Europäern auch Ägypter und Türken ein begehrliches Auge geworfen hatten, zur italienischen Kolonie erklärt.

Mehrere Hunderttausend italienischer Siedler kamen ins Land, es wurden große Plantagen und im Hochland Fabriken angelegt. Die Kolonisation vertrieb viele eritreische Bauern von ihrem Boden, machte sie zu lohnabhängigen Feldarbeitern oder zu städtischen Fabrikarbeitern. Die Kolonisierung führte, auch durch den Bau der Fabriken, zu einer Verstädterung im zentralen Hochland, dem Siedlungsgebiet der Tigrigna. Asmara und Decemhare wuchsen enorm. Weitere, für die Italiener wichtige Städte waren Keren und Massaua.

Fremdbestimmung und Verdrängung hatten indirekt zwei Effekte: Erstens entwickelte sich eine gebildete städtische eritreische Mittelschicht von Verwaltungsangestellten etc. In den Schulen wurde zwar europäisches Bildungsgut gelehrt, also italienische statt ostafrikanischer Geschichte. Aber trotzdem, vielleicht sogar deshalb, förderten die Veränderungen durch die Kolonisierung das Wachsen eines nationalen Identitätsgefühls, vor allem bei den Tigrigna der städtischen Zentren und bei der traditionellen Oberschicht der Tigre im muslimischen Tiefland. Von ihnen ging der Selbstbestimmungsgedanke aus. Indirekt führte so die sich noch bis Anfang der

90er Jahre (1991/93) fortsetzende Fremdbestimmung zum Wachsen eritreischen Nationalgefühls.

Im Zweiten Weltkrieg, der auch Schlachtfelder und Opfer in Afrika hatte, besiegten 1941 die Briten in der Schlacht bei Asmara die Italiener. Die Briten wurden damit für ein knappes Jahrzehnt die neuen Herren der ehemals italienischen Kolonie. Die Engländer demontierten die Eisenbahn – »und alles was sie mitnehmen konnten«, so viele Eritreer – und trugen damit ihren Teil zur Verarmung des Landes bei. Andererseits ließ England das Wachsen einer demokratischen Kultur zu, es entstanden Parteien und Gewerkschaften. So erhielten Gebildete, Intellektuelle und Honoratioren relativ viel Freiraum, den politischen Dialog unter den Einheimischen zu gestalten. Die nationale Frage wurde in den 50er und auch den 60er Jahren heiß und kontrovers diskutiert. Die Eritreer waren zerstritten, wenn es um die Frage ging, wie sie nach dem Ende der Kolonisation leben sollten: Im muslimischen Tiefland war die Mehrheit für die Unabhängigkeit, viele der christlichen Tigrigna im Hochland wollten die Anbindung an das christliche Äthiopien.

In der Hand der Äthiopier, der Beginn des Befreiungskrieges

Die Siegermächte des Zweiten Weltkrieges konnten sich nicht einigen, was mit der ehemals italienischen Kolonie geschehen sollte. Deshalb fiel die Entscheidung der UNO zu. Sie föderierte 1952 Eritrea als »autonome Einheit« mit Äthiopien, obwohl das zu dieser Zeit bereits auf entschiedenen Widerspruch in Eritrea stieß (vgl. Lebensgeschichte von Tsaheitu Gebreselassie, Kap. II). Mit dieser Fehlentscheidung begründete die UNO maßgeblich einen »Dekolonisationskonflikt« (Matthies/93), einen 30jährigen Krieg, bei dem auf äthiopischer Seite brutalste Menschenrechtsverletzungen an der eritreischen Zivilbevölkerung alltäglich waren – zu denen die UNO schwieg. Frauen schlossen sich den eritreischen Widerstandsbewegungen vielfach in Reaktion auf solche Verbrechen der äthiopischen Militärs an, die in ihrer unmittelbaren Umgebung geschahen (vgl. Teil II).

Als Kaiser Haile Selassie von Äthiopien in den folgenden Jahren völkerrechtswidrig immer stärker in die Autonomie Eritreas eingriff, schließlich sogar die Gewerkschaften verbot, gründeten Exileritreer 1958 im Sudan die erste Widerstandsbewegung: Eritrean Liberation Movement (ELM). Die ELM baute kleine Zellen mit jeweils sieben Mitgliedern (Machbeer Schowaate) auf, die Spionage und heimlich sog. politische Aufklärung betrieben, also aktive Anhänger für die Idee der nationalen Unabhängigkeit zu gewinnen suchten.

In Kairo gründeten Muslime des westlichen Tieflands (Tigre) 1960 die Eritrean Liberation Front (ELF), die 1961 den bewaffneten Widerstand, Guerillatätigkeit begann. Die äthiopische Armee reagierte darauf mit brutalen Strafmaßnahmen: Sie brannte mehr als hundert Dörfer im westlichen

Tieland nieder, z.T. wurden die Bewohner vorher in der Kirche eingesperrt (vgl. Lebensgeschichte von Fana Weldenkien und Nura). Etwa 60.000 Menschen flüchteten in den Sudan. Seit Mitte der 60er Jahre schlossen sich, Folge der äthiopischen Massaker, auch immer mehr Christen aus dem Hochland der ELF an.

1962 annektierte Äthiopien Eritrea als 14. Provinz. Die UNO erhob nicht einmal Einspruch, geschweige, daß sie ihrer Pflicht nachgekommen wäre, die Föderation und die Rechte der Eriteer zu garantieren. Die USA wollten – inmitten des muslimischen Umfelds am Bab el Mandeb – einen starken christlichen Staat, Äthiopien. Eritrea fiel dem Kalkül der Großmächte zum Opfer. »Die UNO ist ein exklusiver Klub von Staaten. Völker haben keinen Zutritt zur UNO«, so kommentierte Dr. Bereket Habte Selassie 1990 in Bologna die Haltung der Vereinten Nationen zur eritreischen Unabhängigkeitsbewegung (Bereket Habte Selassie/231; Dr. Bereket ist heute Leiter der Verfassungskommission).

Die ELF wurde nicht streng zentralistisch geführt, sondern es gab immer wieder Differenzen zwischen den fünf verschiedenen, regional bzw. ethnisch gebundenen Gruppen. Das schränkte die Schlagkraft der ELF zeitweise stark ein. Die Äthiopier konnten die fünf Gruppen einzeln und nacheinander bekriegen. 1967 startete Äthiopien eine Offensive gegen alle fünf Gruppen der ELF, die sich daraufhin zurückziehen mußten. Kritik und Zersplitterung innerhalb der ELF steigerten sich danach noch.

Abspaltung der EPLF

1970 spaltete sich von der ELF ein linksintellektueller Kreis um den heutigen Staatspräsidenten Isaias Afewerki ab. Zu dieser Gruppe gehörten viele christliche Tigrigna des Hochlands, aber auch Muslime. Sie gründeten die Eritrean People's Liberation Front (EPLF). Anders als die ELF hatte sie schon bald auch ein klares sozialrevolutionäres Programm, das von der Gleichberechtigung der Geschlechter ausging und auf eine Landreform, auf Entwicklung der Zivilbevölkerung, auf Demokratie zielte.

Im gleichen Jahr verhängte Äthiopien über ganz Eritrea den Ausnahmezustand. Damit waren die Menschen noch schutzloser als zuvor der Militärbesatzung ausgeliefert. Äthiopien wurde zu dieser Zeit von den USA umfangreich unterstützt. Die Eritreer dagegen hatten keine Militärmacht im Rücken, die sie aufgerüstet hätte.

Der Sudan half den eritreischen FreiheitskämpferInnen und der Zivilbevölkerung während des gesamten Krieges indem er Flüchtlinge aufnahm und ELF und EPLF erlaubte, Lazarette auf sudanesischem Boden zu errichten. Die KämpferInnen konnten auch den Hafen Port Sudan nutzen, was für die Kämpfenden überlebenswichtig war. Der Sudan war das einzige sichere Rückzugsgebiet der eritreischen KämpferInnen. Einige arabische

Staaten (Südjemen, Libyen u.a.) unterstützten den Unabhängigkeitskampf der ELF zeitweilig. Ihre Hilfe knüpften sie jedoch teilweise an Bedingungen, was wesentlich zu den Problemen zwischen Christen und Muslimen innerhalb der ELF beitrug und die ELF somit indirekt wiederum schwächte.

1974 wurde in Äthiopien Haile Selassie gestürzt. Das Militär, Mengistu Haile Mariam und der Derg, übernahmen die Macht. Mengistu war noch entschlossener als Haile Selassie, den eritreischen Freiheitskampf mit Gewalt niederzuschlagen. Während des 30jährigen Krieges lehnten die Äthiopier mehrfach EPLF-Waffenstillstandsangebote zur Vorbereitung einer friedlichen Lösung des Äthiopien/Eritrea-Konflikts ab.

Beide, das äthiopische Militär und die eritreischen Widerstandskämpfer, rekrutierten während des Krieges Soldaten bzw. KämpferInnen in der eritreischen Zivilbevölkerung, teilweise auch mit Waffengewalt (vgl. Lebensgeschichten von Madura Dabi und Fatma Homed, Kap. II). Die Zwangsrekrutierungen durch die EPLF sind noch heute ein Tabu in der eritreischen Gesellschaft. Die eritreische Regierung verfälscht die Geschichte, indem sie erklärt, alle KämpferInnen seien aus eigenem Antrieb und politischer Überzeugung zur EPLF gegangen (vgl. ERRA/7). Es gab Jahre, z.b. 1977, in denen sich bei der EPLF mehr viele Freiwillige meldeten als sie aufnehmen konnte, es gab aber auch Jahre, z.b. 1988, in denen die KämpferInnen nachts Dörfer umstellten und alle Jugendlichen mit dem Gewehr zwangen, mit in den Kampf zu gehen.

Bürgerkrieg im Befreiungskrieg

Mehrfach kämpften ELF und EPLF in den 70er Jahren um die Vorherrschaft im Widerstand, 1972-74 herrschte regelrechter Krieg zwischen den Befreiungsbewegungen. Dieser immer wieder aufflammende Bruderkrieg ist heute in Eritrea tabuisiert. KämpferInnen, die daran teilgenommen haben, wollen vielfach nur hinter vorgehaltener Hand darüber berichten. Von offizieller Seite werden die ELF und ihr Beitrag zur Unabhängigkeit heute kaum einer Erwähnung für wert befunden.

Gemeinsam gelang ELF und EPLF jedoch 1977 die Befreiung fast ganz Eritreas: Die EPLF eroberte Nakfa, Afabet, Keren und die Akele Guzai-Provinz, die ELF Tessenai, Agordat und die Berge um Barentu. Unter großen Verlusten versuchte die EPLF erfolglos, auch das für die Versorgung mit Nachschub wichtige Massaua zu erobern.

1978 verbündete sich Mengistu mit der Sowjetunion und startete mit massiver sowjetischer Militärhilfe eine Großoffensive gegen die eritreischen Truppen. Die UdSSR zahlte während des Krieges Milliarden Dollar Militärhilfe. Äthiopier und Russen griffen nun mit starken Luftwaffeverbänden an, die eritreischen FreiheitskämpferInnen und die Zivilbevölkerung waren den Bomben hilflos ausgeliefert. Die Äthiopier besetzen 1978 Eritrea erneut. Die ELF zog sich nach Westen zurück, viele KämpferInnen gingen in den Sudan. Die EPLF ging in die Berge der Sahel-Provinz. Viele ZivilistInnen schlossen sich ihnen an. Vor allem gingen viele junge Frauen aus den Dörfern des Hochlands mit den KämpferInnen der EPLF. Etliche hatten in den Monaten, als nur noch manchmal äthiopische Soldaten patroullierten, die UnabhängigkeitskämpferInnen unterstützt, also Flugblätter für sie verteilt oder Informationen und Nahrungsmittel für sie geschmuggelt. Manche waren der EPLF-Jugendorganisation Hafash beigetreten (vgl. Lebensgeschichten von Saba und Achberet Welldai, Kap. II).

Zu Beginn der 80er Jahre setzte sich die EPLF nach erneuten militärischen Auseinandersetzungen mit der ELF als stärkste Kraft durch, sie drängte die ELF weitgehend über die Grenze in den Sudan.

Stellungskrieg in Sahel

In Sahel begann ein Stellungskrieg zwischen der EPLF, die nördlich von Nakfa ihre Basis hatte, und den Äthiopiern, die in Afabet ihren nördlichen Stützpunkt hatten. Die EPLF hatte keine Verbündeten und war sogar vielfach gezwungen, die eigenen Waffen erst vom Gegner zu erbeuten. Der zuverlässigste Rückhalt der eritreischen UnabhängigkeitskämpferInnen waren neben der Zivilbevölkerung die RritreerInnen im Exil, ohne deren vielfältige, nicht nur finanzielle Hilfe der Kampf nicht über einen so langen Zeitraum hätte geführt werden können.

Die EPLF baute in den Jahren nach 1978 in den Schluchten des Sahel verborgene Werkstätten auf, die alles herstellten, was für den Kampf notwendig war: Munition, Ersatzteile für Fahrzeuge und Radios, Sandalen, Medizin, Prothesen, Gasmasken und, als zunehmend Frauen in den bewaffneten Kampf gingen, sogar Damenbinden. In einer kilometerlangen Schlucht entstand das legendäre Orota-Zentralhospital, in dem selbst schwierigste Operationen durchgeführt werden konnten. Es gab unter Bäumen verborgene Schulen und Waisen»häuser«. In den noch kleinen befreiten Gebieten gab es zeitweise Ansätze normalen Lebens auch für KämpferInnen und Zivilbevölkerung.

Die Äthiopier versuchten in mehreren erfolglosen Offensiven, den eritreischen Widerstand zu brechen. Die EPLF hatte den Vorteil, daß sie aus dem Schutz der Berge heraus operieren konnte, während die Äthiopier vom Tal aus angreifen mußten. Andererseits standen die WiderstandskämpferInnen allein einem von Großmächten aufgerüsteten Gegner gegenüber, der aus der Luft angreifen konnte. Kaiser Haile Selassie wurde von den USA massiv militärisch unterstützt, der Diktator Mengistu Haile Mariam von der UdSSR und Israel. Israel hatte ein Interesse an einem starken christlichen

18

Land in der Region und versuchte außerdem, sich mit seiner Unterstützung für Äthiopien Wohlwollen gegenüber den äthiopischen Juden, den Falaschas, zu erkaufen.

Das westliche Ausland leistete den EritreerInnen, die Opfer der widerrechtlichen Okkupationspolitik der Äthiopier geworden waren, keinen Beistand. Im Gegenteil: Selbst die internationale Nahrungsmittelhilfe für die EritreerInnen wurde weiterhin den Äthiopiern ausgehändigt, auch während des Krieges, sogar während der Hungersnot 1984. Der Westen erklärte sich so stillschweigend damit einverstanden, daß Äthiopien Hunger als Kampfmittel gegen die Zivilbevölkerung einsetzte.

Erfolg der UnabhängigkeitskämpferInnen

Von Sahel ausgehend begann die Rückeroberung Eritreas. 1984 erkämpfte sich die EPLF Teile der Küste und Westeritreas (Tessenai und Barentu), mußte sich jedoch später wieder aus diesen Gebieten zurückziehen. In einer legendären, aber innerhalb der EPLF nicht unumstrittenen Guerillaaktion drang eine kleine Gruppe von EPLF-KämpferInnen in den Militärflughafen Asmara ein und zerstörte etliche Flugzeuge, um so den verheerenden Bombenangriffen aus der Luft vorzubeugen. 1986 griff die EPLF erneut erfolgreich direkt auf dem Militärflughafen die gegnerische Luftwaffe an. 1986 versucht sie wieder, Massaua einzunehmen.

1988 verbündete sich die EPLF mit der linksgerichteten äthiopischen Befreiungsbewegung Tigrayan People's Liberation Front (TPLF; Äthiopien kämpfte während des Krieges gegen die EritreerInnen auch gegen andere Völker innerhalb der äthiopischen Grenzen, z.B. gegen Unabhängigkeitsbewegungen der Tigray und Oromo). Gemeinsam gelang es EPLF und TPLF, die äthiopische Nordprovinz Tigray unter Kontrolle zu bringen und damit das in Eritrea stationierte äthiopische Militär auf dem Landweg vom Mutterland abzuschneiden. Äthiopien antwortete mit einer Willkür- und Terrorwelle gegen die eritreische Zivilbevölkerung. 1989 wurde erneut Hunger als Waffe gegen den eritreischen Widerstand eingesetzt. Aufgrund der politischen Veränderungen im Ostblock suchte Äthiopien nach neuen militärischen Verbündeten und wurde nun stärker von Israel aufgerüstet.

1988 begann die EPLF von Nakfa aus offensiv den Vormarsch nach Süden. Im März 1988 gelang die Eroberung der äthiopischen Basis Afabet. Das war ein entscheidender Sieg der BefreiungskämpferInnen. Panikartig flohen daraufhin äthiopische Truppen auch im Westen. Die EPLF konnte nachrücken und befreite Tessenai, Barentu, Agordat und Keren.

1990 gelang die Eroberung der fast völlig zerstörten Hafenstadt Massaua. 1991 drang die EPLF vom Süden der Akele Guzai Provinz nach Norden Richtung Asmara vor. Die letzte entscheidende Schlacht wurde bei Decemhare geschlagen, am 19. Mai 1991.

In Äthiopien setzte sich gleichzeitig die mit der EPLF verbündete dortige Befreiungsbewegung um Meles Zenawi (TPLF) durch. Am 22. Mai floh der äthiopische Diktator Mengistu nach Zimbabwe, seine Truppen flohen aus Asmara. Am 24. Mai 1991 zog die EPLF in Asmara ein – der 30jährige Unabhängigkeitskrieg endete mit dem Sieg der EritreerInnen.

Beginn des Friedens

Die Zusammensetzung der EPLF am Ende des Krieges: 64% ihrer Mitglieder waren Tigrigna, 24% Tigre, 12% kamen aus den sieben kleineren Volksgruppen Afar, Bilen, Hedareb, Kunama, Nara, Rasheida und Saho; 63% waren Christen, 36% Muslime. Ein Drittel der 95.000 Kämpfer waren Frauen, ein auch im Vergleich zu anderen Befreiungsbewegungen sehr hoher Anteil.

Nach Kriegsende wurde eine provisorische Regierung unter dem Chef der EPLF und heutigen Staatspräsidenten Isaias Afewerki gebildet. In einem nationalen Referendum votierten im Mai 1993 ca. 98% der Eritreer für die Unabhängigkeit. Derzeit wird eine Verfassung ausgearbeitet, die im Sommer 1996 in Kraft treten soll.

Die stark von den christlichen Tigrigna geprägte EPLF nennt sich heute People's Front for Democracy and Justice (PFDJ) und ist die allein zugelassene politische Kraft. Ausländischen Pressevertretern gegenüber wird zwar vom Chef der Verfassungskommission, Dr. Bereket Habte-Selassie, immer wieder erklärt, wenn erst einmal die Verfassung im Sommer 1996 in Kraft getreten sei, würden danach auch andere Parteien zugelassen. Der Chef der politischen Abteilung der PFDJ, Yemane Ghebreab, hingegen stellte Ende 1994 klar: »Es ist nicht davon auszugehen, daß nach der Verabschiedung der Verfassung in eineinhalb Jahren andere Parteien zugelassen werden. Ohnehin, selbst wenn sie einmal zugelassen werden sollten, wer sollte sie denn wählen? Wie sollten sie denn die Zustimmung der Wähler bekommen?« – Es gibt nur staatliche Medien. Von einer Zulassung vom Staat unabhängiger Medien könne man nicht ausgehen, ergänzte Yemane Ghebreab.

Die PFDJ dominiert alle Bereiche und hat einen extremen Alleinvertretungsanspruch, was vielleicht auch eine Folge der Erfahrung mangelnder Solidarität des Auslands während des Unabhängigkeitskrieges ist. Dieser Machtanspruch wird in den muslimischen Provinzen teilweise schon wieder als erneute Besatzung empfunden, zumal der vorwiegend patriarchalisch-traditionell denkenden Bevölkerung das sozialreformerische Programm der EPLF/PFDJ vielfach fremd ist. Eine Politik der Gleichberechtigung der Frau trifft oft nicht auf Zustimmung. Hinzu kommt Unzufriedenheit, weil der erhoffte Aufschwung sich für viele Gruppen (auf ihre Demobilisierung wartende KämpferInnen, Flüchtlinge) schleppend gestaltet. Beides läßt die Unzufriedenheit am Regime wachsen.

Drängende Probleme

Probleme von besonderer Tragweite sind die Armut der Frauen und das Bevölkerungswachstum. Besondere Sprengkraft haben die Demobilisierung und die Integration von ca. 60% der FreiheitskämpferInnen sowie die Wiederansiedlung und Eingliederung zurückkehrender Flüchtlinge.

Die heute politisch führende Gruppe, die sich über Jahrzehnte auf den Freiheitskampf konzentrieren mußte und daher weitgehend abgekoppelt von der entwicklungspolitischen Diskussion lebte, mißt den Problemen der zweiten Gruppe Bedeutung bei. Sie ist sich auch der Problematik des Devisenmangels sehr bewußt. In der Armut der Frauen und im Bevölkerungswachstum (Verdopplung innerhalb von 23 Jahren) sieht sie ein weniger dringliches (Frauenarmut) bzw. gar kein (Bevölkerungswachstum) Problem für die Entwicklung des Landes.

Von solchen, letztlich natürlich entscheidenden, politischen Weichenstellungen abgesehen: Die noch nicht demobilisierten KämpferInnen, die in allen Bereichen der Administration, im Schul- und Gesundheitswesen als billige Arbeitskräfte tätig sind, halten den Staat derzeit nicht nur am Leben. Sondern sie setzen erstaunlich viel in Gang, vor allem, wenn man bedenkt, daß die meisten für ihre neuen Tätigkeiten keine nennenswerte und teilweise sogar gar keine Ausbildung haben.

2.2 (Kriegsbedingte) Unterentwicklung und ihre Folgen für Frauen

Während des 30jährigen Krieges wurden Bereiche vernachlässigt, die vor allem für den Arbeits- und Lebensalltag der Frauen wesentlich sind: Wasser- und Abwassermaßnahmen, Gesundheitsfürsorge, allgemeine Bildung etc. Folge der Bombardements auf Dörfer und der Massenfluchten aus umkämpften Gebieten ist auch der heute herrschende eklatante Wohnungsmangel. Diese Kriegsfolgen bestimmen das Leben der Frauen maßgeblich, denn ihr Arbeitsplatz ist noch primär das Haus, ihre Aufgabe die Fürsorge und Versorgung der Familie.

Gemeinsam mit UNICEF und anderen internationalen Organisationen hat die Regierung einen sog. Nationalen Entwicklungsplan für die Jahre 1996 bis 2000 aufgestellt, der in Asmara und den Provinzen Seraye und Barka die dringendsten Nachkriegsprobleme ausräumen bzw. Anstöße zu ihrer Überwindung geben soll. Im Zentrum des Entwicklungsplans steht das

Interesse, Kindern notwendige Voraussetzungen für eine bessere Zukunft zu schaffen. Davon profitieren Frauen zwar auch, aber Frauen sind nicht die eigentliche Zielgruppe, sondern werden in ihrer Funktion als Mutter gefördert, damit ihre Kinder günstigere Entwicklungsbedingungen erhalten.

Das Land und seine Menschen

Der Staat Eritrea ist mit 120.000 qkm etwa halb so groß wie die alte Bundesrepublik. Derzeit gibt es etwa 3,5 Mio. EritreerInnen, davon leben 2,5 Mio. im Land, 500.000 Flüchtlinge sind nach wie vor im Sudan und 500.000 in Äthiopien, in Europa und Amerika.

Die eritreische Regierung zählt die ins Ausland geflohenen EritreerInnen mit zu ihrer Bevölkerung. Sie unterstützt und fördert mit verschiedenen Programmen auch die in den Sudan geflohenen Landsleute. Die in westlichen Industrie- und arabischen Ölstaaten lebenden EritreerInnen wiederum unterstützen ihre Familienangehörigen in Eritrea finanziell so großzügig, daß es schlüssig ist, sie einzubeziehen. Überweisungen eines im Ausland lebenden Familienmitglieds sind oft die wichtigste Einnahmequelle einer Familie. Das durchschnittliche Pro-Kopf-Jahreseinkommen liegt bei ca. 150 Dollar. Auch das große Handelsbilanzdefizit Eritreas wird durch die Zahlungen der AuslandseritreerInnen zu einem sehr großen Teil ausgeglichen.

Die vorliegende Darstellung bezieht sich aber, wenn von EritreerInnen gesprochen wird, auf die im Land ansässigen.

Eritrea ist sehr heterogen – landschaftlich, wirtschaftlich und auch bezogen auf die Vielfalt der Volks-, Sprach- und Religionsgruppen. Sowohl die Siedlungsräume als auch die kulturellen und religiösen Zugehörigkeiten überschneiden sich vielfach.

Man unterscheidet drei Klimazonen: das trockene Hochland, das trockenheiße Tiefland im Westen und das feuchtheiße Tiefland entlang der Küste. Es gibt Regionen mit zwei Ernten pro Jahr (Gebiete in Semhar und Hamasien). Viele Gegenden, nicht nur die Danakil-Wüste, sind jedoch menschlichem Leben sehr widrig. Es gibt ausgedehnte Savannen und Bergland. Dort ist teilweise nur nomadische Viehhaltung möglich.

Vor allem im Hochland liegen die städtischen Zentren, in denen Handwerk, Verwaltung und Industrie eine relativ bedeutende Rolle spielen. Asmara hat etwa 450.000 Einwohner, größere Städte sind außerdem Keren, Massaua, Decemhare, Mendefera, Tessenei. Das Land war bis November 1994 in neun Provinzen und die Hauptstadt Asmara aufgeteilt: Hamasien, Akele Guzai, Senhit, Seraye, Barka, Gash Setit, Sahel, Semhar, Dankalia. Die Nationalversammlung hat daraus sechs Provinzen gemacht, fünf Flächenprovinzen und den Hauptstadtbezirk Asmara mit etwas Umland.

Gut die Hälfte der Bevölkerung sind sunnitische Muslime, knapp die Hälfte gehören christlichen Konfessionen an (Kopten, Griechisch-Orthodoxe, Katholiken u.a.). Die Kunama hängen zur Hälfte noch ihrer angestammten Naturreligion an, zur Hälfte dem Islam. In den einzelnen Volksgruppen gehören nicht immer alle der gleichen Religionsgruppe an, die Religionszugehörigkeit ist auch nicht streng an Landstriche oder Dorfgrenzen gebunden.

Landwirtschaft, Ökologie und Ernährung

Manche Gegenden, vor allem in Barka, aber auch in Sahel (und in der allerdings landwirtschaftlich kaum nutzbaren Dankalia), sind nach wie vor vermint und daher nicht landwirtschaftlich nutzbar.

Bisher wird nur ein Teil der landwirtschaftlich nutzbaren Fläche in Anspruch genommen. Laut Statistik leben 80% der EritreerInnen von der Landwirtschaft. Zwar arbeiten die meisten den ganzen Tag in der Landwirtschaft, können aber von den Erträgen nicht leben. Zu 90% betreiben die Bauern und Bäuerinnen Subsistenzwirtschaft: teilweise nomadische Viehhaltung, teilweise Ackerbau, teilweise gemischt. Der überwiegende Teil des Bodens wird in Regenanbaumethoden bearbeitet, künstliche Bewässerung ist sehr selten.

Viele Felder konnten während des Krieges nicht mehr bearbeitet werden, weil Männer als Arbeitskräfte fehlten, es keine Zugtiere mehr gab, die Gegend häufig unter Beschuß lag oder die Bevölkerung fliehen mußte. Diese erzwungene Aufgabe der Felder und die häufige Dürre trieben die Erosion bedrohlich voran. Terrassen verfielen während des Krieges, der Waldbestand wurde weiter dezimiert – mit einschneidenden Folgen für den Wasserhaushalt. Nur noch 2% des Bodens sind mit Wald bedeckt (in den 20er Jahren: 30%).

Ein Drittel der EritreerInnen lebt heute weiter als eine Stunde Fußmarsch von der nächsten Wasserquelle entfernt. Ein Drittel aller Wasserquellen auf dem Land versiegen im Laufe eines Jahres für Monate.

Diese ökologische Zerstörung Eritreas hat Konsequenzen vor allem für die Frauen auf dem Land. Sie müssen immer mehr Zeit und Kraft aufwenden, um Wasser und Feuerholz zu suchen. Folgen hat die zunehmende Wasserknappheit bzw. Entfernung zwischen Wohnort und Wasserquelle auch für Hygiene und Gesundheit der ganzen Familie: Infolge des immensen Arbeitsaufwands bei der Beschaffung stehen auf dem Land pro Kopf nur drei Liter täglich zur Verfügung. Mehr können die Frauen nicht herbeischaffen (die WHO geht von einem Standard von 20-45 l aus; in Deutschland liegt der tägliche Verbrauch pro Kopf bei 140 l).

Auch die Ernte ist größeren Risiken ausgesetzt, was für die Frauen zur

Folge hat, daß sie mehr Wildpflanzen sammeln müssen (Baobab-, Kakteen-Früchte, Nüsse etc.). Martina Dempf berichtet außerdem von Orten in Gash Setit, in denen die Ernährung der Dorfbewohner gefährdet sei, weil die von ihnen genutzten Wildpflanzen den Pflanzungen neuer Landbesitzer weichen mußten (Dempf/17).

Während des Krieges wurden die Tierherden sowohl vom Feind abgeschlachtet als auch von den EritreerInnen selbst in extremen Hungerzeiten dezimiert. Nur 40% des Tierbestands blieben erhalten. Derzeit werden die Herden wieder aufgestockt, was allerdings teilweise negative Folgen für die Umwelt hat, weil man die Erdkrume zerstört wird.

Sich diese lebende Reserve für potentielle Hungerzeiten wieder zuzulegen, ist vielen trotz gravierender Mangelernährung wichtiger als eine ausgewogene Kost. Große Teile der Bevölkerung ernähren sich nur von Nahrungsmittelhilfe, von Sorghum und Wildpflanzen, die Vitamine, Mineralstoffe und Fette liefern. Nahrungsmittelhilfe ist für große Teile der Bevölkerung unverzichtbar. Frauen und Mädchen sind extremer unter- und mangelernährt als Männer (UNICEF/82), was auch an der körperlichen Schwerstarbeit über 16-18 Stunden täglich liegt.

Wirtschaft

Eritrea hat kaum Ausfuhren. Die in den 40er und 50er Jahren florierende Industrie liegt noch ziemlich darnieder, die Anlagen sind überaltet, Fachkräfte nicht in ausreichender Zahl vorhanden. Die Produkte der wenigen Fabriken – vorwiegend im Bereich Textil, Leder, Nahrungsmittel, Zement und Baustoffe – werden im eigenen Land verkauft.

Die Mango-, Dattel- und Zitrusplantagen wurden von den Äthiopiern während des Kriegs zum größten Teil abgeholzt, um das Land auszubluten. Die EPLF vertrat während des Krieges den Gedanken der Subsistenz, also die Vorstellung, daß die Erträge des Landes primär dazu dienen sollten, die Bedürfnisse der eigenen Landsleute zu befriedigen. Diese Bedürfnisorientierung ist heute nicht mehr so klar zu erkennen wie früher. Das mag auch am Einfluß ausländischer Entwicklungsorganisationen liegen, deren Abgesandte z.T. den Anbau von devisenbringenden cash crop-Pflanzen für wesentlich halten.

Die Infrastruktur ist noch höchst mangelhaft: Geteerte Straßen gibt es nur zwischen Massaua, Asmara und Keren sowie von Asmara nach Äthiopien, die übrigen Gebiete sind nur durch mehr oder weniger holprige und nur je nach Wetterlage befahrbare Pisten an das Zentrum angebunden, was z.B. eine Vermarktung ländlicher Produkte in einem größeren Umkreis erschwert, teilweise unmöglich macht.

Nachkriegsprobleme im Gesundheitsbereich

Nur 0,26% der Bevölkerung in ländlichen Regionen haben Zugang zu sanitären Anlagen und nur 7% zu sauberem Wasser – damit ist Eritrea heute in diesem Bereich eins der bedürftigsten Länder weltweit. Krankheiten aufgrund mangelhafter Wasserver- und Abwasserentsorgung sind weit verbreitet und tragen sehr zur geringen Lebenserwartung bei. Sie liegt im Schnitt bei 47 Jahren. Nach Auskunft der Frauenunion ist sie bei Frauen deutlich niedriger als bei Männern.

Die Kindersterblichkeit liegt bei 135 von 1000 Lebendgeburten. 13% der Babys wiegen infolge der Mangel- und Unterernährung der Mütter bei der Geburt weniger als fünf Pfund. Ca. 50.000 kommen pro Jahr wegen des Jod- und Vitaminmangels der Mütter mit schweren, mehr als 500 mit schwersten geistigen Behinderungen zur Welt. Weil so viele Säuglinge und Kleinkinder sterben, entscheiden sich die Eltern meist dafür, möglichst viele Kinder zu bekommen: Das erhöht das Sterberisiko der Mütter enorm. Empfängnisverhütung westlicher Art wird (aus unterschiedlichen Gründen) nur von 1% der Paare praktiziert.

710 von 100.000 Geburten enden mit dem Tod der Mutter, d.h. täglich sterben drei Eritreerinnen, während oder weil sie gebären. Das Risiko der Frauen, bei einer ihrer (im Durchschnitt sieben) Geburten zu sterben, liegt landesweit bei 1:23, in der Provinz Barka sogar bei 1:10 (in Industrieländern bei 1:10.000). Diese hohe Zahl ist in der schlechten Ernährung, zu harter Arbeit, der Infibulation, mangelnder Hygiene u.a. aufgrund von Wassermangel und mangelnder fachkundiger Betreuung begründet. Nur 6% aller Frauen entbinden betreut von medizinisch geschulten Kräften. Wenn die Mutter bei der Geburt stirbt, hat der Säugling nur eine Chance von 5%, ein Jahr alt zu werden.

Eine flächendeckende Gesundheitsversorgung mit Gesundheitszentren, Gesundheitsstationen, Krankenschwestern, Geburtshelferinnen etc. soll aufgebaut werden. Aber noch fehlen Ausbildungsplätze. Bisher gibt es für die 2,5 Mio. Einwohner 15 Krankenhäuser, 35 Gesundheitszentren und 113 Gesundheitsstationen. Auf 25.000 Einwohner kommt ein Arzt, auf 11.500 eine Krankenschwester.

AIDS

Die Zahl HIV-infizierter und AIDS-kranker Frauen ist sehr hoch. Ein Grund sind die vielen Vergewaltigungen und Prostitution während der äthiopischen Besatzung. Ein anderer wesentlicher Grund ist das erhöhte Ansteckungsrisiko für infibulierte Frauen. Registriert waren im Mai 1994 800 AIDS-kanke Männer und Frauen. Wahrscheinlich sind es aber 4.000, so das Gesundheitsministerium. Offiziellen eritreischen Schätzungen zufolge sind 40.000-60.000 EritreerInnen HIV-infiziert; die Rate verdoppelt sich jährlich. Von den registrierten Fällen sind 70% im Alter von 20 bis 39 Jahre. Untersuchungen von Schwangeren zufolge sind ca. 5% der sexuell aktiven Frauen HIV-positiv. Bei Prostituierten geht die Regierung von über 25% aus.

Die Regierung ist in bezug auf AIDS-Vorsorge und Safer Sex modern eingestellt und versucht, mit etlichen Medienprogrammen Aufklärung zu betreiben. Kondome sind billig, sie werden auch kostenlos abgegeben. Aber die Kluft zu den traditionellen Gesellschaften scheint kaum überbrückbar. Zu der kriegsbedingt enorm hohen Zahl von Waisen und Halbwaisen (90.000) wird künftig eine große Zahl von AIDS-Waisen kommen. Ihnen, so vermutet die eritreische Regierung, werde wahrscheinlich weniger Sympathie und Solidarität entgegengebracht werden als den Kriegswaisen.

Nachkriegsproblem Armut

Armut herrscht allgemein in Eritrea. Große Bevölkerungsgruppen können sich nicht ohne Hilfe von außen ernähren (im engen Sinne: satt werden). Eine Armutsstatistik konnte bisher noch nicht erstellt werden.

Es gibt allerdings auch eine kleine reiche Oberschicht, der fünf bis sechs Prozent der Bevölkerung angehören. Es sind Geschäftsleute in den Städten, Leute mit Verbindungen zum Ausland und auch alteingesessene Notabelnfamilien.

Selbst die Mittelschicht lebt nicht in ökonomischer Sicherheit, da die Preise vor allem für Mieten, aber auch für Elektrizität etc. rasant steigen, teilweise geradezu explodieren. Die Löhne und Gehälter dagegen stagnieren. Die Mieten für Gewerbeflächen in Asmara sind im vergangenen Jahr um das Siebenfache gestiegen.

Von der Armut sind insbesondere Frauen betroffen. Sie müssen den größten Teil ihrer Arbeitskraft und -zeit für Hausarbeit verwenden, um Wasser zu holen, Holz zu sammeln, Getreide zu mahlen etc. Außerdem haben sie aufgrund der Traditionen, der mangelhafteren Förderung ihrer Fähigkeiten, ihrer Kapitalschwäche, ihrer geringeren Mobilität und Vermarktungsmöglichkeiten weniger Chancen, einer auch noch so geringen Erwerbstätigkeit nachzugehen. Daß trotzdem mehr Frauen als Männer an den food-for-work-Programmen teilnehmen (60% der Teilnehmer waren in der ersten Hälfte des Jahres 1994 Frauen), zeigt, daß Frauen mehr als Männer von Armut betroffen sind. Ganz besonders leiden alleinerziehende Mütter und ihre Familien unter Armut. Zu dieser Gruppe gehören Witwen von Kriegsgefallenen oder Geflüchteten, Geschiedene oder Verlassene. Schätzungen zufolge stellen allein die de jure alleinerziehenden Mütter (also verwitwete oder geschiedene Frauen) 30% der Haushaltsvorstände, de facto (unter Hinzurechnung der ganz oder teilweise verlassenen Frauen) ist ihr Anteil noch bedeutend höher. Ihre Zahl steigt sowohl durch die Rückkehr der

Flüchtlinge aus dem Sudan, wo viele alleinerziehende Frauen leben, als auch durch die seit dem Kriegsende andauernde Scheidungswelle weiter an. Besonders von Armut betroffen ist auch die große Zahl der alten Frauen, die kriegsbedingt keine Familie mehr haben.

Prostitution

Die Prostitution ist seit Kriegsende viel geringer als zur Zeit der äthiopischen Besatzung. Nach der offiziellen Statistik gibt es ca. 700 Prostitutierte, vorwiegend in Asmara, Massaua und Assab. Einheimische gehen von einer weit höheren Zahl und auch von vielfach unklaren Grenzen zur armutsbedingten Gelegenheitsprostitution aus.

Die meisten der offiziell als Prostituierte registrierten Frauen sind 20 bis 40 Jahre alt. Oft begannen sie mit dieser Erwerbstätigkeit nach einer Scheidung, die sie unversorgt zurückließ. Manche haben eine höhere Schulbildung, einige sogar das 12. Schuljahr abgeschlossen. Es gibt lediglich ein Programm, das Frauen eine Alternative zur Prostitution eröffnen soll: ein Nähkurs für 20 Frauen.

Im Entwicklungsplan von Regierung und UNICEF gibt es zwar ein AIDS-Präventionsprogramm. Zur Rehabilitation von Prostituierten werden jedoch kaum Anstrengungen unternommen. Martine Billanou, UNICEF, berichtete, es habe für die eritreischen Regierungsbeamten (männliche Ex-Kämpfer), die an der Konzeption des Entwicklungsplans beteiligt waren, schon eine enorme Hürde bedeutet, überhaupt zuzugeben, daß es auch nach Kriegsende noch Prostitution gibt, und daß nicht nur äthiopische, sondern auch eritreische Männer die Dienste von Prostituierten in Anspruch nehmen.

Nachkriegsprobleme im Bildungsbereich

Trotz großer Anstrengungen kann Eritrea aus eigener Kraft weder quantitativ noch qualitativ die enormen Aufgaben im Bildungsbereich bewältigen: 70% der männlichen Bevölkerung sind Analphabeten, Frauen sogar zu 90%. Berufsbildung existiert erst ansatzweise. Es fehlt an Gebäuden und an Lehrmaterial im weiteren Sinne, vor allem auch an qualifizierten LehrerInnen. Etwa die Hälfte der LehrerInnen in den äthiopisch besetzten Gebieten waren Äthiopier, sie haben das Land nach Kriegsende verlassen. Für Eritrea war das ein ungeheurer Aderlaß. Vor allem für die Mädchenbildung in den muslimischen Regionen fehlen weibliche Lehrkräfte.

2.3 Traditionen als Hürden für Frauen

Für das Leben der Frauen in Eritrea haben neben den historisch-politischen Ereignissen und der Nachkriegsarmut vor allem über Jahrhunderte gewachsene Strukturen und Rollenverteilungen Bedeutung: die Traditionen der verschiedenen Volksgruppen. Sie bestimmen noch sehr stark, welche Rolle und welche Rechte der einzelnen Frau zugestanden werden, und vor allem auch: Wozu sie selbst sich traut.

Armut und Tradition bedingen gemeinsam die geringe Beteiligung der Frauen am öffentlichen Leben (»Wirtschaft«, Politik etc.), obwohl sie den überwiegenden Teil der in Eritrea geleisteten Arbeitsstunden erbringen. Beides bestimmt auch, ob sie von neuen Programmen und Gesetzen zur Frauenförderung überhaupt erfahren, und ob sie sie in Anspruch nehmen können. Noch ist die Rolle der Politik viel weniger prägend als die der beiden anderen Faktoren.

Die neun eritreischen Volksgruppen leben zwar vielfach gemischt, die Frauen sind jedoch, durch traditionelle, vielfach ans Haus gebundene Lebensweise bedingt, seltener mehrsprachig als Männer. Vor allem beherrschen unter den Frauen, die nicht ohnehin zur Volksgruppe der Tigrigna gehören, viele selbst mündlich keine der beiden offiziellen Amtssprachen (Tigrigna und Arabisch). Das schränkt ihre Möglichkeiten ein, in der Öffentlichkeit aktiv zu werden.

Gemeinsamkeiten der unterschiedlichen Volksgruppen

Gemeinsam ist allen Volksgruppen, daß sie, mit graduellen Unterschieden, Frauen und Töchtern einen deutlich geringeren Wert beimessen als Männern und Söhnen. Das spiegelt sich in der Schulbildung, im Besitz- und Familienrecht. Nach der Zahl der Kinder gefragt, wird oft nur die Zahl der Jungen angegeben. Eine Ausnahme sind lediglich die Kunama. Indikator des traditionell niedrigen Status der Frau ist auch die bei ihnen extreme Mangelernährung, z.B. ist Kropfbildung aufgrund von Jodmangel bei Frauen signifikant häufiger als bei Männern. In manchen Ethnien ißt die Frau, was der Mann übrigläßt.

Aufgaben der Frau sind Hausarbeit (dazu gehört, Wasser und Feuerholz zu holen), Fürsorge für ihren Mann, für Kinder und Alte, Arbeit auf dem Feld. Grundsätzlich gilt, daß die Frau, wenn Arbeitskraft knapp ist, den Mann ersetzt. Herrscht Mangel an Kapital und damit an Zug- oder Tragtieren, ersetzt die Frau das Tier so weit als möglich (in dem sie selbst Lasten trägt, umso mehr jätet etc.). Die Frau wird allenfalls durch ihre Töchter, nicht aber durch ihren Mann entlastet. In ganz Eritrea (außer bei den Kunama) verbieten die Traditionen nach wie vor den Frauen, selbst zu pflügen, mitunter auch zu säen. Das macht, als Gegenleistung für entliehene Hilfe, zusätzliche Arbeit (Bierbrauen o.ä.) nötig oder kostet bis zur Hälfte der Ernte (Dempf/29).

Außer bei den Kunama ist Frauenbeschneidung überall in Eritrea Tradition und Usus, d.h. nahezu alle Frauen werden in der ein oder anderen Weise sexuell verstümmelt. Bei den muslimischen Volksgruppen ist Infibulation die übliche Form, bei den christlichen Klitorisbeschneidung (mit Ausnahme der christlichen Bilen, die ebenfalls infibulieren). Die Frauen, vor allem die alten Frauen, sind selbst Antriebskräfte der Frauenbeschneidung, weil sie befürchten, daß eine unbeschnittene Frau nicht geheiratet wird. Solange Frauen keine Alternative zur Ehe, d.h. keine oder kaum attraktive Möglichkeiten haben, sich selbst ihren Lebensunterhalt zu verdienen, und solange Honoratioren der traditionellen muslimischen Gesellschaft (Scheichs) sich nicht öffentlich gegen die Beschneidung von Frauen aussprechen, wird sich das wahrscheinlich nicht ändern. Eine Mutter, die ihre Tochter nicht beschneiden läßt, muß dies derzeit gegen den Willen des Mannes tun, d.h. sie muß sich auflehnen in der vagen Hoffnung, ihre Tochter werde schon ihren Weg gehen. Woher sollten Frauen derzeit dieses Selbstbewußtsein nehmen? Dafür fehlt ihnen nicht zuletzt auch die materielle Basis.

Die Regierung hat etliche Gesetze zum Schutz von Frauen erlassen (Verbot der Polygamie, Verbot der Infibulation etc.). Sie werden aber von der Bevölkerung mißachtet. Strafrechtliche Konsequenzen drohen bei solchen mutwilligen Verstümmelungen von Frauen nicht. Es sei, so Yemane Ghebreab, Leiter der politischen Abteilung der PFDJ, auch für die Zukunft nicht daran gedacht, sie zu bestrafen. In gewisser Weise streckt die politische Kaste, die PFDJ, in bezug auf Frauenrechte vor den Traditionalisten die Waffen.

Ungewisser Einfluß der Traditionen in der Zukunft

Die verschiedenen Volksgruppen Eritreas gestehen Frauen unterschiedlich viele Rechte zu. Hinzu kommen die Unterschiede durch Religion und Lebensweise – städtisch oder nomadisch beispielsweise. Die Entwicklung wird deshalb in jedem Fall sehr unterschiedlich sein. Wahrscheinlich ist, daß dort, wo man ohnehin der Regierung und ihrer Programmatik zur Gleichberechtigung der Frau kritisch bis ablehnend gegenübersteht, der Rückbezug auf Traditionen zunehmen wird. Dies gilt vor allem für den Fall, daß die PFDJ ihren Dominanzanspruch auch in Zukunft behaupten wird, und wichtige Gruppen sich nicht eingebunden fühlen.

Möglich ist aber auch, daß die kriegsbedingten Binnenwanderungen, der zunehmende Verkehr und der national service die traditionellen Bindungen und Wertvorstellungen unbedeutender machen werden. Das Nebeneinander verschiedener Traditionen kann den Dominanzanspruch jeder einzelnen erschüttern.

Außerdem läßt sich die alte Rollenverteilung in einer Gesellschaft, die während des Krieges so viele Tote zu beklagen hatte, nicht mehr durchhalten: Wenn 30, in manchen Orten 50% der Haushalte von Kriegswitwen oder alleinstehenden Flüchtlingsfrauen geführt werden, wachsen ihnen automatisch Funktionen und Aufgaben zu, die früher Männern vorbehalten waren. Diese Frauen müssen sich auch außerhalb des Hauses bewegen, wirtschaftlich tätig werden, oft auch ihre Interessen selbst vertreten. Bei den Tigrigna haben solche objektiven Gegebenheiten schon während des Krieges zu rechtlichen Verbesserungen für (alleinstehende) Frauen geführt.

Beispiel: das Tigrigna-Dorf Adi Nebri: Dort stellen alleinerziehende Mütter selbst de jure 40 der 89 Haushalte, de facto ist die Zahl noch höher, u.a. aufgrund von Arbeitsmigration, noch nicht erfolgter Demobilisierung etc. Früher gehörte das Land den einzelnen Familien und wurde nur auf die Söhne vererbt. Dies wurde schon während des Krieges modifiziert: Das Land gehörte danach dem Dorf und wurde in regelmäßigen Zeitabständen entsprechend der Bodengüte und der Familiengröße unter den Dorfbewohnern neu verteilt. Dabei erhielten jetzt auch alleinstehende Frauen Land zugeteilt. (Das neue Landgesetz hat auch dieses modifizierte System wieder reformiert.) Es ist durchaus denkbar, daß die objektive Situation künftig in vielen Bereichen auch traditionell denkenden Gruppen keine andere Chance läßt, als alleinstehenden Frauen mehr Rechte einzuräumen.

Angesichts der Vielzahl der Volksgruppen, die teilweise selbst untergliedert sind (Tigre), wird an drei Beispielen, die das breite Spektrum veranschaulichen, dargestellt, wie groß und bestimmend der Einfluß der Traditionen für Frauen noch ist.

2.3.1. Kunama

Die stärkste Position haben die Frauen in vieler Hinsicht bei den Kunama, einer kleinen Volksgruppe nilotischen Ursprungs, die in der Region um Barentu lebt, vor allem südlich von Barentu. In Eritrea werden die Kunama, die wie die Nara lange in der Region als »Schwarze«, als Sklaven eingestuft wurden, immer noch von vielen als »rückständig« oder sogar als »primitiv« angesehen.

Essen

Die Kunama sind als einzige eritreische Volksgruppe matrilinear organisiert. Sie leben von Landwirtschaft, vor allem vom Pflanzenbau. Manche haben auch Tiere, sind aber aufgrund von Lebensmittelknappheit vielfach gezwungen, Milch, Eier und Fleisch gegen Sorghum einzutauschen. Oft können sie sich pro Tag auch nur noch zwei Sorghum-Mahlzeiten leisten.

Wildfrüchte wie Doumpalme und Baobab vermeiden teilweise Mangelernährung.

Bei den Kunama teilt die Frau vor der Mahlzeit jedem seine Portion zu. Aber auch bei den Kunama stehen Frauen in einigen Teilbereichen des häuslichen Alltags unter dem Mann. So essen Frauen und Männer niemals gemeinsam, Frauen dürfen nicht einmal in Anwesenheit eines Mannes trinken, Männer umgekehrt in der Gegenwart einer Frau aber sogar essen. Die Kinder der Kunama essen wahlweise mit Vater oder Mutter, es sei denn, der Vater hat Gäste, dann essen sie mit der Mutter. Hat die Mutter Besuch, hat sie aber nicht das gleiche Recht, mit ihren Gästen alleine zu essen (Dempf/22).

Arbeitslast

Die Frauen haben insofern eine starke Position, als Land und Besitz matrilinear vererbt werden. Die Frauen dürfen auch pflügen und säen. Folge dieser wirtschaftlichen Rechte ist auf der einen Seite eine extrem hohe Arbeitsbelastung der Kunamafrauen, die weit höher ist als in anderen Volksgruppen. Kunamafrauen arbeiten täglich einige Stunden mehr als Kunamamänner, auch während der Schwangerschaften. Sie beginnen früher und arbeiten abends länger. Kunamafrauen, die finanziell gezwungen sind, an food for work-Programmen teilzunehmen, haben nicht, wie Saho- oder Tigrefrauen das Problem, daß sie aufgrund traditioneller Arbeitsteilung eigentlich nicht außerhalb des Hauses arbeiten dürfen. Sie haben dagegen das Problem, daß sie ohnehin so mit Arbeit überlastet sind, daß sie schwerlich Zeit finden (Dempf/24).

Wasser zu holen gehört zu den schwersten Arbeiten, die sich täglich über Stunden zieht. Die Kunama tragen mit einem Joch und können so 40 l Wasser auf einmal schleppen. Dempf berichtet vom Kunama-Dorf Omelli: Dort arbeiten Frauen in einem food for work-Programm im Straßenbau, obwohl sie selbst lieber einen Brunnen bauen würden, um sich die sechs- bis siebenstündige tägliche Arbeit des Wasserholens zu ersparen (Dempf/26). Holz zu sammeln ist vielfach ähnlich zeitraubend geworden.

Vorrechte

Ihrer wirtschaftlichen Eigenständigkeit entsprechend haben Kunamafrauen auch Vorrechte, die bei den anderen Volksgruppen undenkbar wären. So erhalten die Töchter nach der Pubertät ein eigenes Haus, während die kleinen Kinder und die Söhne weiter im Haus der Mutter schlafen. Den Töchtern sind voreheliche Beziehungen erlaubt, voreheliche Kinder sind nicht mit Schande und Marginalisierung verbunden. Den Brautpreis muß die Familie des Bräutigams der Familie der Braut geben. Die Kinder gehören im Trennungsfall immer zur Mutter. Polygamie ist Frauen und Männern verboten.

Kathrin Eikenberg betont, dies seien lediglich »Freizügigkeiten« vor allem im sexuellen Bereich. Frauen hätten aber z.B. bei Rechtsstreitigkeiten eindeutig weniger Rechte als Männer. Kunamafrauen könnten sich traditionell nicht selbst in Rechtsstreitigkeiten vertreten, während Tigrignafrauen sowohl als Klägerin wie als Zeugin auftreten könnten.

Zukunft der Kunamakultur

In ihrem Siedlungsgebiet leben die Kunama gemeinsam mit den Nara, die ehemals auch Animisten waren, aber den Islam angenommen haben, und mit Tigre, also mit muslimischen Ethnien, die Frauen marginalisieren, Polygamie des Mannes erlauben, Mädchen und Frauen infibulieren, Frauen im Besitz- und Erbrecht benachteiligen. Während des Krieges waren die Menschen in der Gash-Setit-Provinz oft zur Flucht gezwungen, sie leben heute vielfach an anderen Orten, gemischt mit anderen Volksgruppen. Die Wahrscheinlichkeit, daß die Kunama-Kultur erhalten bleibt, sinkt dadurch zusätzlich, denn kultureller Austausch fördert Veränderungen und Assimilation.

Die Regierung versucht derzeit, die Bevölkerung in der Gash-Setit-Provinz in größere Ortschaften umzusiedeln, damit sie besseren Zugang zu Gesundheits- oder Bildungseinrichtungen erhält. Das hat nicht nur negative Auswirkungen auf die ohnehin hohe Arbeitszeit der Frauen, die nun oft weitere Wege zu ihren Feldern haben: Umsiedlungen desorganisieren auch traditionelle Gefüge und gefährden so zusätzlich die Kunama-Tradition.

2.3.2 Tigrigna

Verglichen mit den anderen, vorwiegend muslimischen Volksgruppen haben Frauen bei den christlichen Tigrigna, die ca. 45% der gesamten Bevölkerung stellen, eine mittlere Position. Sie leben im dichter besiedelten Hochland, teilweise in Städten. Damit bieten sich den Frauen mehr Möglichkeiten, sich zu organisieren, zur Schule zu gehen (kürzere Schulwege; oft bildungswilliges Umfeld) oder außerhalb des Hauses zu arbeiten. Da sie oft weniger Zeit und Kraft für Hausarbeit im weiteren Sinne (Wasser und Feuerholz holen, Getreide mahlen) aufbringen müssen als Frauen in weit verstreuten Siedlungen, können sie diese Möglichkeiten z.T. wahrnehmen. »Stadtluft« macht die Tigrignafrauen nicht frei, aber sie trägt zu ihrer Befreiung bei.

Recht auf Bildung

Wie bei den anderen Volksgruppen besuchen auch bei den Tigrigna Söhne die Schule in weit höherer Zahl als Töchter, vor allem über einen längeren Zeitraum. Vielfach verhindert das Schulgeld den Schulbesuch der Mädchen. Im Dorf Birkito sind z.B. im 4. Schuljahr 80% der Schüler Jungen. Manche Eltern sehen nicht ein, daß sie für die Bildung eines Mädchens so lange zahlen sollten. Viele Eltern haben aber gar nicht die finanziellen

Mittel, Söhnen und Töchtern den Schulbesuch zu ermöglichen und entscheiden sich dann für den oder die Jungen. In Adi Nebri lag der Mädchenanteil sogar insgesamt nur bei 23%. Da Mädchen mit der Heirat das Haus der Eltern verlassen, nur als helfende Kinder einen Gewinn für die Familie darstellen, gilt ihre Schulbildung als weniger wichtig, weniger nutzbringend (Oswald/20-22). Mädchenbildung ist in anderen Volksgruppen noch unpopulärer.

Rechtsstellung in der Familie

Tigrignafrauen können sich mit weniger Einschränkungen bewegen als Saho- oder Tigrefrauen, haben aber traditionell weniger wirtschaftliche und sexuelle Rechte als Kunamafrauen.

Entscheidungen in der Familie trifft bei den Tigrigna der Mann, sowohl in finanziellen Angelegenheiten als auch bei familiären, z.B. bei der Verheiratung der Kinder oder bei der Frage, welches Kind zur Schule gehen darf. Oft beraten sich die Eheleute, aber die Entscheidung des Mannes gilt auch dann, wenn die Frau anderer Meinung ist. Alleinerziehende Mütter entscheiden alleine, wenn sie auch alleine wohnen. Leben sie aber bei Schwiegereltern oder anderen Verwandten, entscheidet das dortige männliche Familienoberhaupt.

Gesellschaftlich anerkannte polygame Beziehungen gibt es bei den Tigrignamännern nicht. Für Frauen ist eine außereheliche Beziehung jedoch geradezu lebensgefährlich. Karin Oswald berichtet von einer Frau, deren Mann im Krieg fiel, als sie 19 Jahre alt war. Sie heiratete danach nicht wieder, wurde aber im Alter von 35 Jahren schwanger. Ihre Verwandtschaft wollte sie daraufhin vergiften (Oswald/Annex 8).

Klitorisbeschneidung ist obligatorisch. Die Frau muß jungfräulich in die Ehe gehen. Die Familie der Braut zahlt bei der Hochzeit an die Familie des Bräutigams.

Die Arbeit der Frauen

Die Jahresarbeitszeit von Frauen ist erheblich höher als die von Männern. Während der fünf arbeitsreichsten Monate (Feldarbeit) beginnt der Arbeitstag von Landfrauen um 3-4 Uhr und endet gegen 22-23 Uhr (Männer: von 5-6 Uhr bis Sonnenuntergang, 18-19 Uhr).

Zu den Pflichten der Frauen gehört neben der (erweiterten) Hausarbeit Feldarbeit. Sie holen vor dem Säen die Steine aus dem Boden, jäten monatelang die Felder (Jäten ist reine Frauenarbeit!). Teff, ein besonders beliebtes Getreide für die traditionelle Ingera, muß von Juli bis September kontinuierlich gejätet werden. Wenn nicht genug Zugtiere zum Pflügen vorhanden sind, müssen die Frauen später um so öfter jäten. Frauen helfen bei der Ernte und beim Dreschen. Die Ernte zu lagern und weiterzuverarbeiten, Getreide (zwischen zwei Steinen von Hand) zu mahlen, sind alleinige Arbeit der Frauen. Außerdem sind sie dafür zuständig, Wildpflanzen zu suchen und zuzubereiten, sowohl für medizinische Zwecke als auch für die tägliche Nahrung. Sechs bis acht Monate im Jahr sind die Bewohner mancher Dörfer, Männer wie Frauen, aufgrund magerer Ernten gezwungen, zusätzlich zu ihrer normalen Arbeit auch noch an food for work-Programmen teilzunehmen.

Dort, wo Männer und Frauen gemeinsam über künstliche Bewässerung zusätzliches Einkommen durch Gemüseanbau erwirtschaften, wird dieses Geld nicht investiert, um die Arbeitslast der Frauen zu senken. Die Entscheidung über die Verwendung des Geldes liegt bei den Männern (Oswald/13). Zu den Kursen des Landwirtschaftsministeriums werden mangels Frauenquote vom baito, dem Dorfältestenrat, »automatically« (Oswald/23) Männer entsandt.

2.3.3 Saho

Die muslimischen Sahofrauen sind völlig marginalisiert. Ähnlich ist es bei den Tigre, Rasheida, und teilweise bei den Bilen. Die Frauen dürfen das Haus kaum verlassen. Das hat zwar zur Folge, daß sie von etlichen, körperlich sehr schweren Arbeiten befreit sind. Aber dafür zahlen sie einen immensen Preis: Sie sind völlig abhängig von Männern, vom Vater oder vom Ehemann. Da Hausarbeit in Eritrea ebenso wie in anderen Ländern nicht als Beitrag zur wirtschaftlichen Basis der Familie angesehen wird, haben Sahofrauen kein Mitspracherecht bei Beschlüssen und Entscheidungen. Die fällt allein der Mann.

Sahofrauen berichteten, daß von den Frauen in den Dörfern gezielt gleichberechtigtere oder emanzipiertere Frauenrollen ferngehalten würden. Oft würden solche Modelle auch von den Männern diskreditiert, so daß viele Sahofrauen ein sehr unklares Bild oder teilweise sogar gar keine Kenntnis von der Stellung der Frauen in anderen eritreischen Volksgruppen, in Städten und in der Befreiungsarmee hätten.

Sahofrauen berichteten auch, daß die Marginalisierung der Frauen in den letzten Jahren deutlich zugenommen habe. Früher, noch vor zehn Jahren, hätten sie mehr Bewegungsfreiheit und damit bessere Chancen für Kontakte und kleine wirtschaftliche Aktivitäten gehabt – und damit mehr Selbstbewußtsein. Fatma Suleimann, eine (Saho-) Ex-Kämpferin berichtete, daß sie gezwungen sei, in Asmara zu leben, da ansonsten ihre zwei kleinen Töchter von Verwandten sofort und gegen ihren erklärten Willen infibuliert würden (vgl. Lebensgeschichte von Fatma Suleiman, Kap. II).

Mangelndes Selbstwertgefühl der Frauen als Hürde für Frauenförderung

Wie wenig eine Frau in Eritrea häufig gilt, wie wenig Wert sich Frauen selbst beimessen, wird manchmal in Erzählungen deutlich. Hiwet Johannes, eine Kämpferin, war während des Krieges barfootdoctor, leistete auch

Geburtshilfe bei Zivilistinnen. Beispielsweise habe ein Rasheida-Mann das Blut einer Ziege dem seiner Frau als ebenbürtig angesehen und sich selbst geweigert, ihr Blut zu spenden. Die Frauen hätten diese Mißachtung als Selbsteinschätzung übernommen (vgl. Lebenserzählung von Hiwet Johannes, Kap. II).

Ausländische Hilfsorganisationen und auch die eritreische Frauenunion haben bei den Saho (aber z.B. auch bei den Tigre) besondere Schwierigkeiten, mit Frauenförderung zu beginnen. Die Norwegian Church Aid (NCA) möchte gemeinsam mit der Frauenunion Frauen innerhalb eines integrierten ländlichen Entwicklungsprogramms in der Zula-Ebene fördern und wartet jetzt darauf, daß Sahofrauen genügend Selbstbewußtsein entwickeln, die Initiative zu ergreifen.

Frauenförderung heißt in diesen Volksgruppen zunächst einmal, die Courage der Frauen zu wecken und zu fördern, daß sie ihren eng begrenzten Raum überschreiten, »sich Rechte herausnehmen«: das Haus zu verlassen, zu Frauentreffen zu gehen, Wünsche zu äußern, Forderungen zu erheben, Kritik zu äußern, eine Funktion außerhalb des Hauses zu übernehmen, sich zu organisieren. Die Männer, um ihre Dominanz fürchtend, versuchen, das mit allen, teilweise auch gewaltsamen Mitteln zu unterbinden (Bruchhaus/42).

3. Das Entwicklungspotential weiblicher Problemgruppen

Jeder Krieg bricht mit traditionellen Geschlechterrollen, vor allem wenn, wie in Eritrea, Frauen selbst mit der Waffe kämpf(t)en. Daß daraus jedoch langfristig keine Gleichberechtigung in der Zivilgesellschaft und keine entsprechende Teilhabe an der politischen Macht erwachsen müssen, belegt die Geschichte Algeriens, Palästinas und zahlreicher anderer Länder, selbst Israels (Nebeneinander von staatlichem und rabbinischem Recht).

Auch viele Zivilistinnen werden durch einen Krieg aus der traditionellen Rollenzuweisung herausgeholt: Frauen erhalten zeitweise oder auf Dauer alle Entscheidungsgewalt zu Hause, ersetzen in der Erziehung, in der Landwirtschaft, in Fabriken und Geschäften die kämpfenden, getöteten oder geflüchteten Männer. Sie übernehmen damit Männerfunktion in einem sie behindernden traditionellen Kontext, der ihren Rechts- und Funktionsradius auf das Haus beschränkt. Entscheidend ist, ob und wie die notgedrungene Gleichstellung nach Kriegsende fortgeführt wird.

Die alleinerziehenden Frauen sind die zahlenmäßig (de jure: 30% aller Haushalte, de facto noch mehr) wahrscheinlich größte Problemgruppe in der Nachkriegsgesellschaft. Hinzu komen andere Frauengruppen, die durch den Krieg aus ihrem zivilen Umfeld entwurzelt wurden: kinderlose weibliche Flüchtlinge, aktive Kriegsteilnehmerinnen, weibliche Kriegswaisen. Vielfach überschneiden sich die Problemgruppen (z.B. alleinerziehende Kämpferinnen).

All diese Frauen finden nicht mehr zu ihrem Vorkriegsplatz zurück oder wollen nicht mehr die Rolle übernehmen, die ihnen die traditionelle Gesellschaft zuweist. Dadurch leben sie weitgehend ohne das alte Sicherheitsnetz der patriarchalischen Familie, allein auf sich selbst gestellt und angewiesen auf die Solidarität der Gesellschaft im weiteren Sinne.

Sie sind den Zwängen der Armut, aber nicht mehr den Zwängen der über sie bestimmenden Väter und Ehemänner ausgesetzt und bringen neue Erfahrungen in die Gesellschaft ein. Würden sie gezielte Förderung erfahren, könnten diese Frauen und Mädchen Identifikationsmodelle der Gleichberechtigung werden, role models der berufstätigen, in der Gesellschaft engagierten, mitbestimmenden Frau. Erfahren sie dagegen keine Förderung, wird das Negativbeispiel ihrer Armut und Chancenlosigkeit junge Mädchen noch mehr als bisher ihr einziges Heil in einer möglichst frühen – damit gesicherten – Heirat sehen lassen. Eine sich verfestigende Männergesellschaft wäre eine Folge, Bevölkerungswachstum die andere.

Die Frauen haben als Menschen ein Recht auf Hilfe. Darüber hinaus bieten diese heutigen Problemgruppen gerade durch ihre Losgelöstheit aus traditionellen Hierarchien ein enormes Entwicklungspotential. Die entscheidende Frage ist, ob diese Frauen zum Sozialfall von Nachbarschaftshilfe werden oder durch gezielte Förderung ihrer Startchancen zu einem wichtigen Entwicklungspotential des Landes.

Weitere, besondere Problemgruppen sind Frauen, die durch Armut auf die Straße gedrängt werden, sei es als Straßenkinder oder (bereits) als Prostituierte.

3.1 Die ehemaligen Kämpferinnen

Etwa ein Drittel der EPLF-FreiheitskämpferInnen waren Frauen. Sie waren während des Krieges in allen Bereichen tätig (GENDER/6-8):

Anteil der Frauen

Frontkämpferinnen	23,0%
Verwaltung	35,0%
Industrie	29,5%
Transportwesen	25,9%
Gesundheitswesen	55,2%
Bauwesen	19,6%
Landwirtschaft	19,8%
Medien, Unterricht, Künstlerinnen	1,7%
Finanzwesen, Buchhaltung	9,5%
Nachrichtenübermittlung, Funk	33,1%

Die genaue Aufschlüsselung (siehe Übersicht auf der nächsten Seite) zeigt, daß Frauen zwar oft auf nachgeordneten Stellen gearbeitet haben, daß es aber auch etliche hochqualifizierte Frauen in führenden Positionen gab.

Demobilisierung: Pläne und Kompetenzen

Insgesamt sollen knapp 60.000 der 95.000 EPLF-KämpferInnen demobilisiert, also ins zivile Leben re-integriert werden. Bisher leben sie in Armeecamps, arbeiten in der Verwaltung, in Schulen, in Maßnahmen zum Auf-

Anteil von Frauen in EPLF-Einheiten

Industrie	%	Konstruktion	%
Metallverarbeitung	21,5	Automechaniker	2,0
Elektro	23,9	Inspekteure	7,0
Holzverarbeitung	22,8	Zimmermann	1,0
Lederverarbeitung	29,6		
Textil (Schneider)	38,5	*Elektronik*	
Lebensmittel	34,4	Entwicklung	20,0
Schuhherstellung	26,6	Datenverarbeitung	20,0
Hygienebindenfabrikation	42,5	Reparatur v. Kommunika-	
		tioneinrichtungen	12,0
Gesundheit		Uhrenreparatur	30,0
Ärzte	8,3		
Laborpersonal	48,7	*Finanzen*	
Hebammen	96,7	Buchhalter	12,4
Apotheker	26,4	Rechnungsprüfer	6,6
Zahnärzte	88,8		
Anästhesie	77,7	*Landwirtschaft*	
Röntgen	20,0	Veterinäre	30,0
"Barfußärzte"	43,0	Feldarbeiter	11,1
Techn. Operationssaalpers.	87,5	Traktorführer	5,8
		Milchwirtschaft	50,0
Nationale Führungsebene		Agrarexperten	2,3
Journalisten	0,5		
Lehrer	11,0	*Kommunikation*	
Publizisten	1,5	Mitarbeiter	33,1
Künstler	1,7	Experten	9,8
Kunsthandwerker	0,5		
Fotografen (Video + Film)	1,5		
Rundfunk	0,3		
Nachrichenredakteure	0,2		
Dokumentation	0,2		
Transportwesen			
Mechaniker	25,0		
Elektriker	30,0		
Fahrer	1,3		
Schweißer	18,0		

Quelle: Selassie, Wubnesh W. S. 70.

bau einer besseren Infrastruktur (Straßenbau, Hausbau, Aufforstung etc.) und erhalten lediglich ein Taschengeld – während ihre Kollegen am Arbeitsplatz, die Zivilangestellten, normales Gehalt beziehen.

Die KämpferInnen haben mit einem Aufstand geantwortet, als der eritreische Präsident Isayas Afewerki öffentlich erklärte, er wollte diesen Zustand um vier Jahre verlängern. Grundsätzlich wollen die KämpferInnen möglichst bald ein ziviles Leben aufbauen können, Geld verdienen und außerhalb der Camps wohnen. Naht jedoch der Moment der Demobilisierung, bricht die Zukunftsangst aufgrund ihrer schlechten Startchancen durch: Es gibt kaum bezahlbare Wohnungen und noch weniger Arbeitsplätze. Plötzlich werden sie auf sich allein gestellt.

Die Entscheidung darüber, wer in der Armee bleibt und wer nicht, liegt beim Verteidigungsministerium. Für die Durchführung der Demobilisierung ist aber die Eritrean Relief and Rehabilitation Agency (ERRA) zuständig. Die parastaatliche ERRA war bisher vorwiegend damit betraut, Nahrungsmittelhilfe und Hilfsgüter etc. an Flüchtlinge und andere Not leidende Gruppen zu verteilen. Sie hat keine nennenswerte Erfahrung in der Planung und Durchführung von qualifizierenden Projekten. Innerhalb der ERRA wurde für die Demobilisierung die MITIAS-Abteilung geschaffen. MITIAS ist der Tigrigna-Terminus für die Hilfe der Gemeinschaft beim Beginn eines neuen Lebensabschnitts. Das MITIAS-Programm wird personell und finanziell von der GTZ mitgetragen.

Die Kommunikation zwischen Verteidigungsministerium und ERRA funktioniert schlecht. So gab die ERRA an, daß in der Armee der Frauenanteil von einem Drittel auch nach der Demobilisierung erhalten bliebe, das Verteidigungsministerium dagegen beziffert den Prozentsatz der verbleibenden Frauen auf 9,7. Sehr fraglich ist auch, ob und wieviele Frauen in welchen höheren Positionen bleiben. Das Verteidigungsministerium erklärte hierzu, daß in der Friedensarmee viele Frauen als Sekretärinnen für hohe Offiziere gebraucht würden.

Phasen der Demobilisierung

In einer ersten Phase (Juni 1993 bis Juni 1994) wurden 26.000 KämpferInnen demobilisiert – alle, die nach 1990 zur EPLF kamen. Sie hatten aufgrund ihrer kurzen Zugehörigkeit in der Regel noch Kontakte zu ihrer Familie, zum Umfeld von Schule, Dorf und Arbeitsplatz. Sie erhielten 1.000 bis 5.000 Birr zur Existenzgründung (= 250 bis 1.250 DM Handgeld) und Lebensmittelhilfe.

In der zweiten Phase, die Ende 1994 begonnen hat (Ende zeitlich offen) sollen 22.000 KämpferInnen demobilisiert werden, darunter 8.000 Frauen. Diese 22.000 KämpferInnen waren in der Regel sehr lange in der EPLF, 10 bis 20 Jahre. Jede(r) soll bei der Demobilisierung 10.000 Birr zur Existenzgründung und möglichst eine Berufsausbildung oder on-the-job-training erhalten.

86% der Frauen fehlt eine Berufsausbildung, fast allen Startkapital, eine Wohnung. Die meisten KämpferInnen haben keinerlei familiären Bindungen mehr, weil sie aus Sicherheitsgründen während des Krieges alle Kontakte zu ihrer Familie und zu ihrem Dorf abbrechen mußten. Außerdem sind sie nicht mit den Regeln einer selbstverantwortlichen Geldgesellschaft vertraut (vgl. Lebensgeschichte von Almaz, Kap. II).

Das MITIAS-Programm

Das MITIAS-Programm versucht, für die Ex-KämpferInnen, vor allem für die Frauen (besondere Zielgruppe der bundesdeutschen GTZ), neue Formen der Erwerbstätigkeit zu entwickeln. Es sind Ideen, teilweise schon in der Planungs- oder gar in der Realisierungsphase:

– ein Netz von kleinen, einfachen Pensionen oder Hotels, das sich übers ganze Land erstreckt und von KämpferInnen betrieben wird; es wäre gleichzeitig förderlich für den Ausbau des Tourismus; da noch wenige Reisende kommen, könnten die KämpferInnen davon allein jedoch noch nicht leben,
– Baumschulen; das wäre sinnvoll im Zuge der notwendigen Aufforstung. Gedacht ist an Akazien, die sowohl den Ziegen Futter geben, Basis für guten Honig sind und vor allem ökologisch verträglicher sind als der Eukalyptus, mit dem derzeit fast ausschließlich aufgeforstet wird,
– Spielzeugherstellung (Kamele aus Stoff etc.),
– ein Handwerkerinnenhaus,
– Imkereien,
– Herstellung von Geräten, die den Frauen Arbeitszeit ersparen (z.B. Getreidemühlen),
– eine kleine Fabrik zur Herstellung von Fertigbreimischungen aus lokalen Produkten für Kleinkinder.

Die Gründung einer Frauenfahrschule (für Bus, PKW und Taxi) und die Durchführung einer Reiseleiterinnenausbildung werden ebenfalls geprüft.

Benachteiligung von Frauen bei der Demobilisierung

Die Regierung wiederholt oft ihre Absichtserklärungen, die Kämpferinnen nach der Demobilisierung als role model einzusetzen: Ihnen sollen Berufe und Stellen angeboten werden, in denen sie durch ihr Beispiel für ein emanzipiertes Rollenverständnis und ein anderes Frauenbild werben könnten. Tatsache ist jedoch, daß vor allem die Frauen bei der Demobilisierung in völlige Arbeitslosigkeit und Armut abgeschoben werden. Einige wenige finden Platz in einem Büroraum oder bauen auf dem entlegensten Flecken Baumwolle an. Selbst Frauen aus der Kulturgruppe der EPLF, Frauen mit Erfahrung bei öffentlichen Auftritten, werden jetzt gegen ihren Willen demobilisiert, nur weil sie kleine Kinder haben (vgl. Lebensgeschichte von Fatma Suleiman, Kap. II).

Frauen mit Kind(ern) werden nahezu automatisch demobilisiert. Bei Männern ist die Kinderzahl hingegen kein Kriterium. Etliche der nun zu demobilisierenden Frauen haben mehrere Kinder, und viele sind noch dazu alleinstehend – gehören damit zu zwei Problemgruppen. Das Verteidigungsministerium erklärte, die Mütter wollten selbst demobilisiert werden, da sie bei der Armee von einem Ort zum nächsten versetzt werden könnten. Etliche Kämpferinnen haben aber erklärt, sie seien aufgrund eines kleinen Kindes gegen ihren Willen ohne irgendeine Form der Qualifizierung entlassen worden. Vielen bleibt keine andere Möglichkeit, als mit ihrem Kind zurück zu den Eltern zu gehen.

Das Beispiel einer Frau, die auszog, das Land zu befreien, und zehn oder fünfzehn Jahre später als alleinerziehende Mutter zurückkommt, um bei den Eltern unterzukriechen, ermutigt jedoch kein Mädchen aus traditioneller Familie, etwas anderes als eine frühe Heirat anzustreben. Daß die Kämpferinnen im Zuge der Demobilisierung in so großer Zahl zurück aufs Land geschickt werden, demaskiert die ständige Versicherung der PFDJ-Regierung, die Kämpferinnen sollten als role model eingesetzt werden, als leere Phrase.

Eine Ex-Kämpferin verdient heute sogar ihr Geld mit Prostitution. Regierung und PFDJ bestreiten vehement, daß es dergleichen gibt (die Frage danach empfinden sie schon als Zumutung, als Diskriminierung aller EPLF-Kämpferinnen). Die offizielle Haltung diesem Tatbestand gegenüber stellt gleichzeitig ein Abrücken von Frauen dar, die wesentlich zum Freiheitskampf beigetragen haben: Vor allem Barfrauen haben spioniert und Waffen versteckt. Eine der wenigen Barfrauen, die offiziell als Widerstandskämpferin anerkannt wird, ist Tsaheitu Gebreselassie, die 1961 von den sog. Siebenerzellen, ELM, bis zum Sieg mit den Befreiungsbewegungen ELF und EPLF zusammengearbeitet hat (vgl. Lebensgeschichte von Tsaheitu Gebreselassie).

Fähigkeiten und Wünsche der Kämpferinnen

Während in der Zivilbevölkerung nur 10% der Frauen lesen und schreiben können, sind es unter den Kämpferinnen 85%. 16% der Kämpferinnen haben die Schule bis zur Mittelstufe besucht, 3% bis zur Oberstufe. Allerdings heißt das nicht, daß sie alle wirklich gut lesen und schreiben könnten, da die häufige Unterbrechung durch das aktuelle Kriegsgeschehen, die Qualität des Unterrichts und die improvisierte Lehrerausbildung während des Krieges wenig Lernfortschritte zuließen.

Eine Ex-Kämpferin, die während des Krieges Lehrerin war, schilderte ihren durchaus typischen Werdegang so: »In Asmara war ich bis zur 9. Klasse gekommen, aber natürlich war das eine äthiopische Schule gewesen. Jetzt sollte ich aber statt Amharisch Tigrigna unterrichten. Die Schüler haben über mein Kauderwelsch gelacht. Bevor ich Lehrerin wurde, wurde ich eine Woche darin ausgebildet, wie man unterrichtet.« (Vgl. Lebensgeschichte von Askalu)

Von den Kämpferinnen möchten 45% ihre Schulausbildung fortsetzen, 22% eine berufliche Ausbildung beginnen, 7% wären schon zufrieden, wenn sie nur irgendeinen Job fänden. Nur 14% haben beruflich relevante Kenntnisse. Laut ERRA verfügt die Regierung lediglich über die finanziellen Mittel, um 1 bis 3% eine berufliche Ausbildung zu ermöglichen. Die ERRA kann kaum Ausbildungsplätze und finanzielle Hilfen anbieten. Da der Boden aber nach dem neuen Landgesetz im Besitz des Staates ist, möchte die Regierung möglichst viele demobilisierte KämpferInnen in der Landwirtschaft unterbringen. Nur die wenigsten Frauen (4,2%) möchten aber in die Landwirtschaft – und aufs Land, in die Provinz mit ihrem traditionellen Rollenverständnis.

Eine Umfrage hat ergeben, daß die KämpferInnen zu 43% in Städten leben wollen, zu 9,7% in halbstädtischen Regionen, 13,7% in ländlichen Regionen. 33% wären bereit, dorthin zu gehen, wo sie eine Starthilfe erhielten. Der Anteil der Frauen, die in Städten leben wollen, ist sogar höher als 43% (ERRA/10).

Hinzu kommt, daß 64% der EPLF-Kämpfer Tigrigna sind, also aus dem Hochland stammen. Unter den Kämpferinnen ist der Anteil der Tigrigna noch weit höher als 64%. Jetzt finden sich manche der Tigrigna-Kämpferinnen demobilisiert im landwirtschaftlichen Großprojekt Ali Ghider wieder, also im muslimischen Tiefland nahe der sudanesischen Grenze. Etliche, vor allem Frauen, sind höchst unzufrieden mit Ort und Art ihrer neuen Tätigkeit (vgl. Lebensgeschichte von Lemlem Bidemariam).

33% der KämpferInnen würden sich gern selbständig machen (Geschäft eröffnen etc.). 21% trauen es sich ohne weiteres zu, selbständig zu sein, 28% glauben, sie würden einige Zeit brauchen, 17% halten eine Voraussage für schwierig, 25% trauen sich eine Selbständigkeit nicht zu. Ein großer Teil ist durchaus bereit, auch einen Kredit aufzunehmen und zu versuchen, sich selbständig zu machen.

Opfer der Professionalisierung

Nach Kriegsende können fachlich qualifizierte KämpferInnen nicht in gleicher Funktion in der zivilen Gesellschaft arbeiten. Barfootdoctors z.B. führten während des Krieges sogar selbständig kleine Operationen durch, leisteten Geburtshilfe etc. Nach dem Krieg müssen sie erst einmal eine (allerdings abgekürzte) formale Ausbildung absolvieren und ein Examen ablegen. Erst danach können sie als Krankenschwester oder -pfleger arbeiten.

Im Gesundheitswesen gab es in der EPLF besonders viele hochqualifizierte Frauen. Sie stellten zwar nur 8,3% der Allgemeinärzte, aber 96,7% der Hebammen, 88,8% der Zahnärzte, 77,7% der Anästhesisten, 43% der sog. barfootdoctor. In der Nachkriegszeit sind Ausbildungsplätze rar, und Ex-Kämpferinnen werden gemessen am 55%igen Frauenanteil im Gesundheitswesen der EPLF zahlenmäßig nicht angemessen berücksichtigt, Ausbildungsplätze werden auch im Gesundheitsbereich nach der Ein-Drittel-Quote vergeben. Die starre Anwendung der Ein-Drittel-Quote in allen Bereichen benachteiligt Frauen, da diese in den weitaus meisten Sektoren die Frauenplätze gar nicht besetzen können. De facto läuft im Gesundheitssektor die unflexible Anwendung der Ein-Drittel-Quote auf eine Männerförderung heraus, die den Anschein von Gerechtigkeit hat.

Das hierarchisch stark gegliederte Gesundheitssystem bietet etliche Möglichkeiten, MitarbeiterInnen ohne formelle Qualifikation niedriger einzustufen als es der de facto-Qualifikation entsprechen würde. Viele Kämpferinnen äußerten Befürchtungen, mit der Demobilisierung abqualifiziert zu werden. Eine flexiblere Zuerkennung von Berufsqualifikationen würde zumindest der kleinen Gruppe der hochqualifizierten Ex-Kämpferinnen helfen, sich rasch und entsprechend ihres Könnens in die zivile Gesellschaft zu integrieren. Die Regierung ist jedoch nicht bereit, Diplomen weniger Priorität beizumessen als erwiesenem Können. Sie könnte sich das auch finanziell kaum leisten: Ein Exodus der billigsten Arbeitskräfte, der KämpferInnen, aus staatlicher Verwaltung, Gesundheitsdienst und Schulwesen würde in diesen Bereichen einen Kollaps verursachen.

Berufsfelder

Berufsqualifizierende Kurse umfassen in der Regel einen Zeitraum von bis zu sechs Monaten. Viele der zu demobilisierenden Kämpferinnen sind (alleinerziehende) Mütter. Da es während der Kursstunden keine Kinderbetreuung gibt, können viele von ihnen schon deshalb nicht teilnehmen. Eine mithelfende Großfamilie wie viele Zivilistinnen haben gerade die Langzeitkämpferinnen nicht.

Die Kurse werden derzeit vor allem in Bereichen angeboten, die zur Überwindung infrastruktureller Engpässe wichtig sind, also vor allem in Bauberufen, die die meisten Frauen wenig interessieren. Kämpferinnen drängen in traditionelle Kurse (Nähen, Schreibmaschine etc.), beliebt sind Buchhaltung, Computerkurse und der Telekommunikationsbereich. Aber es gibt auch Kämpferinnen, die sich zur Klempnerin, Schreinerin oder Schweißerin ausbilden lassen.

Ob die Frauen danach allerdings eine Anstellung im zivilen Bereich finden werden, ist fraglich. Die traditionelle Gesellschaft, selbst die Menschen in Asmara, fühlten sich durch eine Frau im Blaumann provoziert und irritiert, klagte eine Kfz-Mechanikerin. Sie rechnete sich selbst in Asmara keine Chancen auf einen Arbeitsplatz aus (vgl. Lebensgeschichte von Saba).

Viele Kämpferinnen, die auf ihre Demobilisierung warten, besuchen abends Näh- und Schreibmaschinenkurse, weil sie hoffen, sich damit wenigstens ein paar kleine Chancen zu eröffnen. Es fehlt den Frauen an Ideen, weil die Entwicklung während ihrer Zeit an der Front an ihnen vorbeigezogen ist. Der MITIAS-Abteilung fehlen qualifizierte Berufsberater in ausreichender Zahl.

Psychische Probleme der Demobilisierung

Zu diesen objektiven Problemen kommen psychische: Die Demobilisierung löst die FreiheitskämpferInnen aus einer Überlebensgemeinschaft mit eigenen Wertmaßstäben, Regeln, Lebensbedingungen, aus einem Verband, dem sie sich völlig ein- und untergeordnet hatten. Jede und jeder konnte am nächsten Tag sterben. Überleben gab es mehr oder weniger nur gemeinsam. Solidarität, Tapferkeit und Selbstlosigkeit hatten in der Werthierarchie obenan gestanden. Die KämpferInnen hatten kein Geld und keinen Besitz.

Die Nachkriegsgesellschaft dagegen verlangt von jeder und jedem, Entscheidungen zu treffen und den eigenen Weg unter Umständen auch auf Kosten anderer zu gehen. Die Demobilisierung macht sie, die stolzen KämpferInnen der EPLF, zu einzelnen Wesen, sie erfahren sich plötzlich als relativ bedeutungslos innerhalb der Gesamtgesellschaft. Einige gestanden, daß sie sich überflüssig vorkämen: Ballast in der Wiederaufbaugesellschaft. Das Kriegsende konfrontiert sie plötzlich wieder mit den Erwartungen ihrer Eltern und Geschwister, die sich Unterstützung oder Pflege von ihnen erhoffen. Statt dem entsprechen zu können, empfinden sie sich selbst als Sozialfall. Eine Arbeit zu haben, nicht Empfänger von Hilfe, von Unterstützung zu sein, ist enorm wichtig für ihr Selbstwertgefühl. Eine Arbeit ist den meisten wichtiger als eine eigene Wohnung. Im Krieg habe man nicht resignieren können, sagte eine Kämpferin, aber im Frieden sei es schwer, es nicht zu tun.

Immer wieder wurde von männlichen Kämpfern anerkennend geäußert, daß sich gerade die Frauen voll und ganz ihren Aufgaben und den Zielen der EPLF gewidmet hätten, als einzelne in ihrer Aufgabe aufgegangen seien. Die Neuorientierung ist damit heute für Frauen schwieriger als für Männer, zumal sie auch objektiv einen weiteren Weg zurück in die Zivilgesellschaft haben. Die Kämpferinnen, die längere Zeit (mehr als vier, fünf

Jahre) in der EPLF waren, haben an der Front Erfahrungen gesammelt und vielfach einen Emanzipationsprozeß durchgemacht, der sie aus dem Denken der traditionellen Gesellschaft herauskatapultiert hat. Sie können nicht mehr zurück, weil sich ihr Rollenverständnis von Grund auf gewandelt hat

Grundsätzlich ist es ein ernstzunehmendes Problem bei der Wahrung der von den Kämpferinnen erreichten Gleichberechtigung, daß die Ansprüche der Frauen an die Bedingungen ihrer Demobilisierung oft so frappierend niedrig sind. Durch die Armeezeit sind sie daran gewöhnt, mit dem vorlieb zu nehmen, was man ihnen gibt und dorthin zu gehen, wohin man sie schickt. Ihr Wunsch, möglichst bald aus der Rolle der Hilfesuchenden herauszukommen, drängt sie dazu, nahezu alles zu akzeptieren. Auf der Basis dieser Erfahrungen stellen viele Frauen keine Forderungen, kämpfen nicht für ihre persönliche Lebensperspektive.

Die hohe Zahl der von Kämpfern ausgehenden Scheidungen wird von den Kämpferinnen als empörend bzw. als niederdrückend empfunden. Viele Kämpfer versuchen, durch Heirat eines jüngeren Mädchens aus finanziell bessergestellter Familie ihren familiären Status und gleichzeitig die Chancen für ihren beruflichen Neubeginn zu verbessern. Das ist aufgrund des hohen Frauenüberschusses in Eritrea (53:47) möglich. »Seit der Befreiung ist die Heirat für *fighter* wieder eine wirtschaftliche Angelegenheit geworden«, sagte eine Ex-Kämpferin aus Keren (vgl. Lebensgeschichte von Tirhass).

Was von den männlichen Kämpfern immer wieder als Versuch einer Spaltung diskreditiert wurde, ist inzwischen geschehen: 1995 haben sich die Kämpferinnen zu einer Interessengemeinschaft zusammengeschlossen, die ihre Wünsche bei der Demobilisierung vertreten soll.

Gefahren mißlingender Demobilisierung, die Rolle des Auslands

Das siegreiche Ende des Krieges hat die KämpferInnen zum Objekt der Demobilisierung, der Zivilgesellschaft gemacht. Manche fühlen sich aufgrund ihrer heutigen Benachteiligung gegenüber den Zivilisten, die sich während des Krieges ihre familiäre und wirtschaftliche Basis aufgebaut haben, bereits als Opfer der Nachkriegszeit. Fezume Kebrome von ERRA sagt: »Werden sie nicht rasch reintegriert, fühlen sie sich in zehn Jahren als Betrogene.« Einige sehen sich bereits jetzt als Betrogene.

Das Ausland trägt dazu teilweise bei: Finanzielle Hilfe zur Demobilisierung ist rar, da die eritreischen KämpferInnen als diszipliniert gelten und in den Augen des Auslands keine Gefahr darstellen. Dies, obwohl es bereits zweimal zu bewaffneten Protesten von Kämpfern gekommen ist, die auf ihre desolate Lage aufmerksam machen wollten (eine Flughafenbesetzung und ein Kidnapping). »Da die Kämpfer/innen zunehmend unzufrieden werden, könnten sie, wenn die Regierung zu lange untätig bleibt, über kurz oder lang zu einem innen- wie außenpolitischen Sicherheitsrisiko werden« (Maschke/3).

Das Geld, das aus Geberstaaten nach Eritrea fließt, wird von manchen Ländern, z.B. von Deutschland, mehr nach innenpolitischem Kalkül des Geberlandes (sanfte Abschiebung von Ausländern) vergeben, als mit Blick auf Gesellschaft, Bedürfnisse und Spannungen im Empfängerland. Deutschland fördert rückkehrwillige Eritreer innerhalb des Fachkräfteprogramms der GTZ (vgl. Kap. 3.2) ungleich mehr als zu demobilisierende Kämpfer über das MITIAS-Programm.

Ein Beispiel: Eine Ex-Kämpferin aus Keren, die nach fast zehn Jahren Kampf im Herbst 1994 demobilisiert wurde, hat mit drei anderen KämpferInnen zusammen eine Kuchenbäckerei in Keren aufgemacht. Dafür mußten sie alle vier ihre 10.000 Birr Handgeld investieren und dazu noch einen Kredit über 15.000 Birr aufnehmen. Keiner hat eine Bäckerausbildung, keiner eine kaufmännische Ausbildung. Die Bäckerei ist so klein, daß nur Verkauf an Laufkundschaft möglich ist. Für ein (lukrativeres) Café fehlt der Raum – und das Geld für die Miete. Ohnehin können sie nicht alle von der Bäckerei leben, und es ist auch nicht genug Arbeit für alle vier da, die schafft einer allein (vgl. Lebensgeschichte von Asmeret Melake).

Ein in Deutschland lebender Exileritreer dagegen, der das FKP-Programm in Anspruch nimmt, bringt seine Bäckerausbildung mit und erhält immerhin so viel Geld, daß er die Investitionen für die Bäckerei alleine tätigen und damit auch allein vom Gewinn leben kann.

Die RückkehrerInnen aus dem reicheren Ausland wollen zudem meist in Asmara leben, drängen also auf den ohnehin begehrtesten Wohnungsmarkt Eritreas. Ehemalige KämpferInnen können mit diesen RückkehrerInnen nicht um eine Wohnung konkurrieren.

Wenn sich die früheren KämpferInnen heute und künftig betrogen fühlen, ist das auch vom Ausland mitverursacht: Es hat die FreiheitskämpferInnen während des Krieges nicht oder kaum unterstützt (bzw. sogar die Gegenseite). Diese Politik mangelnder Solidarität mit den FreiheitskämpferInnen setzt das Ausland auch nach Kriegsende fort.

Die Situation kriegsbehinderter Kämpferinnen

Eine besondere Problemgruppe innerhalb der (Ex-)Kämpferinnen sind die kriegsinvaliden Frauen. Schätzungen zufolge gibt es in Eritrea ca. 18.000 behinderte ehemalige KämpferInnen, davon 15,1% Frauen. Fast alle sind jünger als 36 Jahre. Anders als bei den kriegsinvaliden Männern, von denen mehr als die Hälfte eine Ehepartnerin hat, ist der größte Teil der Frauen unverheiratet. Eine Rollstuhlfahrerin aus dem Kriegsbehindertenheim in Asmara kommentiert das so: »Eine eritreische Frau würde einen behinderten Mann heiraten, auch einen Rollstuhlfahrer, aber kein eritreischer Mann

eine Frau, die behindert ist, vor allem nicht, wenn sie im Rollstuhl sitzt.«
(vgl. Lebensgeschichte von Abeba Tkua).

Für die behinderten KämpferInnen ist das Angebot zur Zukunftsgestaltung frustrierend klein (Schulunterricht, Nähkurs, ein paar Plätze im Computerkurs). 1995 hat sich die Situation etwas gebessert. Auch die Frauenunion engagiert sich inzwischen für die kriegsbehinderten Frauen, nachdem sie noch 1994 z.B. auf keinen der Kontaktversuche der Frauengruppe im Denden-Camp reagiert hatte.

3.2 Rückkehrerinnen

Immer noch leben etwa 500.000 eritreische Flüchtlinge im Sudan. Die erste große Fluchtwelle in den Sudan fand 1967 statt. Viele der im Sudan lebenden ExileritreerInnen sind bereits dort geboren, teilweise in Flüchtlingslagern, teilweise in sudanesischen Siedlungen und Städten. Jeden Monat kehren 500 bis 1000 aus eigenem Antrieb, außerhalb eines organisierten Wiederansiedlungsprogramms, zurück. Auch nach Äthiopien Geflüchtete gehen wieder nach Eritrea, derzeit leben dort noch ca. 200.000. Mehrere hunderttausend EritreerInnen sind im nördlichen Ausland, in Italien, den USA, Deutschland und in den Ölstaaten etc.

Die politischen Spannungen zwischen Sudan und Eritrea machen das Schicksal der eritreischen Flüchtlinge im Sudan derzeit ungewiß. Ende 1994 wurden jeweils die Botschafter ausgewiesen, an der Grenze gab es militärische Auseinandersetzungen. Die eritreische Regierung befürchtet, daß der Sudan in den Flüchtlingslagern islamischen Fundamentalismus schürt, der dann mit den Rückkehrern nach Eritrea käme. Fundamentalistische Strömungen des Islam wie im Iran oder im Sudan gibt es in Eritrea bisher nicht.

Falls die im Sudan lebenden Flüchtlinge fluchtartig das westliche Nachbarland verlassen, um nicht in etwaige Auseinandersetzungen oder Grenz- und Visaprobleme gezogen zu werden, steht Eritrea – vor allem in den Westprovinzen vom Krieg gezeichnet – diesem Ansturm unvorbereitet gegenüber. In Barka liegen zudem noch Landminen. Die Infrastruktur ist im westlichen Tiefland auf niedrigstem Stand. Einer Befragung zufolge wollen vor allem die EPLF-Mitglieder unter den Flüchtlingen sobald als möglich zurückkehren (Elias Habte-Selassie/30). Die Nicht-EPLF-Mitglieder sind dagegen erheblich zurückhaltender und möchten erst die weitere Entwicklung im wesentlich von Tigrigna regierten Eritrea abwarten.

Folgen der Rückkehr für die Frauen

Im Sudan leben die Flüchtlinge vielfach in Städten, in Khartoum (85.000), in Gedaref, Kassala und Port Sudan. Auch die ExileritreerInnen in den großen Flüchtlingslagern (20-30.000 Einwohner) haben stadtähnliche Lebensbedingungen. Etwa ein Drittel arbeitet außerhalb der Landwirtschaft. Die meisten RückkehrerInnen wollen auch in Eritrea wieder in Städten oder städtischen Siedlungen wohnen. Bereits jetzt sind 90% der Bewohner Tesseneis ehemalige Flüchtlinge. Die Dörfer in Gash-Setit (und in Barka) nehmen schon jetzt, bevor die großen Repatriierungen begonnen haben, RückkehrerInnen in großer Zahl auf, obwohl die Infrastruktur für so viele Menschen nicht ausreicht. Bei ihrer Reintegration mangelt es an Wohnraum und an berufsbildenden Kursen, an Ausbildungsstätten und Werkzeugen für die Kurse und zur späteren Erwerbstätigkeit.

Die Rückkehr nach Eritrea hat vor allem Konsequenzen für Frauen: »Für die meisten Flüchtlingsfrauen aus patriarchalischen oder 'feudalen' soziopolitischen Systemen brachte das Leben in den Siedlungen der Flüchtlinge bis zu einem gewissen Grad mehr Freiheit und Freiraum. Es gab dort fließend Wasser, so daß die Frauen von der schweren Arbeit befreit waren, Wasser zu schleppen. Es gab Getreidemühlen in den Siedlungen, dadurch wurden die Frauen von ihrer traditionellen, erschöpfenden Arbeit des Getreidemahlens erlöst. Auch das Vorhandensein von Märkten und Transportsystemen hat sehr dazu beigetragen, daß sie weniger Zeit für Alltagsarbeit brauchen. Der Zugang zum Gesundheitssystem hat ganz allgemein den Gesundheitszustand der Menschen in den Siedlungen gehoben, vor allem den der Frauen und Kinder. Primarschulen waren vorhanden und verschafften den Kindern Zugang zu Bildung, eine Möglichkeit, die die meisten vor ihrer Flucht nicht hatten.« (Elias Habte-Selassie/28-29)
In Eritrea sind fließend Wasser, Getreidemühlen, Busse, Schulen und Gesundheitszentren noch längst nicht im gleichen Maße vorhanden wie in den Flüchtlingslagern im Sudan. Die (Wieder-)Ansiedlung in Eritrea wirft die Rückkehrerinnen in das traditionelle Leben ihrer Mütter (zurück), das sie selbst teilweise gar nicht mehr kennengelernt haben. Mit der Absorbierung durch extreme Arbeitsbelastung durch Hausarbeit beginnt auch eine Veränderung der Rolle der Frauen, eine erneute Benachteiligung. Wenn Mekuria Bulcha schreibt »Repatriierung, selbst auf freiwilliger Basis, könnte viele Flüchtlinge aufreiben, aus dem Gleis werfen, vor allem jene, die im Exil geboren und aufgewachsen sind« (Bulcha/35), ist das noch viel zu gelinde ausgedrückt für das, was die Frauen in Eritrea derzeit erwartet.

Alleinerziehende Rückkehrerinnen

Die eritreische Regierung mißt der zahlenmäßig bedeutenden Problemgruppe »alleinerziehende Mütter« innerhalb der Problemgruppe »Rückkehrerinnen« sehr wenig Beachtung bei. Einer Untersuchung der Commission for Eritrean Refugee Affairs (CERA) zufolge stehen 28% der Rückkehrerhaushalte aus dem Sudan alleinerziehende Mütter vor (Habte-Selassie/28). Der Geschlechteranteil insgesamt ist allerdings nahezu ausgeglichen (51% Frauen, 49% Männer). Jugendliche und junge Erwachsene kehren selten zurück, d.h. daß mit den alleinerziehenden Müttern Kinder (57% der Rückkehrer sind unter 16 Jahren) und Alte, wahrscheinlich alte Männer, zurückzukehren scheinen.

Perspektiven vor allem für Männer

Die CERA und die Otto-Benecke-Stiftung (OBS) führen gemeinsam ein Programm zur beruflichen Qualifizierung von Rückkehrern durch (Oktober 1993 bis Ende 1996). Es wird damit gerechnet, daß insgesamt 4.000 bis 4.500 RückkehrerInnen teilnehmen können. In der Regel sehen die Kurse ein sechsmonatiges praxisbezogenes Training in Bereichen mit hohem Arbeitskräftebedarf vor. Die Höchstförderdauer liegt bei zwölf Monaten. Für die Zeit der Kursdauer finanzieren CERA/OBS den Unterhalt der TeilnehmerInnen. Für Kinderbetreuung während der Kursstunden sind die Frauen alleine verantwortlich – was indirekt eine zusätzliche Benachteiligung von Frauen allgemein und von kinderreichen Frauen aus dem Sudan im besonderen darstellt. Abbrecherinnen gibt es aber kaum.

Das Programm soll sich primär an RückkehrerInnen aus dem Sudan richten, die die Mehrheit der Flüchtlinge stellen. Das Bildungsniveau in dieser Gruppe ist aber deutlicher geringer als bei den RückkehrerInnen aus Äthiopien. Vor allem für die Sudan-Rückkehrerinnen, die oft nur bis zur zweiten oder ditten Klasse die Schule besucht hätten, sei es schwierig, einen Kurs anzubieten, der über »Mattenflechten« hinausgehe, so Johannes Iyassu von der CERA.

Ziel des Programms ist nicht nur die Förderung der Reintegration der Rückkehrer, sondern gleichzeitig die Bildung von Fachkräften für den Wiederaufbau des Landes. Berufe aus dem Bausektor im weiteren Sinne dominieren deshalb auch dieses Kursangebot. Auch unter den Rückkehrerinnen können sich wenige Frauen dafür von sich aus begeistern. Die Folge ist, daß 1993 nur 16% der Plätze dieser Kurse zur beruflichen Qualifizierung Frauen zugute kamen. Eine Frau hat eine Maurerausbildung erhalten, vier wurden zu Zimmerleuten, eine zur Traktoristin, eine zur Installateurin und 80 zu Schneiderinnen ausgebildet. An den Kursen für Schweißer, Mechaniker und Elektriker hat gar keine Frau teilgenommen.

1994 wurde das Programm zwar auf 18 Berufsrichtungen erweitert, u.a.

wurden 20 Frauen im Hotelgewerbe, 20 in der Lederschneiderei, 22 in Telekommunikation ausgebildet. Insgesamt jedoch wird immer noch hingenommen, daß der überwiegende Teil der Kursplätze Männern zugutekommt.

Mehrfach erklärten aus Äthiopien zurückgekehrte Frauen, sie hätten einfach das genommen, was ihnen geboten worden sei, z.B. eine Ausbildung im Hotelfach. Seit ihrer Rückkehr hätten sie nur zu Hause gesessen, gewartet, Hausarbeit gemacht. Durch den Kurs hätten sie zumindest eine kleine Perspektive. Ihre Bereitschaft und ihr Engagement, sich zusätzlich durch privat finanzierte Abendkurse zu qualifizieren, war groß.

Unter den Kursteilnehmerinnen waren entsprechend ihrer umfangreicheren Vorkenntnisse (oft Abschluß der 12. Klasse) viele Rückkehrerinnen aus Äthiopien, viele Tigrigna. Konsequenz ist, daß sich die Kluft zwischen christlichen Tigrigna im Hochland und muslimischen Ethnien im Tiefland auch durch solche grundsätzlich sehr zu begrüßenden Qualifizierungsmaßnahmen weiter vergrößert, was aber nicht vermeidbar ist.

Wenige Rückkehrerinnen aus dem Sudan oder aus Äthiopien haben das selbstbewußte Auftreten der Männer und mancher Kämpferinnen. Ob sie sich auf dem engen Arbeitsmarkt gegen die Konkurrenz der Männer aus eigener Kraft werden behaupten können, erscheint auch der CERA zweifelhaft. Daß die CERA bei der Suche nach einem Arbeitsplatz und bei der Gründung einer eigenen Existenz assistiert, ist deshalb besonders für Frauen wichtig.

Aus dem nördlichen Ausland (USA und Europa) kehren bisher relativ wenig Flüchtlinge zurück, teilweise arbeiten sie in von der Regierung bezahlten Stellen (Ministerien, Universität, Gesundheitswesen), teilweise sind sie selbständig (vor allem in Asmara).

RückkehrerInnen aus Deutschland

In Deutschland leben 16.000 Flüchtlinge aus Eritrea, denen die deutsche Regierung den Weg zurück in ihr Herkunftsland bahnen will. Ergebnis dieses stark innenpolitisch begründeten Willens ist das Fachkräfteprogramm (FKP), das mit hohem finanziellen und personellen Aufwand rückkehrwilligen ExileritreerInnen den Neubeginn in ihrem Herkunftsland erleichtert.

Dieses Programm, das vom BMZ finanziert und über die GTZ (gemeinsam mit der CERA) abgewickelt wird, ist frauenfeindlich und zudem, wie in Kap. 3.1 erläutert, Sprengstoff im innereritreischen Spannungsgefüge. Das genannte Ziel, die dringend benötigten, gut ausgebildeten Fachkräfte nach Eritrea zu bringen, die das Land aufbauen und Arbeitsplätze für andere EritreerInnen schaffen könnten, scheint das Projekt bisherigen Erfahrungen nach nicht oder kaum zu erreichen. Das mag an falschen Erwartungen auf deutscher Seite liegen, denn nur 12% der in Deutschland lebenden EritreerInnen werden überhaupt als hochqualifiziert eingestuft (hauptsächlich Männer).

Ein eritreischer Fabrikarbeiter beginnt mit einem Monatslohn von ca. 40 DM. Das FKP-Programm gewährt rückkehrwilligen EritreerInnen über zwei Jahre einen Gehaltszuschuß, und zwar bis zu 60% des deutschen Gehalts, außerdem 9.000 DM Starthilfe und Zugang zu weichen Krediten. Ferner besteht die Möglichkeit, daß sie über die Deutsche Ausgleichsbank einen zusätzlichen Zuschuß von 18.000 DM erhalten.

Verglichen mit zu demobilisierenden KämpferInnen ohne Berufsausbildung und Kapital (2.500 DM Handgeld bei der Demobilisierung) werden sie in eine ungleich bessere Position versetzt, obwohl dazu keine äußere Notwendigkeit besteht. Denn die ExileritreerInnen sind in Deutschland integriert. Die zu demobilisierenden KämpferInnen und die Flüchtlinge aus dem Sudan oder aus Äthiopien dagegen müssen ganz neu anfangen. Armutsorientierte Entwicklungshilfe, die auch Entwicklungshilfeminister Spranger gern im Mund führt, müßte zunächst die Chancen der im Land oder an der Grenze lebenden Menschen vergrößern, sich selbst und damit ihr Land zu entwickeln.

Insgesamt sind bisher 186 EritreerInnen zurückgekehrt. Die meisten seien, so Tedros Demoz vom FKP-Büro in Asmara, allerdings keine hochqualifizierten Fachkräfte: drei mit Promotion, 17 mit MA (Magister Artium), 14 mit BA (Bachelor of Arts), 44 mit Diplom, 64 mit 12. Schuljahr, 40 mit Elementarunterricht. 87 arbeiten in Regierungsämtern, 18 in staatlichen Unternehmen, 32 in privaten Unternehmen, 45 in Werkstätten. 17 haben (mit einem Kredit zwischen 12.000 und 200.000 DM) ein kleines Unternehmen eröffnet und damit 98 Jobs geschaffen. Unter den RückkehrerInnen sind zwei Frauen, eine hat an der Hauptstraße in Asmara eine große Pizzeria eröffnet, die andere einen Friseursalon, ebenfalls in Asmara. Eine Frau ist ledig, die andere alleinerziehende Mutter eines kleinen Kindes.

Folgen des FKP-Programms für Frauen

Unter den RückkehrerInnen sind nur wenige Frauen. Die ExileritreerInnen in Deutschland sind vielfach verheiratet und haben Kinder. Die Ehefrauen bleiben in der Regel mit den oft schulpflichtigen Kindern in Deutschland, weil es in Eritea keine deutsche Schule gibt. Die Kinder sind mit der deutschen Sprache aufgewachsen und beherrschen ihre Muttersprache oft zu wenig, um in Eritrea zur Schule zu gehen. Das gilt vor allem, wenn die Kinder in Deutschland schon eingeschult sind.

Die RückkehrerInnen aus Industriestaaten, vor allem die Frauen, wollen außerdem meist in Asmara leben. Dort ist es wegen des extremen Wohungsmangels sehr schwierig, eine Wohnung zu finden, die den Ansprüchen gerecht wird.

Wenn nach zwei Jahren die finanzielle Förderung des nach Eritrea zurückgekehrten Mannes durch die deutsche Regierung endet, erhält er nur noch einen Bruchteil des vorherigen Gehalts. Damit kann er seine Familie in Deutschland nicht mehr unterstützen. Die Probleme beginnen zu eskalieren: Zurück nach Deutschland kann der Mann kaum, da er keinen Anspruch auf Arbeitslosenunterstützung, stattdessen vermutlich aber noch Schulden hat. Das Auseinanderbrechen der Familie ist also fast vorprogrammiert, und alleinerziehende Mütter, die von Sozialhilfe leben müssen und es in Deutschland als Ausländerin doppelt schwer haben, sind die Folge.

Wäre die Lage in Eritrea bereits konsolidiert, wären die KämpferInnen und die Flüchtlinge aus dem Sudan und Äthiopien integriert, eine deutsche Schule und genügend Wohnraum in Asmara vorhanden, wäre das FKP-Programm vielleicht zu einem späteren Zeitpunkt sinnvoll.

3.3 Alleinerziehende Mütter

Ein großer Teil der alleinerziehenden Mütter lebt auf dem Land und arbeitet in der Landwirtschaft, also in einem arbeitsintensiven Bereich. Die fehlende Arbeitskraft des Mannes bedingt Arbeitsüberlastung der Frauen (und der Kinder) und Armut, also z.B. geringere Ausstattung (Tiere).

Früh zu umfangreicher Mitarbeit gezwungen, müssen vor allem die Töchter die Schule abbrechen, erfahren körperliche Schäden durch zu schwere Arbeit (gekoppelt mit Mangelernährung) und haben weder beruflich noch sonst eine Chance. In den Gebieten, in denen die Familie der Braut die Hochzeit ausrichten und der Familie des Bräutigams eine Hochzeitsgabe (Tiere) geben muß, sind selbst die Hoffnungen der Mädchen, durch Heirat dem Elendskreis zu entkommen, gering (trotz Nachbarschaftshilfe). Die Spirale von Armut und noch mehr Arbeit setzt sich so endlos fort, überfordert die Frauen und nimmt ihren Töchtern die Chance. Es ist ein Armutszirkel, aus dem nur durch Starthilfe von außen ein Ausbruch möglich ist.

Wieviele alleinerziehende Frauen in einem Ort leben, ist regional sehr verschieden. Bruchhaus (Bruchhaus/8) verweist auf 50 von 232 in Haielo (Hamasien), 55 von 227 in Ad Omar (Gash-Setit), 150 von 400 in Mehlab (Senhit; unter diesen 150 sind 111 Witwen), 32 von 91 in Kodadu, 40-50 von 257 in Adigama-Laayten, 111 von 800 in Talata Asher, 103 von 315 in Hadish Adi. Oswald (Oswald/7-8) verweist auf 130 (von 360 Haushalten) allein de jure alleinerziehende Mütter in Birkito und 40 (von 89) allein de jure alleinerziehende Mütter in Adi Nebri.

Statistisch ist ihre Lage (Zahl, Potential, Arbeitsbelastung und Lebensumstände) kaum erforscht, so daß keine gesicherte Basis für konstruktive Maßnahmen besteht. Die Möglichkeiten der alleinerziehenden Frauen, den Lebensunterhalt für sich und ihre Kinder mit einer Starthilfe selbst zu verdienen, ihre Ausstattung mit Eseln oder Zugtieren sind nicht erfaßt. Ebenso fehlen Erhebungen über ihre eigenen Vorstellungen, wie sie ihre Lage verbessern könnten, oder über ihre Bereitschaft, sich zu Gruppen zusammenzuschließen, die gemeinsam Werkzeuge, Tiere oder Produktionsmittel besitzen und nutzen.

Auch das Ausland hat bisher kaum Instrumente und Projekte entwickelt, damit wenigstens die Töchter dieser Frauengruppe aus der Armutsfalle herauskommen. Ein Programm der norwegischen Kinderhilfsorganisation Redd Barna für ca. 500 Witwen mit durchschnittlich je vier Kindern in der Region um Afabet, ist eine seltene Ausnahme. Allerdings bürdet auch dieses Projekt den Frauen mehr Arbeit auf (Geflügelzucht etc.).

Völlig außerhalb des öffentlichen Interesses sind bisher alleinstehende alte Frauen, die, wenn Mann und Kinder tot, behindert oder geflüchtet sind, oft nicht einmal mehr die Möglichkeit haben, an food-for-work-Programmen teilzunehmen. Bisher werden sie noch von der Solidarität der Dorfbewohner mitgetragen.

3.4 Mädchen aus besonderen Problemgruppen

Mädchen sind außer bei den Kunama weniger erwünscht als Jungen. Jungen kommen signifikant häufiger in den Genuß von Freizeit und Schulbildung als Mädchen. Geht man abends durch Dörfer, sieht man Jungen fußballspielen und Mädchen schleppen Wasser – und kleinere Geschwister. Besonders benachteiligt sind Mädchen in muslimischen Regionen, Töchter alleinerziehender Mütter und weibliche Waisen und Mädchen mit Behinderungen.

In Eritrea gibt es 80.000 Halbwaisen und 10.000 Vollwaisen (unter 15 Jahren). 41% der Kinder sind jünger als sechs Jahre. Es wird damit gerechnet, daß diese Zahl mit der Rückkehrwelle aus dem Sudan und mit zunehmendem Ausbruch von AIDS noch steigt.

Es gibt riesige staatliche Waisenheime. Die Regierung ermuntert dazu, Kinder zu adoptieren. UNICEF verweist darauf, daß Mädchen oft nur als billige Arbeitskräfte adoptiert würden.

Straßenkinder und Prostitution

Die eritreische Regierung und UNICEF schätzen, daß es in eritreischen Städten etwa 5.000 Straßenkinder gibt (UNICEF/194). Zugrundegelegt wird eine andere Definition von »Straßenkind« als in Südamerika. Als Straßenkind gilt in Eritrea ein Kind, das nicht zur Schule geht und den ganzen Tag für seinen Lebensunterhalt arbeiten muß, aber noch Kontakt zu seiner Familie hat und in der Regel auch dort schläft.

Eine auf der Basis von 298 Mädchen erhobene Studie über weibliche Straßenkinder und Prostituierte (UNICEF/194) hat ergeben, daß mehr als die Hälfte zwischen 13 und 17 Jahren alt ist. 81 waren Analphabetinnen, 36 hatten das 1. bis 3. Schuljahr besucht, 71 das 4. bis 6., 71 das 7. bis 9. und 39 hatten sogar das 10. bis 12. Schuljahr absolviert. 124 hatten aus Armut die Schule verlassen; zwölf, weil sie das Interesse daran verloren hatten; 23, weil sie geheiratet hatten, und 24, weil ihnen von Eltern und Freunden vom weiteren Schulbesuch abgeraten worden war. 124 wurden aufgrund von Armut Prostituierte, 24, weil ihr Umfeld Druck auf sie ausübte, 36 durch Arbeitslosigkeit und andere Gründe.

Es gibt nur minimale Bemühungen, die Reintegration von Straßenkindern und Prostituierten zu fördern. Man habe wichtigere Probleme, als sich um diese Frauen und Mädchen zu kümmern, hieß es bei der Authority of Social Affairs (Tewelde Zerezgi, Leiter der Planungsabteilung).

Behinderung

Eine Studie von 1992, die die Kinder von KämpferInnen nicht einbezogen hat, ergab, daß in Eritrea knapp 7.000 Kinder mit Behinderung leben, davon 1.866 blinde, 1.708 taube, 1.435 amputierte, 1.414 mit Deformationen und knapp 500 Kinder mit schwerster geistiger Behinderung (UNICEF/194). Die Dunkelziffer ist wahrscheinlich erheblich höher.

Die einzige eritreische Selbsthilfeorganisation von und für Menschen mit Behinderung ist die Association of Disabled Fighters, die aber nur die Interessen von Kriegsinvaliden vertritt. Das Schulangebot für behinderte Kinder ist minimal, z.B. gibt es landesweit nur eine Blindenschule – mit 50 SchülerInnen.

Wie hoch der Anteil der Mädchen ist, die durch die primitiv durchgeführten, gefährlichen Beschneidungspraktiken über das »normale« Maß hinaus verletzt oder behindert werden, wurde bisher nicht erhoben. Für eine geschulte Hilfe bei Traumata infolge von Mädchenbeschneidung – und Vergewaltigung von Mädchen während des Krieges – fehlt das Geld. Die Frauenunion möchte sich künftig diesen Problemen widmen, hat aber finanziell und personell nur wenig Spielraum.

4. Beteiligung der Frauen am gesellschaftlich-politisch-wirtschaftlichen Leben

Marginalisierung von Frauen aufgrund ihres Geschlechts ist zwar verboten, aber noch Alltag für fast alle Frauen in Eritrea, also für mehr als eine Million Menschen. Nach eritreischem Gesetz sind Männer und Frauen gleichberechtigt. Wirkung hat dieser Satz allerdings nur im Rahmen der Gesetzgebung – noch nicht im Rahmen der Rechtsprechung. Denn die Rechtsprechung liegt teilweise gar nicht in staatlicher Hand, sondern bei traditionellen Würdenträgern, Ältestenräten oder den Scheichs.

Polygamie ist Männern zwar offiziell verboten, aber nach wie vor werden im Westen Eritreas Mehrehen geschlossen. Auch die Ehen mit Mädchen unter 15 Jahren werden anerkannt, weder dem Ehemann noch den Eltern droht eine Strafe. Nach wie vor werden auch Brautpreise gezahlt, was dazu führt, daß die Braut sehr jung, der Bräutigam oft unverhältnismäßig alt ist. Der Regierung fehlen Entschlossenheit und Durchsetzungskraft, die Rechte der Frauen zu schützen, d.h. gegen Polygamie vorzugehen, gegen Infibulation und Klitorisbeschneidung, gegen Brautpreise und Miziraf (im Nachhinein legal gemachte Eheschließung mit einer geraubten Frau), gegen die Dominanz der Scharia in den muslimischen Regionen. Auch das Recht der Mädchen auf Bildung wird vom Staat nicht geschützt.

Es fehlt an manchen Stellen auch an genügend ausgebildeten Frauen, um die Geschlechter auf qualifizierten Stellen gleichberechtigt berücksichtigen zu können. Tatsache ist aber auch, daß Frauen Konkurrentinnen auf dem engen Arbeitsmarkt sind: Der frauenfeindliche Trend der Demobilisierungspolitik, die Benachteiligung von Frauen bei Berufsbildungsmaßnahmen, ihre mangelnde Vertretung in den Medien, in der Verwaltung und den Räten auf der Ebene des Distrikts, der Provinz und auf der nationalen Ebene, in den Entscheidungsgremien der PFDJ – all das deutet vor allem auf mangelnden Willen der politischen Entscheidungsträger hin.

Frauenquoten gibt es in Eritrea bereits in manchen Bereichen. Quoten stellen allerdings nirgendwo eine optimale Lösung dar. Trotzdem wäre eine Ausweitung auf mehr Bereiche wahrscheinlich sinnvoll, vor allem, wenn die Frauen der Betriebe, der Region, der Gremien oder notfalls auch die Frauenunion unabhängig diese Personalentscheidungen treffen könnten, statt wie bisher vielfach die PFDJ.

4.1 Hausarbeit und Kindererziehung

Hausarbeit und Kindererziehung sind der einzige Bereich, den man als Frauendomäne bezeichnen kann – und muß. Nur wird er in seiner Bedeutung für die gesellschaftliche und wirtschaftliche Entwicklung der Menschen und damit des Landes überhaupt nicht anerkannt. Hausarbeit und erst recht Kindererziehung gelten in Eritrea noch weniger als »Arbeit« im klassischen Sinn als in Europa.

Verblüffend ist, daß die Frauen – nach ihrer Arbeit gefragt – nur Haus-, Feldarbeiten und teilweise als kleinen Zuerwerb Handarbeit aufzählen, aber nicht Kindererziehung. Dabei machen kleine Kinder in Eritrea den Müttern eher mehr Arbeit als in Europa (sie werden jahrelang von morgens bis abends auf dem Rücken getragen, es gibt keine Fertignahrung, keine Einmalwindeln, keine Waschmaschinen).

Zur Hausarbeit gehören auch Arbeiten wie Wasser zu holen und Holz zu sammeln. Allein dafür brauchen die Frauen täglich mehrere Stunden. Da sie in der Regel keine Maschinen haben, keine Getreidemühle, keine Waschmaschine etc., kostet die alltägliche Arbeit sehr viel Zeit. Da alle Hausarbeit allein den Frauen zufällt, haben sie kaum Freiraum, um darüber hinaus in anderen gesellschaftlichen und wirtschaftlichen Bereichen zu arbeiten. Vor allem auf dem Land, wo die Versorgung des Hauses mit Wasser besonders mühselig und zeitaufwendig ist, sind die Frauen durch die traditionelle Rollenverteilung gehindert, in die anderen Bereiche einzudringen.

Das Bildungsministerium möchte Schulbücher entwickeln, die die nächste Generation zu einem gleichberechtigten Rollenverhalten erziehen, vermitteln, daß Mädchen genauso viel wert sind wie Jungen, daß Jungen auch Hausarbeit erledigen müssen. Für die aktuelle Gegenwart hat dies aber noch keine nennenswerten Auswirkungen. Frauenunion und Bildungsministerium waren die einzigen eritreischen Gesprächspartner, die das Problem erkannt hatten und Strategien entwickelten, die an der Ursache ansetzen: an der traditionell unterschiedlichen Wertigkeit der Geschlechter.

Die meisten Privatleute und hohen Beamten der Regierung sahen hingegen gar kein drängendes Problem darin, daß der niedrigere Status und in der Folge die frühe und zu hohe Belastung mit Hausarbeit Mädchen und Frauen hindert, sich gleichberechtigt in der Gesellschaft zu beteiligen. Erst recht war kaum Bereitschaft vorhanden, dem Dialog mit Männern die notwendige Energie zuzuwenden.

4.2 Wasserversorgung

Wasser zu holen ist in Eritrea Aufgabe der Frauen, die Pumpen zu warten aber Aufgabe der Männer. Es gibt Ankündigungen aus dem Ministerium für Wasserversorgung, Frauen künftig Verantwortung für die Pumpen zu übertragen und sie auch über ihr Dorf hinaus stärker in die Planung und Organisation der Wasserversorgung einzubinden.

Derzeit ist die Wartung der Pumpen völlig unzureichend. Knapp 50% der Handpumpen in Barka und Seraye (46 bzw. 43%) funktionieren nicht. Das Ministerium für Wasserversorgung untersucht derzeit die Lage in allen Provinzen. Im 27köpfigen Team sind neun Frauen. Das Ministerium möchte verstärkt Frauen ausbilden, damit sie, die Nutzerinnen, auch die Verantwortung und Wartung übernähmen. Wenn eine Frau diese verantwortliche Aufgabe wahrnähme, stärke sie indirekt auch die soziale Stellung der Frau allgemein. In den muslimischen Gebieten, z.B. in Dankalia (Afar), kämen dafür nur ehemalige Kämpferinnen in Frage, so Ghebremicael Tehnewo, Leiter der Abteilung für Planung und Forschung im Ministerium für Wasserressourcen. Keine der anderen Frauen erhielte überhaupt die Erlaubnis ihres Mannes, in der Öffentlichkeit an der Zapfstelle zu arbeiten.

Das Ministerium hofft, daß die Kämpferinnen in ihrer Position als Pumpenwarterin als role model in den Dörfern wirken würden. Ob aber wirklich geplant ist, ehemalige Kämpferinnen hierfür zu qualifizieren, scheint zweifelhaft, denn eine Zusammenarbeit mit dem Demobilisierungsprogramm MITIAS gibt es bisher nicht. Die wenigen Frauen (drei von 20 Kursteilnehmern), die im westlichen Tiefland ausgebildet werden, sind Rückkehrerinnen aus dem Sudan und erhalten dieses on-the-job-training innerhalb eines Programms der deutschen Otto-Benecke-Stiftung. Die Frage, wer die ZapfstellenwarterInnen später für ihre Arbeit bezahlen soll, ist auch noch nicht gelöst.

Neues Berufsfeld für Frauen

Das Ministerium für Wasserversorgung will Frauen als lokale Beraterinnen für Wasserangelegenheiten ausbilden. Da in den muslimischen Gegenden ein Mann nicht den Zugang zu den Dorffrauen erhält, um sie über Hygiene und sanitäre Anlagen zu informieren, müssen Frauen für diese Arbeit ausgebildet werden. Ob dieser Plan aber schon konkret durchdacht worden ist, muß ebenfalls bezweifelt werden, denn Ghebremicael Tehnewo sprach davon, daß auch Analphabetinnen als Beraterinnen eingesetzt werden könnten. Das erscheint angesichts der in Eritrea herrschenden extremen Bürokratie als äußerst unwahrscheinlich.

4.3 Bildungssektor

Die eritreische Regierung unternimmt trotz ihrer geringen Finanzmittel große Anstrengungen im Bildungssektor – beim Bau von Schulen, in der LehrerInnenausbildung, bei Forschung, Curriculumplanung und innereritreischer Öffentlichkeitsarbeit.

Grundsätzlich wird koedukativ unterrichtet. Das hat den Vorteil, daß, vor die Wahl gestellt, ob eine Jungen- oder eine Mädchenschule gebaut werden soll, die Mädchen nicht das Nachsehen haben. All diese Bemühungen werden jedoch nur dann nachhaltigen Erfolg haben, d.h. SchülerInnen für mehr als zwei, drei Jahre in die Schulen ziehen, wenn Schulbildung zu Vorteilen auf dem Arbeitsmarkt führt, d.h. wenn es einen qualifizierten Arbeitsmarkt gibt. Daß angesichts ihrer extremen Armut Bildung als solche für die meisten Eritreer keinen Wert darstellt, sondern lediglich in ihrer Funktion als Ausbildung einen Sinn erhält, ist nachvollziehbar. Der Erfolg aller Fördermaßnahmen zugunsten von Mädchenbildung ist abhängig von den Chancen, die sich den Schulabsolventinnen danach eröffnen – oder nicht.

Die Beteiligung von Mädchen und Frauen als Lernende und als Lehrende sind vom Bildungsministerium bzw. der Universität Asmara differenziert erfaßt worden. Allerdings beziehen sich alle Statistiken nur auf die staatlichen Schulen (75% staatliche, 25% private Schulen).

Sowohl als Gestalterinnen (Lehrerinnen, Bildungsministerium) als auch als Nutznießerinnen (Schülerinnen, Studentinnen) sind Frauen deutlich unterproportional vertreten. Es gibt nur eine Ausnahme, den Vorschulunterricht, der aber nur einer sehr kleinen städtischen Gruppe (3,9%) offensteht. Am Vorschulunterricht nehmen Jungen und Mädchen zu gleichen Teilen teil. Er wird (fast) ausschließlich von Frauen gegeben (unter den 244 Lehrkräften ist ein Mann).

Das Schulsystem ist in drei Abschnitte gegliedert, 1. bis 5. Klasse (primary), 6. und 7. Klasse (middle) sowie 8. bis 11. Klasse (secondary). Während der ersten fünf Schuljahre wird in der jeweiligen Muttersprache unterrichtet, danach soll der Unterricht nur noch in Englisch erteilt werden (was angesichts der minimalen Englischkenntnisse vieler SchülerInnen zweifelhaft erscheint).

Die allgemeine Schulpflicht beträgt offiziell sieben Jahre, aber nur knapp die Hälfte der Kinder besucht überhaupt – offiziell – die primary school, Mädchen sogar nur gut 40%. De facto sind die Zahlen sogar noch geringer: 27% der Jungen, 25% der Mädchen. Vor allem verlassen Mädchen die Schule oft nach zwei, drei Jahren wieder, weil sie zu viel Hausarbeit haben. Da die Wiederholerrate bei Mädchen bei 23% (Jungen 18%) liegt, die Klassenstärke bei ca. 40 Kindern und die Lehrer schlecht ausgebildet sind (Frontalunterricht, bei dem wiederholt und auswendiggelernt wird; teilw. Freilandschulen), verlassen viele Mädchen die Schule mit einer völlig unzureichenden Bildung. Etliche werden nach Jahren wieder zu den Analphabeten gerechnet werden müssen. Ein Versäumen der Schulpflicht zieht keine Strafen oder Konsequenzen für die Eltern nach sich. Tatsache ist auch, daß die derzeitige Kapazität des Bildungssektors mehr als ausgelastet ist.

Vergleich der Provinzen

Sehr unterschiedlich ist der Schulbesuch je nach Provinz. Bisher wurde noch keine Statistik erhoben, die den Schulbesuch in den einzelnen Volksgruppen feststellt, was im Hinblick auf Reformen aber notwendig erscheint. Prozentual werden die meisten Kinder in Asmara eingeschult, die wenigsten in den dünn besiedelten muslimischen Flächenregionen mit besonders großen Problemen in der Infrastruktur. Schlußlicht ist, trotz langen EPLF-Engagements und trotz kostenloser Schulmahlzeiten für Schüler in extremen Mangelregionen, die Sahel-Provinz. Nicht nur die Tradition steht dem Schulbesuch in den muslimischen Provinzen entgegen (vor allem für Mädchen), sondern auch besonders lange Schulwege und extreme Armut, die Kinder zur Arbeit zwingt. Mit Blick auf diese Zahlen im Bildungssektor ist die Auswahl von Provinzen für den nationalen Entwicklungsplan (Asmara, Seraye und Barka) nicht nachvollziehbar.

Einschulung 1993/94:   Volksgruppen

Asmara	43,6%	(Tigrigna)
Hamasien	40,2%	(Tigrigna)
Akele-Guzai	33,8%	(primär Tigrigna, auch Saho)
Semhar	34,4%	(Tigrigna, Tigre; nomadisierende Rasheida)
Seraye	23,9%	(Tigrigna)
Senhit	21,5%	(Tigrigna, Tigre, Bilen)
Gash-Setit	14,7%	(primär Tigre; Nara, Kunama)
Dankalia	13,0%	(Afar, Saho, Tigre)
Barka	9,3%	(primär Tigre; Hedareb)
Sahel	4,8%	(primär Tigre; nomadisierende Rasheida)

(Durchschnitt: 25,9%; vom Bildungsministerium ermittelte Zahlen, nicht nach Geschlecht getrennt)

Muslimische Mädchen

Vor allem in den muslimischen Regionen werden wenig Mädchen eingeschult. Das liegt zumeist in traditioneller Rollenzuweisung und Armut begründet. Im vorhandenen Schulbestand wurzelnde Gründe sind: die Koedukation, die von vielen Eltern für ihre Töcher abgelehnt wird, der Mangel weiblicher Lehrkräfte und (auf dem Land fast immer) fehlende Toiletten in den Schulen.

In muslimischen Regionen sollen künftig verstärkt Lehrerinnen eingesetzt werden, deren Zahl jedoch noch gering ist. Wirkliche Bemühungen, verstärkt Lehrerinnen auszubilden, gibt es aber nicht. Berhane Demoz, selbst seit mehr als zehn Jahren Kämpfer und heute Leiter der Abteilung für Planung und Forschung im Bildungsministerium, erklärte sogar, es sei wichtiger, männliche Lehrer für Mädchenbildung zu sensibilisieren, als um jeden Preis Frauen auszubilden. Eine einzige Ex-Kämpferin an einer Schule könne als role model mehr ausrichten als zehn traditionell erzogene Lehrerinnen, so Berhane Dermoz.

Je höher die Klasse, desto weniger Mädchen

	1991/92		1993/94	
	Jungen	Mädchen	Jungen	Mädchen
primary	81.746	69.236	115.663	92.536
middle	14.414	13.503	18.129	14.652
secondary	14.444	13.183	19.432	13.324
vocational	419	61	529	60

Zwar nimmt die absolute Zahl der Schüler zu, der Anteil der Mädchen nimmt aber ab, und zwar je höher der Schultyp wird, desto mehr. In der 8.–11. Klasse etwa sank ihr Anteil von 46% im Schuljahr 1991/92 auf 41% im Schuljahr 1993/94. 1991/92 stellten Mädchen noch 13% der SchülerInnen am berufsbildenden Unterricht, 1993/94 nur noch 10%.

Der Ausbau des Schulsystems, wie er derzeit erfolgt, macht vor allem Jungen zu Nutznießern, während sich die Chancen der Mädchen auf gleichberechtigte gesellschaftliche Partizipation als junge Erwachsene sogar verschlechtern.

Bildungspolitik

Das Bildungsministerium versucht, durch Gespräche mit den Dorfräten mehr Verständnis für die Notwendigkeit von Mädchenbildung zu wecken. Mädchen- und Frauenbildung ist auch ein Arbeitsfeld des nationalen Entwicklungsplans. Innerhalb dieses Programms soll versucht werden, das gesellschaftliche Umfeld für Mädchenbildung aufgeschlossener zu machen und die Schulen so zu verändern, daß Eltern sie auch für ihre Töchter akzeptieren. Praktisch heißt das: mehr weibliche Lehrkräfte, Ausstattung der Schulen mit sanitären Anlagen, bessere Einbindung der Schule in die dörfliche Gesellschaft (bis zur Einrichtung von community-Schulen), der Lebenswirklichkeit angepaßterer Unterrichtsstoff. Gesundheitserziehung,

Ernährung etc. sind bereits Schulfächer. Geplant ist, künftig stärker Geschlechterrollen zu thematisieren. Damit Mädchen Schulbesuch, Schulweg und Wasserholen künftig auf einem Weg verbinden können, soll versucht werden, den Brunnen in der Nähe der Schule zu bauen.

Der Löwenanteil der Mittel des Entwicklungsplans geht aber nach Asmara und Seraye, also in christliche Hochlandgebiete – und nicht in die Regionen, die Förderung besonders nötig hätten: die muslimischen Flächenprovinzen.

Frauen im Lehrberuf

Die überwiegend äthiopischen Lehrer, die während des Krieges in Eritrea unterrichtet hatten, verließen das Land mit dem Ende der Besetzung. Das führte in Eritrea zu einem extremen Lehrermangel, der kurzfristig nur durch ausländische Lehrkräfte ausgeglichen werden kann. Wie groß der Bedarf ist, macht das erste Notprogramm zur Lehrerausbildung deutlich: Unmittelbar nach Kriegsende mußte man die künftigen Lehrer schon nach einem zweimonatigen Kurs vor die Klasse stellen.

Inzwischen gibt es die feste Regelung, daß Lehrer für den Primarbereich nach Abschluß der Secondary School ein Jahr ein Lehrerseminar besuchen müssen. Allerdings gibt es nur ein Lehrerseminar, pro Jahr können nur 400 Lehrer ausgebildet werden, der Bedarf läge bei 700, so Berhane Demoz. Hilfe bei der Lehrerausbildung ist dringend notwendig, wichtiger noch als die Entsendung von ausländischen Lehrkräften.

LehrerInnen

| | 1991/92 | | 1993/94 | |
	Männer	Frauen	Männer	Frauen
primary	2.236	1.411	3.407	1.865
middle	644	139	838	140
secondary	691	67	911	104
vocational	62	5	63	–

Wie bei den SchülerInnen hat auch die Zahl der LehrerInnen absolut zugenommen, der Frauenanteil ist dabei aber prozentual von 31% auf 29% gesunken, auch hier stärker in den höheren Schuljahren. Völlig verschwunden sind Lehrerinnen nach einer Statistik des Bildungsministeriums aus dem berufsbildenden Lehrkörper, in dem sie 1991/92 immerhin noch 7% stellten –obwohl es viele beruflich z.T. hochqualifizierte EPLF-Kämpferinnen gibt. Die Zahl der Schulleiterinnen ist gering (aber nicht statistisch erhoben).

Berufsbildende Schulen

Die beiden staatlichen berufsbildenden Schulen bieten Ausbildungsgänge in handwerklich-technischen Berufen an (Holz- und Metallverarbeitung, Kfz-Schlosserei, Elektrotechnik). Bei Frauen, die nicht Kämpferinnen gewesen sind, stoße dieses Angebot allerdings nicht auf Interesse, so Berhane Demoz. Es gibt, trotz dieses Wissens, aber weder eine staatliche Kampagne, die für »Frauen in Männerberufen« wirbt, noch eine Diversifikation des Angebots der berufsbildenden Schulen. Im Gegenteil wird hingenommen, daß dann eben fast nur Männer (90%) Nutznießer von Berufsausbildung sind. In Anbetracht der Tatsache, daß gerade Berufsausbildung ein Meilenstein auf dem Weg zur Gleichberechtigung in der Gesellschaft ist, legt dieser Zusammenhang das tatsächliche frauenpolitische Engagement der PFDJ-Regierung bloß.

Neben dem staatlichen Bildungssektor gibt es private berufsbildende Schulen, die bei Frauen auf sehr großes Interesse stoßen. Vor allem Fächer wie Kochen, Nähen und Schreibmaschineschreiben sind gefragt, also Bereiche, in denen Frauen daheim oder zumindest in einem geschlossenen Haus »etwas dazuverdienen können«. Eine von einer Frau in Asmara betriebene Privatschule für Kochen und Nähen mit 700 Schülerinnen pro Jahr wurde im November 1994 von der Regierung ersatz- und alternativlos geschlossen, weil die Inhaberin zur Gruppe der in Eritrea massiv diskriminierten Zeugen Jehovas gehört. Inzwischen (Herbst 1995) konnte die Schule von Verwandten, die nicht Zeugen Jehovas sind, wieder geöffnet werden.

LehrerInnenausbildung

Lehrer für die Mittelschule müssen ein Universitätsdiplom vorweisen, das zwei Jahre Studium voraussetzt. Lehrer für die Oberschule brauchen als Abschluß den BA (Bachelor of Arts). Die Aufnahmeprüfung für die Universität stellt generell eine schwer überwindbare Hürde dar, insbesondere aber für Frauen: Um jeden Platz bewarben sich 1994/95 zehn SchulabgängerInnen. 27% der BewerberInnen waren Frauen, unter den angenommenen StudentInnen finden sich aber nur noch 16% Frauen. Insgesamt stellen Frauen nur 11% der Studierenden. Frauen, denen die Aufnahme gelungen ist, führen ihr Studium fast immer zügig zu Ende. 1993/94 waren unter den Wiederholern und Abbrechern fast nur männliche Studenten (56 Männer, aber nur eine Frau).

Universität

Es gibt eine Universität (in Asmara), die aber noch im Aufbau ist. Für VollzeitstudentInnen ist der Besuch frei, AbendstudentInnen müssen Studiengebühren zahlen. 6% der (eritreischen) Lehrkräfte sind Frauen. Der weit überwiegende Teil (79%) der StudentInnen kommt aus Asmara, die wenigsten aus den muslimischen Provinzen Barka, Gash-Setit und Dankalia. Von den 131 Studentinnen, die z.B. 1994/95 mit dem Studium begonnen haben, stammen 120 aus Asmara, 11 aus den Provinzen (keine aus Barka und Gash-Setit). Bisher gibt es lediglich ein provisorisches Studentenwohnheim auf dem Universitätsgelände. Dieser Mangel geeigneter Wohnmöglichkeiten für studierwillige Frauen, vor allem für Frauen aus muslimischen Familien, ist eine enorme Barriere für Frauen aus einer traditionellen Gesellschaft.

Eine naturwissenschaftliche, eine geisteswissenschaftlich-musische, eine wirtschaftswissenschaftliche (mit einem kleinen juristischen Zweig) und eine landwirtschaftlich-meereskundliche Fakultät sind bereits vorhanden. Die Universität kooperiert beim Aufbau mit verschiedenen ausländischen Universitäten. Eine medizinische Fakultät, an der Kämpferinnen, die während des Krieges im medizinischen Sektor arbeiteten, großes Interesse zeigen, kann wegen der sehr hohen Kosten erst als letztes aufgebaut werden.

Bei vom Ausland vergebenen Stipendien für eritreische StudentInnen werden Frauen berücksichtigt; beispielsweise erhielten im November 1994 31 StudentInnen ein Stipendium für ein Studium in Sanaa, Jemen, darunter waren sechs Frauen (ca. 20%, also ein höherer Prozentsatz als unter den Studierenden der Universität Asmara).

4.4 Gesundheitssektor

Im Gesundheitssektor arbeiten an der Basis seit jeher viele Frauen, vor allem als »tradititionelle Geburtshelferinnen« (TBA). Allerdings führen sie auch oft die Beschneidungen durch, also Maßnahmen, die der körperlichen Gesundheit und seelischen Unversehrtheit von Frauen diametral entgegenstehen.

55% der im Gesundheitsbereich tätigen EPLF-KämpferInnen waren Frauen. In der trotz Mangels an Ausbildungsplätzen stattfindenden Professionalisierung der Nachkriegszeit drohen Frauen selbst aus ihrem Schwerpunktbereich gedrängt zu werden (vgl. Kap. 3.1).

Derzeit sind Frauen primär auf den mittleren und unteren Ebenen tätig: FachärztInnen in Krankenhäusern: 131, davon 14 Frauen; LabortechnikerInnen in Gesundheitszentren (Stufe unterhalb der Krankenhäuser): 17, davon 12 Frauen; AssistentInnen: 84, davon 45 Frauen; Assistentinnen der Hebammen: ausschließlich Frauen (18); »barfootdoctor«: 199, davon 102 Frauen. Auf der Ebene der Gesundheitsstationen (unterhalb der Gesundheitszentren) ist das Verhältnis relativ ausgeglichen.

Eine Domäne der Männer sind die Ausbildungsberufe für den medizinischen Sektor.

4.5 Industrie

Industrie gibt es fast nur im zentralen Hochland und in Massaua. Der überwiegend staatliche bzw. parastaatliche Sektor der industriellen Fertigung ist für Stadtfrauen ein wichtiger Arbeitgeber. Der Anteil der Frauen am Fabrikpersonal liegt nach Auskunft von Roman Gheresus, Leiterin der Frauenkoordinationsgruppe der National Union of Eritrean Workers, deutlich höher als in der Verwaltung, die eine höhere Qualifikation erfordert. Die Fabrikarbeiterinnen sind vielfach Analphabetinnen. Die meisten arbeiten im Textilbereich und dort auf den niedrigeren Positionen. Es gibt aber auch, selten, Fabrikleiterinnen (z.B. Schuhfabrik in Asmara).

Kinderarbeit (unter 18 Jahren) ist in den Fabriken verboten. Das wird überwacht, Verstöße werden geahndet. Deshalb, so Roman Gheresus, seien die jüngeren Arbeitnehmer alle im informellen Sektor tätig.

In der Fabrik arbeiten Männer und Frauen bis zum 55. Lebensjahr. Die wöchentliche Arbeitszeit beträgt für alle 48 Stunden. Frauen kommen damit auf einen Arbeitstag von 14 bis 16 Stunden. 45% der Fabrikarbeiterinnen sind alleinerziehend.

Gezahlt wird nur der Lohn, es gibt kein Kindergeld. Lediglich bei der Geburt erhält die Frau zwei Monate bezahlten Erholungsurlaub. Ist aber ein Kind krank und braucht Ganztagsbetreuung, so daß die Mutter nicht zur Fabrik gehen kann, erhält sie auch keinen Lohn. Es gibt keine Kindertagesstätten.

Die ArbeiterInnen beginnen mit einem Monatslohn von ca. 150 Birr, Langzeitarbeiter erreichen schließlich im Schnitt 350 Birr. Das ist im wahrsten Sinne des Wortes ein Hungerlohn. Von 350 Birr kann selbst ein Alleinstehender kaum überleben, geschweige leben. Roman Gheresus: »Die Töchter der alleinerziehenden Fabrikarbeiterinnen müssen dazuverdienen, das geht gar nicht anders.« D.h. der Armutszyklus setzt sich in die nächste Frauengeneration fort, weil die Töchter nicht zur Schule gehen können.

Männer und Frauen werden zu gleichen Tarifen eingestellt, junge Frauen werden (trotz wahrscheinlicher künftiger Schwangerschaften) bei der Einstellung nicht diskriminiert. Frauen wird aber, weil sie häufiger wegen Geburten oder der Pflege kranker Kinder fehlen, kaum eine Chance gegeben, sich weiterzubilden. Weil Fortbildungskurse nahezu ausschließlich Männern angeboten werden, ergibt sich, so Roman Gheresus, im Laufe der Zeit geradezu zwangsläufig die Situation, daß Frauen auf den schlecht bezahlten Arbeitsplätzen bleiben, während Männer in bessere Positionen aufrücken.

Entweder wird bei den betrieblichen Weiterbildungsangeboten eine Frauenquote eingerichtet, oder es müssen von außerhalb spezielle Weiterbildungskurse für Frauen angeboten werden, so Roman Gheresus' Forderung. Auch bei Beförderungen, für die keine formale Weiterbildung nötig sei, würden Frauen nicht berücksichtigt, eben weil sie familienbedingt mehr Fehlzeiten haben.

4.6 Landwirtschaft

80% der Bevölkerung arbeiten in der Landwirtschaft, der Anteil der alleinerziehenden Frauen ist dabei sehr hoch, aber noch nicht statistisch erfaßt. Der gesamte Landwirtschaftssektor ist gender-spezifisch nicht flächendeckend erforscht.

Ackerbau ist in Eritrea außerordentlich zeitintensiv, vor allem in den Bereichen, für die traditionell Frauen zuständig sind: das Feld für die Aussaat von Steinen zu befreien und zu jäten. Der Hauptteil der Feldarbeit fällt auf die Frauen, wobei es Unterschiede zwischen den einzelnen Volksgruppen gibt. Während der sieben Monate währenden Spitzenzeit (Vorbereitung des Feldes für die Aussaat, Jäten, Ernte, Lagerung der Ernte) arbeiten Frauen in manchen Volksgruppen bis zu 18-19 Stunden täglich, z.B. bei den Tigrigna und vor allem bei den Kunama.

Lediglich im Januar und Februar, wenn die landwirtschaftliche Arbeit ruht, haben Frauen weniger zu tun. Dann müssen sie aber die traditionellen Feste vorbereiten, d.h. vor allem Bier brauen. Der Januar ist der beliebteste Monat für Hochzeiten.

Für die Landfrauen gibt es keine Erholungsphase nach Geburten, sondern sie arbeiten bis zur Geburt und fangen in der Regel kurz danach wieder an.

Das neue Landgesetz

Die eritreische Regierung verweist beim Thema »Landwirtschaft« immer auf das Landgesetz, das die Gleichstellung von Mann und Frau verwirklicht habe. Basis ist der Rechtssatz vom Oktober 1992, daß aller Boden dem Staat gehört, daß aber jeder Bürger, Mann und Frau ab 18 Jahren, ein persönliches Nutzungsrecht habe.

Traditionell gehörte das Land in der Ebene Familien, im Hochland dem Dorf, das es unter den Dorfmitgliedern verteilte. Wer das Landgesetz zugunsten der Frauen durchsetzen will, muß sich also auf einen Machtkampf mit den Honoratioren einlassen, und ob die Regierung in den traditionell muslimischen Gebieten, dazu die Durchsetzungsfähigkeit hat, ist ungewiß, zumal in den Gebieten, in denen früher die ELF eine breite Anhängerschaft hatte. Der Vertrauensverlust der Regierung in den Provinzen des Tieflands ist offenbar. Nur eine Regierung, die das Vertrauen der Ortsvorstände besitzt, kann aber mit Erfolgsaussichten bei den Frauen dafür werben, sich ihr gesetzlich verbürgtes Recht zu nehmen.

Vor allem im Westen kommt hinzu, daß die, an deren Pfründe es geht, jetzt ohnehin RückkehrerInnen aufnehmen und mit ihnen teilen müssen. Landwirtschaftlich nutzbares Land gibt es ausreichend, aber Land »urbar« zu machen, ist schwer. Wer bekommt gutes Land, wenn eine alleinerziehende Mutter und ein Rückkehrer aus Saudi Arabien darum konkurrieren? Wahrscheinlich der, der das Geld hat, auch die Wasserpumpe zu reparieren.

Für die nomadisierenden ViehzüchterInnen ist das Landgesetz weitgehend ohne Belang. In der Ackerbau betreibenden Bevölkerung wissen viele Frauen bisher noch gar nicht, daß es dieses Gesetz überhaupt gibt. Wieviele Frauen bisher Land für sich registrieren ließen, ist nicht bekannt. Auch wenn die Regierung eine Kampagne startet, die die Frauen über ihre Rechte informiert und sie ermutigt, Land auf ihren Namen registrieren zu lassen: Gleiche Chancen als Landwirtinnen hätten sie deshalb noch lange nicht. Das Recht auf Land nutzt den Frauen wenig, wenn wie bisher z.B. bei der Ehescheidung alle Geräte und der Ochse dem Mann zugesprochen werden, bzw. ohnehin Erbe des Sohnes sind. Der Effekt des Landgesetzes wird so lange gering bleiben, wie die Rechtsprechung im Bereich des Familienrechts nicht staatlich ist.

Statt Landwirtschaftskursen: home economics

Zum Bedarf an Werkzeug, Saatgut, Kapital, Zugtieren und insbesondere an Zeit kommt der Mangel am nötigen Fachwissen. Der Ortsvorstand der Dörfer bestimmt über die Teilnahmeberechtigung an Landwirtschaftskursen. Er gibt diese Chance an Männer, nicht an beide Geschlechter. Lediglich in den wenigen Bezirken, in denen die KämpferInnen das Sagen haben, z.B. in Ali Ghider, ist es anders.

Frauen sind auf die Kurse in »home economics« angewiesen, die das Landwirtschaftsministerium für Frauen anbietet. Für diese erweiterte Hauswirtschaft wurde im Ministerium sogar eine gesonderte Abteilung eingerichtet. Ihre Aufgabe ist es, den Landfrauen Unterricht zu geben über gesunde Ernährung, Kinderpflege, Hauswirtschaftslehre, Hygiene und sanitäre Anlagen sowie in Bereichen, in denen sie ein Einkommen erzielen könnten, also Geflügelhaltung, Imkerei, Gemüseanbau, Ziegenhaltung oder Handarbeit.

Dieses Programm, an dem bisher nach Auskunft des Landwirtschaftsministeriums, 80.000 Frauen teilgenommen haben, zementiert die traditionelle

Rolle der Landfrau als Hausfrau (die dazu noch auf den Feldern Unkraut jätet). Es werden zwar bei der Abschlußveranstaltung der Kurse auch Rollenspiele durchgeführt, in denen Frauen lernen sollen, Männern gegenüber ihre Ideen und Pläne zu vertreten. Insgesamt fällt das Programm jedoch weit hinter den Anspruch der EPLF zurück, Frauen und Männern gleiche Chancen einzuräumen. Wäre das heute noch ernst gemeint, müßte die Regierung vor allem in der Landwirtschaft, in der die meisten Frauen arbeiten, engagierter und konfliktbereiter sein. Notwendig sind Kurse in Landwirtschaft, die Ermutigung alleinerziehender Mütter, sich zu kleinen Kooperativen zusammenzuschließen, die gemeinsam einen Esel oder Geräte haben.

Das neue Landrecht ist aber, so Yirgalem Afeworki von der Abteilung für home economics (auf Nachfrage), nicht einmal Unterrichtsthema. Die Abteilung für home economics hält es auch für sinnvoller, Frauen in dieser erweiterten Hauswirtschaft zu unterrichten als in Landwirtschaft. Ein Kurswechsel zugunsten von Gleichberechtigung zeichnet sich nicht ab.

(Ziel und) Effekt der home economics ist es nicht, die Situation der Frauen zu verbessern, sondern auf dem Rücken der Frauen, denen noch zusätzliche Arbeiten aufgebürdet werden, die Lebensbedingungen (z.B. die Ernährung) der Landbevölkerung zu verbessern. Frauen sind in diesem großangelegten Programm Instrument der Entwicklung, nicht Zielgruppe der Entwicklungsbemühungen. Ihre Rolle, ihr Mitspracherecht in der Dorfgemeinschaft verbessert sich durch dieses Programm nicht. Wenn die Finanzmittel, die in und von der Abteilung für home economics gebraucht werden, zur Entlastung von (alleinerziehenden) Landfrauen, als Hilfe zur Selbsthilfe eingesetzt würden, könnten sie Müttern, Töchtern und dem allgemeinen Entwicklungsstand möglicherweise mehr dienen. Es ist aber nicht daran gedacht, dieses Geld in Entlastungshilfen zu investieren, also z.B. in von den Frauen gemeinschaftlich zu nutzende Esel, Zugtiere oder Geräte.

Frauen in der nomadischen Gesellschaft

Die Situation von Nomadenfrauen ist bisher wenig erforscht. Nomadisch leben vor allem die Rasheida und viele Beni Amer, die zu den Tigre gehören. Die Regierung möchte sie seßhaft machen, obwohl dies deren Tradition und auch das ökologische Gleichgewicht der Regionen (noch mehr) zerstören würde. Welche Folgen diese Ansiedlungspolitik für das Leben der Frauen haben wird, ist noch nicht simuliert und analysiert. In Eritrea ist das Interesse an dieser Frage mehr als gering, da Nomaden vielfach als »primitiv« angesehen werden. Für Nomadinnen gilt dies in gesteigerter Form.

4.7 Politik, Rechtsprechung, Medien

Partei und Regierung

Die Mitglieder der PFDJ sind etwa zur Hälfte Frauen. Unter den Frauen kommen sehr viele aus den städtischen Regionen. Im Zentralkomitee der Partei sind zwölf von 57 Mitgliedern Frauen, im Exekutivkomitee drei von 19. Frauen sind in den Entscheidungsgremien also deutlich unterrepräsentiert.

20% der Mitglieder der Nationalversammlung sind Frauen. Bei Wahlen auf lokaler, Distrikt- oder Provinzebene gibt es Frauenquoten, die entweder durch Wahlen oder durch Entsendung der PFDJ erfüllt werden. Die Frauenanteile schwanken zwischen 10 und 25%. Wie Yemane Ghebreab, Leiter der politischen Abteilung der PFDJ, sagte, solle auch auf nationaler Ebene eine Frauenquote eingeführt werden.

In der Verfassungskommission sind 20 Frauen (und 30 Männer). Es ist das nationale Gremium von Rang mit dem (mit Abstand) höchsten Frauenanteil. Allerdings wurden die Mitglieder der Verfassungskommission von der Regierung entsandt. Diese Abhängigkeit kann für die Frauen der Verfassungskommission ein Handicap bei der Gestaltung von Frauenpolitik werden, sobald ihre Ziele über die Vorstellungen der PFDJ hinausgehen.

Frauen aus der Verfassungskommission sind sich der Problematik bewußt, daß eine Gleichstellung der Frauen per Gesetz allein nicht die Gleichberechtigung bringt, sondern daß der Dialog mit den Menschen in den Dörfern entscheidend ist. Diesen Dialog zu führen sei aber wesentlich Aufgabe der Frauenunion. Zielgruppenorientierte Frauenförderung droht aus der Regierung ausgelagert und an die Frauenunion delegiert zu werden.

Vier Frauen leiten Ministerien bzw. niedriger eingestufte »Authorities« (Justiz und Tourismus bzw. Soziales und Telekommunikation). In allen Ministerien und öffentlichen Dienststellen sind auch Frauen beschäftigt. Wieviele Frauen auf Führungspositionen innerhalb der Ministerien, bei Behörden, Banken, der Post etc. tätig seien, sei noch nie erhoben worden, so stets die Antwort.

Den national service müssen Frauen ebenso wie Männer leisten. Alle 18- bis 40jährigen ohne Arbeitsplatz müssen sechs Monate Militärdienst und zwölf Monate im weiteren Sinne sozialen Dienst leisten (Brunnen bauen, Terrassen anlegen, Aufforsten etc.)

Rechtsprechung

Unter den 116 RichterInnen sind 16 Frauen, die meisten im Zivilrecht.

Neben der staatlichen Rechtsprechung gibt es nach wie vor die traditionellen Instanzen, wie etwa den Ältestenrat, der auch über Ehescheidungen befindet. Er ist von Männern besetzt. Um die Rechtssituation von Frauen zu verbessern, ist es sowohl wichtig, daß im »staatlichen« Bereich mehr Frauen als Richterinnen, Staatsanwältinnen und Verteidigerinnen tätig sind, als auch, daß Frauen auf kommunaler Ebene in den Ältestenrat aufgenommen werden. Letzteres ist in manchen Regionen wahrscheinlich noch schwieriger zu erreichen. Für die Wahrung von Frauenrechten ist es in Eritrea deshalb unerläßlich, den staatlichen Gerichten mehr Gewicht zu geben als den traditionellen.

Medien

Es gibt keine regierungsunabhängigen Medien. Fernsehen, Radio und Zeitungen sind staatlich. Das gäbe der Regierung die Möglichkeit, sowohl Frauen in der Funktion einer Journalistin als role model einzusetzen als auch inhaltlich zu einer Änderung der Geschlechterrollen und zu einem modifizierten Bild der Frau und des Mannes beizutragen. Sowohl in personeller als auch in inhaltlicher Hinsicht geschieht jedoch, gemessen am Anspruch der PFDJ-Regierung, wenig.

Saba Issayas, die Leiterin der Forschungs- und Planungsabteilung der Frauenunion, schrieb am 25.6.1994 in der englischsprachigen Wochenzeitung »Eritrean Profile«, die vom eritreischen Informationsministerium veröffentlicht wird: »In den Medien erinnert uns heute wenig an die herausragenden Frauen, die einen riesigen Beitrag zur Befreiung Eritreas geleistet haben. (...) Seit der Unabhängigkeit findet die Rolle von Frauen beim Aufbau des Staates nicht das angemessene Medieninteresse – die Hürden, die sie überwinden müssen, und die repressiven traditionellen Gesetze, die Frauen immer noch zu Knechtschaft innerhalb des Hauses verurteilen, bleiben weitgehend unbeachtet und unangetastet.«

Es gibt zwar auch einige Journalistinnen, aber das Verhältnis sei etwa 2 : 10, so Abenet Essayas, die Herausgeberin des Eritrean Profile.
  Das Eritrean Profile hat acht Seiten, auf dem Titelblatt sind fast nur Männer abgebildet. Auch auf den übrigen Seiten sind Bilder von Frauen deutlich unterproportional vertreten. Sind Frauen abgebildet, sind es entweder Funktionärinnen oder (meist) Frauen in traditionellen Kleidern, aber nicht Frauen im Blaumann, auf dem Traktor, als Lehrerinnen, Ärztinnen, Landwirtinnen, Rechtsanwältinnen. Die wenigen Berichte über Frauen, die mit einem solchen Beruf vorgestellt werden, gehen zwischen all den Darstellungen über Männer unter. Das Eritrean Profile reproduziert visuell das Rollenbild der passiven, in alten Traditionen lebenden Frau und des aktiven, Zukunft gestaltenden Mannes. Die bestehende Dominanz der Männer

in der eritreischen Gesellschaft wird damit eher unterstützt, als daß Frauen ermuntert werden, sich kritisch-gestaltend einzubringen.

Themen sind der Aufbau Eritreas, aktuelles Geschehen, Staatsbesuche, Konferenzen, die Ausarbeitung der Verfassung etc. Relativ häufig werden Heldengeschichten aus dem Krieg erzählt, Geschichten vorwiegend von männlichen Kämpfern. Wenn Frauen thematisiert werden, geht es entweder um Frauen als Opfer der Tradition (vorehelicher Test auf Jungfräulichkeit, Beschneidung), um Prostitution oder häusliche Gewalt, um AIDS. Also alles Themen, die sich auf die Frau als (geschlechtlichen) Partner des Mannes beziehen. Die Frau als gestaltende Persönlichkeit des öffentlichen Lebens wird viel seltener vorgestellt (z.B. eine Traueninitiative, die einen Kindergarten gründet, eine Psychologin, eine Ex-Kämpferin, die ihre Handarbeiten ausstellt).

Gerade weil das Eritrean Profile auch im Schulunterricht gelesen wird, könnte es Themen wie Hausarbeit und Kindererziehung für Männer und Berufe für Frauen verstärkt in die Diskussion bringen. Aber dem infrastrukturellen Aufbau des Landes und den zunehmenden internationalen Kontakten wird im Eritrean Profile mehr Bedeutung beigemessen als der Entwicklung und Gleichberechtigung der Frauen, von mehr als 50% der Bevölkerung.

4.8 Informeller Sektor

Der informelle Sektor ist nach der Landwirtschaft der Bereich, in dem Frauen vorwiegend arbeiten. Im informellen Sektor sind inzwischen auch demobilisierte oder auf ihre Demobilisierung wartende Kämpferinnen tätig. Vor allem Frauen unter 18 (die noch nicht in Fabriken arbeiten dürfen) und Töchter, die dazuverdienen müssen, sind auf Jobs in diesem Bereich angewiesen.

Frauen arbeiten nahezu überall: In Hotels und Restaurants, Cafés, Bars, Geschäften, auf dem Markt. Daraus ist aber nicht zu folgern, daß sie dort gleichberechtigt lebten: Während z.B. die Männer in den Teehäusern und Restaurants rings um den Markt essen, betreten die Frauen diese Restaurants nicht, sondern essen von zu Hause mitgebrachtes Brot direkt neben ihrem Stand.

Aufgrund der hohen Arbeitslosigkeit und der Armut sind die Frauen ihren Arbeitgebern geradezu ausgeliefert. Bezeichnend ist, daß z.B. Kellnerinnen keinen Lohn von ihrem Arbeitgeber erhalten, sondern lediglich ihr Trinkgeld behalten können.

Neben dem etablierten informellen Sektor – den Arbeitsstellen als Putzfrau, Küchenhilfe, Kellnerin – gibt es noch einen Kleinsthandel, in dem vor allem Mädchen tätig sind. In Barentu z.B. sitzen schon 5-, 7-, 9jährige Mädchen von morgens bis abends neben dem Markt in einer Reihe und verkaufen Erdnüsse und hausgebackene Kuchen, Tag für Tag. Abends gehen Mädchen und Jungen im Grundschulalter mit einer Schüssel gerösteter Nüsse von einer Bar zum nächsten Teehaus und versuchen oft bis Mitternacht (danach gibt es keinen Strom mehr, alle Lokale schließen), diese für Zehntelpfennigsbeträge zu verkaufen. Oft sind es, so die Einheimischen, Kinder alleinerziehender Mütter. Der Arbeitszeitaufwand in diesen Jobs steht in keinem Verhältnis zum finanziellen Verdienst und zum Verlust an Schulbildung.

In der Nähe der Märkte und an Hauptverkehrsstraßen verkaufen Frauen ohne eigenen Stand Wildfrüchte (Kakteen etc.) und anderes Obst. Sie harren so lange aus, bis ihr Korb leer ist, unabhängig davon, ob das zwei oder sechs Stunden dauert.

4.9 Food-for-Work-Programme

In der ersten Jahreshälfte 1994 waren 60% der TeilnehmerInnen der food-for-work-Programme Frauen. Der Anteil der alleinerziehenden Mütter wird nicht erhoben, aber von der Frauenunion als »sehr hoch« eingeschätzt. Um Nahrungsmittelhilfe zu erhalten, müssen Frauen ebenso wie Männer vier bis sechs Stunden täglich gemeinnützig arbeiten: innerstädtische Straßen kehren, Überlandstraßen bauen, Terrassen anlegen, Bäume pflanzen.

Mehrfach kritisierten Frauen dieses Programm: nicht daß sie für die Nahrungsmittel arbeiten müssen, sondern worin diese Arbeit besteht. Sie würden die gleichen Arbeitsstunden lieber in Programmen leisten, die dann ihre eigene Lebenssituation verbessern würden, also z.B. Brunnenbau oder Erosionsschutz, der ihren Feldern zugute käme. Da die Aufgabe (anders als bei der Greenbelt-Bewegung in Kenia) bei den eritreischen Aufforstungsprogrammen ist, Bäume zu pflanzen, nicht aber, auch für das Anwachsen der Setzlinge zu sorgen, ist der ökologische Effekt nicht sehr groß. Sinnvoll wäre, Bäume anzupflanzen, von denen die Menschen unmittelbaren Nutzen hätten (Akazien/Honig, Obst- und Nußbäume). Sinnvoll wäre auch, für Frauen verstärkt »food for education« anzubieten.

Für viele sind diese food-for-work-Programme die einzige Möglichkeit der Überlebenssicherung. Noch ist der Gemeinsinn in den Dörfern so stark, daß die, die arbeiten können, mit den Alten und Kranken, den Müttern mit Säuglingen, die selbst nicht zur Arbeit gehen können, die erhaltene Nahrungsmittelhilfe teilen.

4.10 Selbsthilfegruppen

Unabhängig von der Frauenunion haben sich Frauen auf lokaler Ebene zu Selbsthilfegruppen zusammengeschlossen. Es gibt verschiedene Typen, z.B. Sparklubs (»ekoub«) und Gruppen, die ein bestimmtes Projekt verfolgen oder eine spezielle Aufgabe übernommen haben. Der Anteil der alleinerziehenden Mütter in den Frauenselbsthilfegruppen ist sehr hoch. Ob sich im Zuge der Demobilisierung der Kämpferinnen mehr Frauen zu Wirtschaftskooperativen im landwirtschaftlichen oder im Gewerbebereich zusammenschließen werden, bleibt abzuwarten.

Die Ortsgruppen der Frauenunion (»Hamade«) und der 1991 gegründeten National Union of Eritrean Youth and Students (NUEYS) unterscheiden sich von den unabhängigen örtlichen Frauen- und Jugendgruppen, den Selbsthilfegruppen im eigentlichen Sinn. Sie sind oft mehr am Wohl der gesamten Dorfgemeinschaft orientiert als an den Bedürfnissen der jeweiligen Frauen bzw. ihrer Familien, wie es etwa in den ekoubs der Fall ist. Die Hamade und die Jugendgruppen z.B. helfen bei Dammbauprojekten, reinigen einmal wöchentlich das Dorf, putzen die Kirche, sorgen sich um Alte und Kranke, um die Hinterbliebenen von Kriegsgefallenen.

In Adigama-Laayten z.B. reinigen die Frauen der Hamade regelmäßig das Dorf und die Schule und spielen eine große Rolle bei der Sammlung des Mülls. In Hali Mental haben die Frauen der Hamade bis vor kurzem die Klinik täglich geputzt, jetzt wurden bezahlte Reinigungskräfte eingestellt. In Haikota (eine große Ortschaft!) reinigen sie gemeinsam mit der Jugendgruppe jede Woche den ganzen Ort (Bruchhaus/41-42).

Die Zentralen beider Organisationen, Frauenunion und NUEYS, wollen mit den örtlichen Gruppen Programme, workshops und Diskussionen zu aktuellen Fragen durchführen, die Frauen elementar betreffen: z.B. gesetzliche Gleichberechtigung der Frauen, Berufschancen für Frauen, Alphabetisierung, Familienplanung (gemeinsam mit dem Gesundheitsministerium und der Association of Planned Parenthood) etc.

Sparvereine

Ekoubs sind vor allem unter Tigrigna-Frauen auf dem Dorf verbreitet. Es sind kleine Gruppen mit acht bis zwölf Mitgliedern. Die Frauen treffen sich regelmäßig, meist einmal die Woche. Wer nicht erscheint, muß vielfach eine Strafe zahlen. Jede Frau steuert bei den Treffen einen festgelegten Betrag (0,50 Birr, 1 Birr, teilweise 2 Birr) bei. Die gesammelte Summe wird dann, meist nach einer festen Reihenfolge, jeweils einer Frau gegeben, um eine größere Investition zu tätigen (merry-go-round-Prinzip). Das Geld für den Beitrag verdienen sich die Frauen vielfach durch Mattenflechten und andere Handarbeiten.

Es gibt auch Sparklubs, die über einen längeren Zeitraum ansparen, um eine Nähmaschine, eine Getreidemühle oder Utensilien für die Einrichtung eines Teehauses zu kaufen. Andere ekoubs sparen über einen vorher festgelegten Zeitraum, danach erhält jede Frau das von ihr persönlich in dieser Zeit angesammelte Geld. Über das gemeinsame Sparen hinaus, mit dem sich die Frauen eine gewisse Verfügung über Ressourcen, kleine Perspektiven verschaffen, helfen sich die Mitglieder dieser Sparvereine oft gegenseitig bei Krankheit, Geburt etc.

Manche dieser Frauengruppen blicken schon auf eine lange Tradition zurück, andere werden jetzt, auch von Rückkehrerinnen aus dem Sudan, erst gegründet. Die ekoubs sind ganz an den Interessen der Frauen ausgerichtet und stärken sehr das Selbstbewußtsein ihrer Mitglieder.

Bruchhaus berichtet vom Ekoub Nara: Hier sparen die Frauen, um sich eine Ziege zu kaufen und zu feiern (Bruchhaus/35). Die Mangelernährung der Frauen gänzlich unberücksichtigt: Ist es nicht in bezug auf die Gleichberechtigung der Frauen ein weit größerer Fortschritt, wenn diese elf Nara-Frauen (und bei den Nara stehen die Frauen weit unten in der sozialen Hierarchie) sich das Recht nehmen, einmal alle drei Monate etwas Nahrhaftes zu essen, sich ein Fest zu gönnen, als wenn sie der Aufforderung der Frauenunion folgen und regelmäßig das Dorf reinigen, den Müll aller sammeln, sich damit wieder zum wohlfeilen Diener einer Gesellschaft machen, die stattdessen ihnen etwas schulden würde?

Gleichberechtigung fängt damit an, daß Frauen sich selbst etwas wert werden, und sei es, daß sie sich selbst für wert befinden, eine Ziege zu essen. In einer Gesellschaft, in der die Frau nach dem Mann ißt, ist das ein großer Fortschritt.

Demokratie von unten

Für das Selbstempowerment der Frauen, verstanden als Förderung von Selbstbewußtsein und eigenverantwortlichem Tun, sind die unpolitischen und unaufklärerischen ekoubs unverzichtbar. Jede Förderung der Frauenunion, auch jede Hilfe des Auslands, sollte deshalb im Blick haben, daß diese traditionellen Frauengruppen dadurch nicht zerstört werden. Während die Hamade manchmal auf Drängen der Distriktgruppen der Frauenunion gegründet werden, also von oben, sind die traditionellen Frauengruppen Zusammenschlüsse von unten. In ihnen stellen die Frauen selbst demokratisch ihre Regeln auf, ändern sie, bestimmen selbst ihre Ziele. Die Hamade haben dagegen ein gewähltes fünfköpfiges Vorstandsgremium mit einer Vorsitzenden, einer Schriftführerin, einer Schatzmeisterin und/oder Agitateurin, einer Referentin für Gesundheit und für Soziales. Damit ist im Regelfall für die Führungsgruppe nur qualifiziert, wer lesen und schreiben kann. In den ekoubs ist das anders, sie haben nicht diese Hierarchie aus einfachen Mitgliedern und gebildeter Leitungsebene.

Zusammenwirken von unabhängigen Frauengruppen und Hamade

Wichtig ist, daß beide Arten von Frauengruppen nebeneinander bestehen bleiben und Beziehungen miteinander aufbauen. Die sachliche Aufklärung über Frauenrechte, über gesetzliche Möglichkeiten für Frauen, die die Frauenunion leistet, bringt neue Ideen und Kurse in die Dörfer, auch in die ekoubs. Vor allem die alleinerziehenden Mütter sind ohne solche Aufklärungsarbeit der Frauenunion von Informationen zwar nicht ausgeschlossen, erhalten sie aber meist aus zweiter oder dritter Hand. Die Frauen von Männern, die stark auf den Erhalt ihrer traditionellen Dominanz bedacht sind, sind ähnlich fern von Informationen.

Jugendunion

Die Jugendunion hat derzeit ca. 100.000 Mitglieder, zwei Drittel leben in Städten, viele der Aktiven studieren. Ein Drittel sind Mädchen, im Schnitt sind sie jünger als die männlichen Mitglieder (mit der Heirat endet die Mitgliedschaft, und Mädchen heiraten jünger als Jungen). Im Zentralkomittee sind 28 Männer und sieben Frauen, im Exekutivkomittee acht Männer und eine Frau. Es soll keine Frauenquote eingeführt werden.

Die Jugendunion will keine gesonderten Frauenprogramme anbieten, aber Frauen besonders auffordern, an den gemeinsamen Programmen teilzunehmen. Die Seminare werden trotzdem immer noch viel weniger von Frauen als von Männern besucht (1:5). Allerdings seien die wenigen, die kämen, meist besonders debattierfreudig, so Alganesh Feshaye, Mitglied des Exekutivkomittees.

Viele der weiblichen Mitglieder der Jugendunion sind Töchter alleinerziehender Mütter. Wer den monatlichen Beitrag von 50 cent nicht aufbringen kann, wird freigestellt. Nur etwa ein Fünftel der Mitglieder zahlt diesen Beitrag.

Die Jugendunion hat nach eigener Aussage wenig Kontakt zu Jugendlichen auf dem Land und fast keinen Zugang zu Mädchen, die vorzeitig die Schule verlassen haben. Sie engagiert sich vor allem in Bereichen, für die sich die Jugendlichen der gebildeten städtischen Oberschicht interessieren: Theater, Musik, Literatur (sie veranstaltet einen Wettbewerb für junge Autoren).

Sie bietet Seminare zu AIDS, voreheliche Beziehungen, Familienplanung und Prostitution an. Es sei aber noch nie vorgekommen, daß ein unverheiratetes schwangeres Mädchen zu ihnen gekommen sei, um sich Rat oder solidarische Unterstützung zu holen (obwohl die Zahl der vorehelichen Schwangerschaften in Asmara in den letzten Jahren rapide steigt). Die Beschneidung von Frauen wollen sie nicht thematisieren. Das sei ein so heißes Eisen, das sollten zuerst einmal das Gesundheitsministerium und die Frauenunion anfassen. Kontakte zur eritreischen Association of Planned Parenthood scheinen sich positiv auf die Programmgestaltung auszuwirken.

Zu den jeweiligen Themen ihrer Seminare gibt die Zentrale auch Informationen an die Büros in den Provinzen. Umgekehrt gebe es aber kaum Informationsfluß, räumen die Frauen der NUEYS-Spitze ein. Echter Dialog, ein Einstellen auf die Bedürfnisse der Jugendlichen draußen in den Dörfern ist nicht spürbar.

In den Dörfern gibt es unabhängig von der Jugendunion Jugendgruppen, deren Mitglieder aber vorwiegend Jungen sind (diese Jugendgruppen entstehen vielfach aus oder im Zusammenhang mit Fußballmannschaften). Auch ihre Mitglieder müssen wöchentlich oder monatlich einen Beitrag entrichten, oft zahlen ihn de facto die Eltern. Das Moment der Beitragszahlung stellt vor allem für Mädchen eine Hürde dar.

Association of Planned Parenthood

Die Association of Planned Parenthood wird von der eritreischen Regierung, die großen Wert darauf legt, alles zentral zu leiten, zwar einbezogen, aber als Partner zur Entwicklung des Landes, zur Frauenförderung alles andere als herausgestellt. Es scheint die einzige Organisation zu sein, die Frauenförderung um der Frauen willen betreibt, nicht, um über die Frauen das Land aufzubauen, obwohl dies im Endeffekt auch Ergebnis dieser Bemühungen ist.

Sie berät Frauen und Paare über Methoden der Familienplanung und über Vorteile, die eine kleinere Familie für die Mutter und die ganze Familie hätte. Die Organisation argumentiert mit den überfüllten Schulen und Krankenhäusern, der sich mit jeder Geburt verschlechternden Gesundheit der Mütter, der zunehmenden Armut. Daß eine kleinere Familie einen leichteren Alltag verspreche, sei Männern und Frauen einsichtig. Deshalb sieht Kidisty Habte, die Koordinatorin der Association, gute Chancen für eine Senkung der Geburtenzahlen, auch in den muslimischen Regionen. Dort müsse man aber MuslimInnen für die Gestaltung des Dialogs finden.

Kidisty Habte hält es für weitaus leichter, Empfängnisverhütung einzuführen als Frauenbeschneidung zurückzudrängen. In bezug auf die Kinderzahl hätten Frauen und Männer vielfach das gemeinsame Interesse von mehr Bildung und Wohlstand für die bereits vorhandenen Kinder. Die Entscheidung, eine Tochter nicht beschneiden zu lassen, müsse aber oft die Frau gegen ihren Mann durchsetzen.

Die Association of Planned Parenthood hat eine eigene Klinik. Wichtig ist ihr, Frauen darüber aufzuklären, daß es eine gesetzlich verbürgte medizinische Indikation zur Abtreibung gibt. Bisher arbeitet die Association nur in Asmara, möchte aber künftig auch in den Provinzen tätig werden. Sie bildet Krankenschwestern in gynäkologischen Themen weiter und versucht, über illustrierte Plakate (80% der EritreerInnen sind Analphabeten), die durch wenige Worte in Tigrigna, Tigre und Arabisch ergänzt werden, für das Modell kleiner Familien zu werben.

Besonders schwierig sei es, so Kidisty Habte, die zehn- bis zwölfjährigen Mädchen zu erreichen. Sie gehen oft nicht mehr zur Schule und heiraten vielfach, bevor sie das gesetzliche Mindestalter von 15 Jahren erreicht haben.

»Remote areas«

In Ministerien und teilweise auch bei der Frauenunion werden die muslimischen Provinzen vielfach über einen Kamm geschoren und als »remote areas« (abgelegene, rückständige Gebiete) abgetan. Demgegenüber betont die regierungsunabhängige Association of Planned Parenthood, daß es sehr wohl etliche Musliminnen in diesen sog. remote areas gebe, die moderne Gedanken wie Familienplanung und den Kampf gegen die Frauenbeschneidung in ihre Gesellschaft tragen wollten und könnten.

5. Protagonisten der Gleichberechtigung

Die Zukunft der eritreischen Frauen und ihre Rolle in der Öffentlichkeit wird sich – auf dem Boden der Nachkriegsarmut – im Kräftefeld zwischen Traditionen und Politik gestalten. Da es bisher in Eritrea vor allem auf dem Land kaum Fernsehapparate gibt, ist der Einfluß von Rollenbildern des Auslands noch gering (ohnehin ist arabisches, aber auch westliches Fernsehen nicht unbedingt ein Botschafter der Gleichberechtigung). Den entscheidenden Part spielen die EritreerInnen selbst.

Drei Gruppen gelten im Land als Vorreiter der Gleichberechtigung: die KämpferInnen, die PFDJ und die Frauenunion. Die Partei und die Frauenunion werden zwar ebenfalls von ehemaligen KämpferInnen geleitet, trotzdem haben die drei Gruppen im Nachkriegseritrea unterschiedliche Rollen. Ihre Bereitschaft, künftig Frauenrechte in Realität zu überführen, ist verschieden, noch mehr unterscheiden sie sich in ihren objektiven Möglichkeiten.

5.1 Der Mythos der ehemaligen EPLF-KämpferInnen

Etwa 90.000 bis 100.000 (ehemalige) EPLF-KämpferInnen stehen einer noch sehr stark traditionell gebundenen Bevölkerung von ca. 2,5 Millionen gegenüber (1:25). Die Durchsetzungskraft der KämpferInnen ist allein aufgrund dieses Verhältnisses gering, auch wenn die Tatsache, daß die KämpferInnen die führenden Positionen im Staat besetzen, ihnen gemessen an ihrer Zahl viel Einfluß gibt.

Insbesondere knüpfen sich große Hoffnungen an die ca. 30.000 weiblichen Kämpferinnen. Sie sollen als role model wirken. Daß die EPLF-KämpferInnen nicht in dem Maße Protagonisten der Gleichberechtigung sind, wie es die eritreische Regierung darstellt, liegt vor allem an ihrer schleppenden oder unzureichenden Re-Integration ins zivile Leben, ihrer häufig desolaten finanziellen und beruflichen Situation und an der Heterogenität der Gruppe. Viele demobilisierte Kämpferinnen verlieren sich im Meer der Frauen, die unter dem Existenzminimum leben. Nur ein Teil der Frauen hat überhaupt eine wirtschaftliche Basis, von der aus sie die Gleichberechtigung von Frauen vorantreiben und selbst Veränderungspotential sein könnte. Viele konnten nicht einmal für sich persönlich den erreichten Stand halten, da Armut ihnen Anpassung abverlangte.

Heterogenität der Gruppe der KämpferInnen

Nur ein Teil der KämpferInnen ging aus eigener Überzeugung zur EPLF. Beim Rückzug 1978 hatten etliche keine andere Chance, als sich der EPLF anzuschließen (vgl. z.B. Lebensgeschichte von Haddas Girmay). Es gab auch Phasen, in denen die EPLF mit Waffengewalt zwangsrekrutierte (vgl. Lebensgeschichte von Fatma Homed). Die eritreische Definition, nach der ein Kämpfer eine Person sei, die sich dem Befreiungskampf freiwillig und mit der Überzeugung anschloß, sich selbst ganz dem Kampf um die Unabhängigkeit zu widmen (ERRA/7), entspricht nicht der historischen Realität. Sie grenzt die subjektive Erfahrung vieler KämpferInnen aus.

Zwar übernahmen auch die meisten der zwangsrekrutierten oder zufällig zur EPLF gelangten KämpferInnen im Zuge der »politischen Schulung« der EPLF und unter äthiopischem Beschuß mehr oder weniger die Idee staatlicher Unabhängigkeit Eritreas als persönliches Ziel. Doch die Internalisierung der sozialreformerischen Programmpunkte war offensichtlich ungleich geringer. Sie stand nicht im Mittelpunkt des sogenannten politischen Unterrichts, sondern hatte für viele eine primär dienende Rolle im Kampf um das eigentliche Ziel, die nationale Unabhängigkeit. Außerdem sind Erziehungsmuster hartnäckig.

Von denen, die aus politischer Überzeugung Mitglied der EPLF wurden, war bei etlichen der Haß auf die äthiopische Besatzung oder der Wunsch nach nationaler Selbstbestimmung entscheidend, nicht aber das sozialreformerische Profil der EPLF (vgl. Lebensgeschichte von Saba).

Etliche Ex-KämpferInnen sind heute politisch desinteressiert, manche wissen nicht einmal, wie Eritrea auf der Karte aussieht, geschweige, daß sie über aktuelle Politik, über Gesetze informiert sind. Manche kennen nicht einmal das neue Landgesetz (vgl. Lebensgeschichte von Madura Dabi).

Der ausländischen Presse gegenüber stellt die Regierung immer noch die Aufopferungsbereitschaft der KämpferInnen dar, die ohne Entgelt für den Aufbau Eritreas arbeiten. Manche tun dies nach wie vor aus Idealismus, aber viele, weil sie gehorchen müssen, solange sie nicht demobilisiert sind, weil sie keine andere Chance haben.

Subjektive Bewertung von Frauenpolitik

Es trifft ebenfalls nur auf einen Teil der ehemaligen KämpferInnen zu, daß sie, wie die ERRA vorgibt (ERRA /8) nun, nach erreichter Unabhängigkeit, unbedingt und rasch die zweite Forderung der EPLF durchsetzen wollten:

dieHerstellung sozialer Gerechtigkeit. Die Regierung operiert im Hinblick auf die Motivation der KämpferInnen für künftiges Engagement mit falschen Voraussetzungen. Unter den 90-100.000 KämpferInnen waren viele nur kurze Zeit bei der EPLF. Sie sind dadurch viel weniger vom Gemeinschaftsgeist dieser Gruppe und dem sozialreformerischen Programm geprägt.

Die Gleichberechtigung der Frauen zu fördern, ist auf jeden Fall seit Ende des Krieges keinesfalls aktives Bestreben aller KämpferInnen. Ob es das während des Krieges war, oder ob dies nicht vielmehr Teil des Mythos EPLF ist, sei dahingestellt. Kämpferinnen berichteten wiederholt, daß Frauen auch während des Krieges ein Mehrfaches hätten leisten müssen, um anerkannt zu werden (vgl. z.B. Lebensgeschichte von Fana Weldenkien).

Nicht mehr als allerhöchstens ein Drittel der (Ex-) KämpferInnen fordert konsequent und engagiert eine Verbesserung der Lebenssituation der Frauen und befürwortet, daß diesem Bereich in der Politik Priorität beigemessen werden solle. In Relation zur Gesamtbevölkerung ergibt sich damit ein Verhältnis von Progressiven zu gender-bezogen traditionell denkenden Menschen von 1:83 – bei einer positiven Schätzung. Kämpferinnen wie Hiwet Johannes aus Asmara – »Die Freiheit haben wir erkämpft, jetzt müssen wir noch die traditionelle Gesellschaft (für die Gleichberechtigung der Frau, S.C.) gewinnen« – sind eine Minderheit unter den KämpferInnen (vgl. Lebensgeschichte von Hiwet Johannes).

Die Erwartungen der Frauen an die Friedenszeit

Selbst die ca. 30.000 (Ex-)Kämpferinnen sind nur zu einem Teil bereit oder in der Lage, sich für Gleichberechtigung zu engagieren. Sie ist denen, die überhaupt in dieser Kategorie denken, vielfach Belohnung für die Hilfe im Befreiungskampf, nicht aber Menschenrecht, etwas, das ihnen zusteht. Feministisches Denken scheint von der EPLF wenig ermutigt worden zu sein. Auch die PFDJ macht es nicht zum Thema.

Viele – Männer wie Frauen – wollen jetzt vor allem ihr privates Leben aufbauen. Nach Kriegsende hat sich eine große Zahl von Kämpferinnen entschlossen, Kinder zu bekommen. Heute sind sie dadurch gebunden, von häuslichen Pflichten absorbiert. »Ich habe viel zu viel Hausarbeit, um mich für Politik zu interessieren«, sagt Madura Dabi, Barentu, die mehrere Jahre gekämpft hat, »ich habe noch Kontakt zu anderen Kämpferinnen, aber wenn wir uns treffen, reden wir nie über den Krieg oder über Politik, das interessiert uns alle gar nicht. Wir reden darüber, wer wann heiratet, und daß sie auch alle Kinder haben wollen, so wie ich« (vgl. Lebensgeschichte von Madura Dabi).

Nach dem Sieg 1991 hat eine von den Männern ausgehende Welle von Ehescheidungen unter den KämpferInnen eingesetzt. Vielfach, so eritreische GesprächspartnerInnen (Männer und Frauen übereinstimmend), konnten oder wollten sich die Männer nicht dem Druck ihrer Familie, den traditionellen Erwartungen der Eltern widersetzen. Der Erwartung, daß die Frau zu Hause bleibt und nicht berufstätig ist, daß sie alle Hausarbeit macht, daß sie nicht auf Gleichberechtigung pocht, daß sie möglichst aus der gleichen Schicht und auf jeden Fall aus derselben Religionsgruppe kommt. Vielfach stand hinter der Ehescheidung der Wunsch des Mannes, mit einer »nicht vom Krieg gezeichneten« Frau verheiratet zu sein, oder die Hoffnung, durch Einheirat in eine Familie, die materiell mehr hat als er selbst (nämlich materiell nichts), seine Startchancen in der Nachkriegsgesellschaft zu verbessern.

Geschiedene demobilisierte Kämpferinnen sind – ohne berufliche Fähigkeiten, Geld, Wohnung, mithelfende Familie – jetzt so mit ihrem alltäglichen Überlebenskampf beschäftigt, daß sie als Protagonistinnen einer gleichberechtigten Gesellschaft, als role model, ausscheiden. Daß sie eine bessere Schulbildung haben als Zivilistinnen, nutzt ihnen wenig. Etliche sind verbittert, für gesellschaftliches Engagement nicht mehr zu gewinnen (vgl. Lebensgeschichte von Lemlem Bidemariam). Das betrifft z.T. auch Frauen, die während des Krieges in der EPLF den Weg zur gleichberechtigten Gesellschaft für alle sahen.

Der Wiederaufbau nach Kriegsende geschieht wesentlich individuell, jede/r einzelne/r sucht sich ein Auskommen, Zivilisten und auch viele KämpferInnen. »Money is life. Das müssen wir jetzt lernen. Fighter zu sein war im Krieg aussichtsreich, im Frieden ist es eine Sackgasse«, faßte die gerade 20jährige Kämpferin Almaz ihren Erfahrungsprozeß zusammen (vgl. Lebensgeschichte von Almaz).

5.2 Die Ambivalenz der PFDJ und ihrer Regierung

Hohe Beamte in Ministerien äußerten mehrfach und in vollem Ernst den Vorwurf, die Art der hier vorliegenden Arbeit – eine Untersuchung nur über Frauen – sei eine Diskriminierung von Männern.

Die Führung der PFDJ, die in Regierung, Medien und parastaatlichen Unternehmen und Organisationen die wesentlichen Funktionen besetzt, ist der festen Überzeugung, daß sie die Interessen von Frauen optimal vertritt. Politische Entscheidungen von Partei, Regierung und nachgeordneter Administration nähren jedoch Zweifel, ob die Bereitschaft zur Durchsetzung der Programmatik entspricht. In all den genannten Bereichen haben Männer das Sagen, Frauen sind unterproportional vertreten.

Im Bereich der Rechtsprechung fürchtet die Regierung die Konfrontation mit der muslimischen Gesellschaft und opfert Frauenrechte dem nationalen

Frieden. Die Regierung nutzt ihre Möglichkeiten, die Einhaltung von Gesetzen zum Schutz von Frauen und Mädchen über das Justizsystem durchzusetzen, nicht. Dies soll auch in Zukunft nicht geschehen, man setze auf Konsens, so Yemane Ghebreab von der PFDJ.

Frauen aufs Land

Die Wünsche von Frauen werden, z.B. bei der Demobilisierung, erkennbar nicht zur Kenntnis genommen. In einer Zeit hoher Arbeitslosigkeit werden vor allem Frauen aus der Armee entlassen, während Männer die sicheren Arbeitsstellen behalten. Das Geschlechterverhältnis in der Armee verschiebt sich von ein Drittel Frauen zu zwei Drittel Männer während des Krieges auf die Relation ein Zehntel Frauen zu neun Zehntel Männer. Die Kämpferinnen wollen vor allem in städtischen Siedlungen leben, um sich zumindest einen Teil der erreichten Freiheiten erhalten zu können. Konkret danach gefragt, verteidigte Yemane Ghebreab die Position der PFDJ: Es sei für Frauen die beste Art der Demobilisierung, sie in Großprojekten wie Ali Ghider zu kleinen Landbesitzerinnen zu machen. Das neue Landrecht sei das entscheidende Mittel, die Rolle der Frau progressiv zu verändern.

Der Ansatz der PFDJ, daß die Schlacht für die Gleichberechtigung der Frauen quasi auf dem Land geschlagen werde, ist problematisch. Es ist für die Gleichberechtigung der Frauen wichtig, daß sie in allen Bereichen des öffentlichen Lebens zur Meinungsbildung beitragen und entsprechend ihrer Kompetenz und Zahl mitentscheiden können. Frauenförderung heißt deshalb wesentlich auch: verbesserter Zugang zu Schulen und Arbeitsstätten, Administration und Medien, vor allem bei Führungspositionen. In Eritrea hat der Prozeß der Verstädterung schon vor der Kolonisierung begonnen, und er setzt sich rasch fort. Alle wesentlichen Entscheidungen fallen in Asmara, deshalb ist es für die Durchsetzung von Frauenrechten entscheidend, daß Frauen dort stark vertreten sind.

Fehlendes Bewußtsein für Bedeutung und Inhalte von Frauenpolitik

Für das Recht der Frauen auf Entwicklung, soziale Sicherheit und gleichberechtigte Mitsprache besteht in Ministerien vielfach wenig Sinn. Besonders krass waren Aussagen im Ministerium für Soziales. Vor allem in Asmara werden sehr viele junge Mädchen ungewollt schwanger. Die jungen Mütter werden von ihren Familien häufig ausgestoßen, so daß sich die Frage nach Auffanginstitutionen stellt. Es gibt sie nicht. Tewelde Zerezgi, der Leiter der Planungsabteilung des von einer Frau geführten Ministeriums für Soziales, hatte für das Problem nur die lakonische Antwort, diese Mädchen könnten doch als Prostituierte arbeiten.

Yemane Ghebreab bestritt sogar, daß die vielen Schwangerschaften, Geburten und Kinder Frauen behindern, einen gleichberechtigten Part im öffentlichen Leben zu spielen. Er bestritt auch, daß das Bevölkerungswachstum jede Hoffnung auf Entwicklung des Landes zunichte macht. Ghebreab erklärte, Kinderreichtum sei Tradition, außerdem sei das Bevölkerungswachstum (Verdopplung innerhalb von 23 Jahren) für das Land kein Problem. Die Frage, ob nicht in Eritrea angesichts hoher Müttersterblichkeit und verbreiteter Polygamie die Geburtenrate pro Mann (pro Frau: 6,8) ungleich aussagekräftiger wäre und deshalb erhoben werden sollte, wurde ganz offensichtlich als Zumutung empfunden. Solche Fragen gar nicht zuzulassen, heißt in der Konsequenz, darauf zu verzichten, den stärksten Hebel im Kampf gegen ein jede Entwicklung zunichte machendes Bevölkerungswachstum zu verspielen.

Künftig sollen Gesundheitsdienste, die bisher kostenlos waren, bezahlt werden. Aufgrund des niedrigen sozialen Status und der Armut vor allem von Frauen ist abzusehen, daß Mädchen und Frauen künftig seltener und häufig zu spät notwendige medizinische Betreuung erhalten werden. Weder Gesprächspartner der eritreischen Regierung noch UNICEF (Martine Billanou) sahen hier ein ernsthaftes Problem.

Frauenförderung ist vielen dieser ehemaligen Kämpfer, die heute in Ministerien an entscheidenden Stellen tätig sind, eine Aufgabe minderer Bedeutung, teilweise sogar eine zu vernachlässigende Größe.

Schulbildung

Eine allgemeine Schulbildung für Mädchen und Jungen ist erklärtes Ziel der PFDJ. Allerdings denkt sie in bezug auf Mädchen auch in der Schulpolitik teilweise an den Realitäten vorbei. So behauptet Yemane Ghebreab, daß, sobald genügend Schulen vorhanden seien, auch die Mädchen zur Schule gehen würden. Tatsache ist aber, daß zwar auch der Mangel an Schulen, der weite Schulweg und das manchmal zu zahlende Schulgeld ihren Teil dazu beitragen, daß weniger Mädchen als Jungen zur Schule gehen. Vielfach belegte Tatsache ist aber auch, daß viele der eingeschulten Mädchen gewissermaßen schleichend die Schule verlassen, sobald sie mit neun oder zehn Jahren einen großen Teil der Hausarbeit der Mutter übernehmen.

Ghebreab und etliche andere Entscheidungsträger sahen keine Notwendigkeit, Meinungsbildung zu betreiben, damit Söhne und Töchter sich die Hilfe daheim teilen, um die Mädchen für den Schulbesuch zu entlasten. Teilweise wurde diese Notwendigkeit sogar bestritten. Kein männlicher Gesprächspartner – und nur wenige Frauen – sahen es als vordringlich an, die hohe Arbeitslast der Frauen zu reduzieren. Im Gegenteil, viele sehen in home economics, die den Frauen noch mehr Arbeit aufbürdet, den Königsweg der Frauen.

Dominanz der christlichen Tigrigna

Für den Erfolg von Frauenpolitik in den muslimischen Volksgruppen ist es entscheidend, daß sich die Männer dieser Provinzen als Mitgestalter der eritreischen Politik empfinden, nicht als deren Objekte. Problematischer als die Strategie in Einzelfragen ist daher, daß die PFDJ und damit die Regierung von Kämpfern des christlichen Hochlandes (primär Tigrigna) zwar nicht gestellt, aber dominiert werden.

Viele Muslime fühlen sich nicht beteiligt, ausgegrenzt, einige geradezu »von denen regiert«, »besetzt«. Andere befürchten, man wolle ihnen »ihre Kultur« wegnehmen. Aus der Sicht mancher muslimischer Männer ist das, realistisch betrachtet, so falsch nicht. Denn die Dominanz des Mannes und die Marginalisierung der Frau sind wesentliche Bestandteile einer einseitiger Koraninterpretation. Sie wird von neuen eritreischen Gesetzen de jure herausgefordert.

Der hinzukommende Alleinvertretungsanspruch der Partei schafft ein Klima, das es den Frauen in den traditionellen muslimischen Provinzen sehr schwer macht, auf Frauenpolitik einzugehen, ihre Rechte wahrzunehmen. Sie setzten sich damit, sofern ihre Väter und Ehemänner der Regierung kritisch oder ablehnend gegenüberstehen, dem Vorwurf aus, mit deren »innenpolitischem Gegner« zu kooperieren.

Viele Männer klammern sich in der Bedrohung durch die Nachkriegsarmut um so mehr an ihre kulturell verbürgt starke Position in ihrem Verhältnis zu Frauen, und bauen diese Position aus. Wirtschaftlicher Aufschwung und politische Einbindung der Muslime wären wesentlich, um Musliminnen überhaupt erreichen zu können.

Regionale Zielgebiete des Nationalen Entwicklungsplans

Die Befürchtungen in muslimischen Provinzen, daß die Regierung sie beim Wiederaufbau vernachlässige, sind nicht unberechtigt, wie das Beispiel des »Nationalen« Entwicklungsplanes zeigt. Er ist für Asmara, Seraye und Barka konzipiert und bezieht damit nur etwa 40% der Bevölkerung ein.

Da mindestens 20% der eritreischen Bevölkerung in Asmara lebt, ist es primär ein Förderplan für die Hauptstadt und die ebenfalls überwiegend von christlichen Tigrigna bewohnte Hochlandprovinz Seraye. Die Lebensbedingungen in Gash Setit (verstärkt durch Rückkehrer aus dem Sudan) oder in der Dankalia sind aber ungleich schlechter als in Asmara. Die Hauptstadt hat die besten Entwicklungszahlen (Wasserversorgung, Einschulungsrate, Krankenversorgung etc.) landesweit. Als einzige muslimische Provinz kommt Barka in den Genuß von Förderung; Barka ist dünn besiedelt, hier sollen vor allem Sudan-RückkehrerInnen angesiedelt werden.

Die klare Bevorzugung des Hochlandes (Asmara und Seraye) durch die von Tigrigna dominierte Regierung ist entwicklungspolitisch nicht zu rechtfertigen. Sie verstärkt das Gefälle zwischen christlichem Hochland und muslimischen Provinzen und vertieft damit historische Frakturen. Der Entwicklungsplan, der wesentlich von UNICEF finanziert wird, ist Sprengstoff im innereritreischen Gefüge.

Die Rolle der Frauen innerhalb des Nationalen Entwicklungsplanes

Der Entwicklungsplan ist kein Plan zur Frauenförderung. Die Verbesserung der Lebenssituation der Frauen scheint nur insofern notwendig, als ansonsten die Gesundheit oder das Leben der Kinder gefährdet ist – z.B. durch Mangelernährung der Mutter während der Schwangerschaft. Im Entwicklungsplan geht es sehr pragmatisch um die Frau als Produktivkraft, nicht um ihre Gleichberechtigung.

Er spiegelt damit eine Einstellung wider, die in Eritrea oft von offizieller Seite geäußert wird: Frauen seien gar keine benachteiligte Gruppe. Sie bräuchten nicht gesondert gefördert zu werden. Viel wichtiger wäre der Aufbau des Landes. Daran müßten sie sich beteiligen, so wie sie sich am Widerstandskampf beteiligt hätten. Das sei Gleichberechtigung. In einer Gesellschaft, in der die Frauen bereits jetzt den größten Teil der Arbeit erbringen, wenn auch aufgrund ihrer Marginalisierung und folglich geringen Ausbildung vorwiegend »einfache« Arbeit, ist diese Einstellung vom Ansatz her frauenfeindlich.

Akte politischer Willkür

Nicht nur in muslimischen Regionen, sondern auch im zentralen Hochland verspielen PFDJ und Regierung ihren Vertrauensvorschuß und vergiften durch Willkürmaßnahmen etc. nicht zuletzt auch den Boden, der für Frauenförderung unabdingbar notwendig ist.

Die Zeugen Jehovas, die in Eritrea etwa 2000 Mitglieder haben, waren in Eritrea häufig Diskriminierung und Übergriffen durch die Bevölkerung ausgesetzt. Statt die Gemeinde zu schützen, stellt sich die Regierung nun an die Spitze dieser Volksmeinung. Ende 1994 wurden in einer klandestinen Aktion alle Zeugen Jehovas aus ihren Arbeitsstellen in Krankenhäusern, Schulen, Administration entlassen, die Geschäfte der Selbständigen geschlossen. All das geschah mit unhaltbaren Begründungen, u.a. daß sie Zeugen Jehovas seien, daß sie nicht am Referendum zur nationalen Unabhängigkeit teilgenommen hätten. Finden die Gekündigten eine Stelle im informellen Sektor, werden sie nach wenigen Tagen auf Druck der Regierung wieder entlassen.

Die Maßnahme widerspricht fundamental dem Gesetz des Landes, daß niemand wegen seines Geschlechts, seiner Herkunft oder seines Glaubens diskriminiert werden darf. EritreerInnen, die keinen Haß auf Zeugen Jehovas haben, beginnen, der Regierung angesichts solcher existenzraubender Willkürakte zu mißtrauen. Unverständnis und Mißmut entsteht, weil durch die Entlassung von – im eritreischen Vergleich – ausgesprochen gut ausgebildeten Krankenschwestern, LehrerInnen und Verwaltungsfachleuten erhebliche Engpässe auftraten. Die Stellen wurden vielfach mit weniger Qualifizierten nachbesetzt. Die massive Diskriminierung der Zeugen Jehovas durch die Regierung wurde vom Leiter der politischen Abteilung der PFDJ als sinnvoll und notwendig verteidigt.

Recherchen der belgischen Doktorandin Marie-Soleil Frere zufolge wurden 1994 40 kritische Dozenten, teilweise nach Kriegsende aus dem Exil zurückgekehrte Professoren, fristlos entlassen, weil sie sich gegen zu starke Einflußnahme der Partei auf den Lehrplan gewandt hatten. Nach dieser Massenentlassung konnten viele Veranstaltungen mangels Lehrpersonal gar nicht mehr angeboten werden.

Im Frühjahr 1994 wurde das SOS-Kinderdorf in Asmara mit einer fadenscheinigen Begründung enteignet und geschlossen: Ein Mitarbeiter des Kinderdorfs habe duty-free-Waren, die für die Waisen bestimmt gewesen seien, auf dem Markt verkauft. Die Waisen wurden z.T. in die riesigen staatlichen Waisenhäuser gesteckt, z.T. adoptiert. Die Adoptivfamilien erhalten dafür pro Kind und Monat 150 Birr (Monatslohn junger FabrikarbeiterInnen). Die idyllische Anlage des Kinderdorfes wurde für die Authority of Social Affairs »requiriert«. Yemane Ghebreab hielt auch diese Entscheidung für sinnvoll und notwendig: »Wer sich nicht an unsere Regeln hält, hat auch kein Recht, hier zu sein und hier zu arbeiten.«

Angesichts solcher Willkürakte fürchten viele Bespitzelung, viele trauen sich nicht, offen Kritik zu äußern. Es gibt keine vom Staat unabhängigen Medien, keine unabhängige Justiz.

Wenn aber Partei und Regierung mit Mißtrauen begegnet wird, sind die Chancen, daß sie auf die Geisteshaltung, die Mentalität, auf geschlechterspezifische Erziehung Einfluß nehmen können, gering. Gegen eine solche Regierung schotten sich die Menschen innerlich ab. Opfer eines solchen Prozesses sind vor allem die Frauen, die bestehende Möglichkeiten nicht nutzen können oder nicht mehr nutzen wollen.

Scheindemokratie

Derzeit gibt es lediglich ein System von Konsultationen, von Beratungen, vor allem im Umfeld der Verfassungskommission. Es ist, so Yemane Ghebreab, nicht daran gedacht, nach der Verabschiedung der Verfassung im Sommer 1996 freie Medien und andere Parteien zuzulassen. Diskussionsforen wird so der Raum verweigert. Die Zulassung anderer Parteien würde möglicherweise Konflikte und Richtungsdiskussionen in der heterogenen

Nation erst recht eröffnen, was zum Nachteil werden kann, aber nicht muß. Ob andere Parteien so entschieden Frauenförderung und Gleichberechtigung in ihr verbales Programm aufnehmen und Gesetze zur Gleichberechtigung von Mann und Frau erlassen würden wie die PFDJ-Regierung, ist mehr als fraglich. Fraglich ist aber auch, ob halbherzige frauenpolitische Maßnahmen und der Allmachtsanspruch der ehemaligen Befreiungsbewegung nicht Frauenförderung letztlich verhindern werden.

5.3 Problematik und Potential der Nationalen Frauenunion (NUEW)

Entwicklung und Ziele

Die Frauenunion wurde 1979 von eritreischen Frauenorganisationen des Auslands und Frauengruppen aus den von der EPLF kontrollierten Gebieten gegründet. Sie war eine Massenorganisation der EPLF. Sie sollte Frauen mobilisieren und sie befähigen, den Unabhängigkeitskampf in allen Aspekten aktiv zu unterstützen. Entsprechend der doppelten Zielsetzung der EPLF (militärischer Kampf gegen Äthiopien und Entwicklung der bereits besatzungsfreien Gebiete) entfaltete sie auch umfangreiche Aktivitäten zur Frauenförderung (Alphabetisierung, Gesundheitsfürsorge etc.).

Gegen Ende des Krieges hatte die Frauenunion etwa 100.000 Mitglieder. Ende 1994 waren es 200.000; vor allem in Asmara und unter den städtischen Arbeiterinnen ist der Zulauf groß.

Nach dem militärischen Sieg 1991 löste sich die Frauenunion auf ihrem 4. Kongreß formal von der EPLF und dehnte ihr Betätigungsfeld auf ganz Eritrea aus. Die Führungsspitze rekrutiert sich heute aus langjährigen Kämpferinnen, es werden auch noch einige Stellen der NUEW-Zentrale in Asmara über das Verteidigungsministerium bezahlt (noch nicht demobilisierte Kämpferinnen). Derzeit ist die Frauenunion eine parastaatliche Organisation. Von der Regierung ist sie anerkannt und wird in frauenpolitische Programme – beratend – eingebunden, vielleicht mehr, als es der schmale Stellenplan und die geringen finanziellen Mittel zulassen. Sie hat fast die Funktion eines Frauenministeriums – aber nicht dessen Entscheidungsgewalt.

Die Frauenunion hat in ihrer Zentrale Abteilungen für Bildung, Forschung, Projektmanagement etc. In den Provinzen, Sub-Provinzen und Distrikten gibt es jeweils untergeordnete Büros. Die Frauengruppen an der Basis haben eine Stärke von zehn bis zwanzig Frauen (Frauen eines Dorf, einer Straße, einer Fabrik etc.). Die Zusammenarbeit von Zentrale und

Gruppen wird von Frauen in einzelnen Dörfern als unzureichend bezeichnet (vgl. z.B. Bruchhaus/42).

Die NUEW hat sechs erklärte Ziele:

- sicherzustellen, daß Frauen sich am Aufbau des Landes beteiligen und von diesem Prozeß profitieren,
- das Bewußtsein von Frauen zu schärfen, damit sie für ihre Rechte in Politik, Wirtschaft und Gesetzgebung kämpfen können,
- für Gesetze einzutreten, die die Rechte der Frauen in der Familie und bei Ehescheidungen schützen und eine angemessene Versorgung von Frauen und Kindern gewährleisten,
- sicherzustellen, daß Frauen gleichen Zugang zu Bildungsmöglichkeiten und Arbeitsplätzen haben, daß sie gleiche Bezahlung für gleiche Arbeit erhalten und gleiche Chancen zur Weiterbildung,
- den Zugang von Frauen zur Gesundheitsversorgung zu verbessern, sich für bezahlten Mutterschutz und Kindertagesstätten einzusetzen,
- für die Ausrottung von Prostitution und traditionellen Praktiken zu kämpfen, die die Gesundheit und das Wohlergehen von Frauen gefährden (Infibulation; vage bleibt die Formulierung in bezug auf Klitorisbeschneidung, die aber, so die NUEW, genauso gemeint sei).

Die Frauenunion versteht sich als politische Lobbygruppe und will ihren Einfluß auf alle Bereiche der Politik ausdehnen. Wesentlich ist ihr, Frauen die Bedeutung von Wahlen für ihr eigenes Leben zu erklären, sie zu motivieren, an Wahlen teilzunehmen, Frauen zu wählen oder sich wählen zu lassen. Die Frauenquote von 15% bei Wahlen auf Kommunal-, Distrikt- oder Provinzebene zu erfüllen, ist oft schwer. Daß in der Nationalversammlung 20% Frauen sind, sieht die Frauenunion auch als einen Erfolg der eigenen Arbeit an, denn grundsätzlich beklagt sie: »Die Repräsentation von Frauen in der Regierung entspricht noch nicht ihrer historischen und derzeitigen Rolle im Befreiungsprozeß und beim Aufbau des Staates. Es gibt viele Hindernisse, die wir überwinden müssen, eines davon ist die Erneuerung der Einstellung, daß › der Platz einer Frau im Haus ist‹ « (NUEW/5).

Die Problematik der Frauenunion

Während des Krieges stand die Frauenunion in den von der EPLF kontrollierten Gebieten der Bevölkerung zahlenmäßig stark und mit festem Rückhalt bei der EPLF gegenüber. Das ermöglichte ihr, führend und bestimmend aufzutreten.

Heute dagegen sieht sie sich in vielen Provinzen allein und einer ihrem Programm oft feindlich gesinnten Männerwelt gegenübergestellt. Die Frauenunion reagiert wenig auf diese veränderte Situation. Arild Jacobsen von der Norwegian Church Aid (NCA), eine schon während des Krieges mit der Frauenunion zusammenarbeitende Hilfsorganisation, sieht ein Problem darin, daß die Frauenunion sich nicht genug dem Dialog mit der traditionellen Bevölkerung unterwerfe. Sie gehe zu wenig auf deren Position ein, beharre zu sehr auf der eigenen, sei manchmal zu wenig einfühlsam in die Erwartungen der Frauenorganisationen auf dem Dorf.

So ist es mehrfach vorgekommen, daß die Provinz-Zentrale regelrecht Druck auf Frauen auf dem Land ausübte, Ortsgruppen zu bilden. Was dann auch geschah: Die Dorffrauen sammelten Beiträge, reichten sie pflichtschuldigst an die Zentrale in Asmara weiter – ohne je etwas über deren Verbleib zu erfahren. Dadurch verlor die Frauenunion an Vertrauen.

Daß die Frauenunion eine Organisation ist, die lediglich konsultiert wird, könnte dazu führen, daß auf sie zwar weiterhin von offizieller Seite demonstrativ hingewiesen wird, ihr tatsächlicher Einfluß auf die Politik aber abnimmt. Die teilweise unscharf formulierte frauenpolitische Zielsetzung der Frauenunion leistet dieser Gefahr Vorschub: So hat die Frauenunion, die beratend an der Curriculum-Planung mitwirkt, sich dort erfolgreich dafür eingesetzt, das Fach »home economics«, das nur Mädchen erteilt wurde, vorerst ganz zu streichen, bis es zu einem Fach für Jungen und Mächen weiterentwickelt ist. Andererseits arbeitet sie aber mit der Abteilung für home economics im Landwirtschaftsministerium zusammen. Gemeinsam fördern sie home economics als Unterrichtsfach und »Erwerbszweig« für Frauen (aber nicht für Männer) auf dem Land – statt auf echte berufliche Bildung für Frauen zu dringen.

Die Frauenunion ist konfliktbereit gegenüber der traditionellen Gesellschaft. Ob sie genügend konfliktbereit gegenüber der Regierung ist, muß bezweifelt werden. Die Frauenunion definiere ihre Rolle als in die Regierungsstrategie eingebundene Kraft, so Saba Issayas, die Leiterin der Forschungs- und Planungsabteilung. Die Frauenunion akzeptiert, damit ganz traditioneller Erziehung entsprechend, die dienende, mitarbeitende Rolle der Frauen/der Frauenunion. Weder ist Bereitschaft vorhanden, Frauen für Widerstand, für Streik zu organisieren, noch sich selbst auf einen Machtkampf um Posten einzulassen. Die Frauen wurden bei der Verteilung der Ministerposten geradezu abgefertigt.

Die Frauenunion erwägt nicht, falls Parteien zugelassen werden sollten, eine Frauenpartei zu gründen, um auf diese Weise mehr Frauen ins Parlament zu bringen und Frauenthemen besser durchsetzen zu können. Auf die Frage nach einer Frauenpartei reagierte die Altkämpferin Saba Issayas ebenso wie ihre Schwester Abenet Essayas, Herausgeberin der Wochenzeitung Eritrean Profile, mit Unverständnis. Dafür bestehe doch gar keine Notwendigkeit, die Frauenunion könne doch ihre Vorstellungen bei der PFDJ und der Regierung einbringen und von dieser vorantreiben lassen.

Zwar fordert die Frauenunion Medienkampagnen über Frauen in Männerberufen, bietet aber selbst für Frauen Kurse in traditionellen Frauenbereichen (Schreibmaschinenkurse) an. Die Frauenunion hat zudem nicht das Geld und das Personal, solche Beiträge für die Medien selbst herzustellen und anzubieten. Besonders unter den langjährigen Kämpferinnen ist die Enttäuschung über die Frauenunion, von der sie sich nicht vertreten fühlen, groß. Auch viele intellektuelle Zivilistinnen sehen in ihr nicht ihre Vertretung.

Das Potential der Frauenunion

Andererseits ist die Frauenunion eine eritreische Organisation, die tabuisierte Mißstände öffentlich thematisiert.

– *»Häusliche Gewalt«*: Sie ist in Eritrea zwar häufig, aber kein Thema. Die Polizei registriert solche An- und Übergriffe auf Ehefrauen und Töchter nicht einmal als Gewaltakte.

– *Abtreibung*: Sie ist generell verboten. Es gibt aber eine medizinische Indikation. Die Entscheidung, ob ein Schwangerschaftsabbruch vorgenommen werden kann, liegt jedoch nicht bei der Frau, sondern beim Arzt (die überwiegende Mehrheit der Ärzte ist männlich). Die meisten Frauen wissen gar nicht, daß es eine Indikation gibt. Die wenigen, die es wissen, fürchten diesen Gang, so daß die meisten Abtreibungen nach wie vor unter hohem Risiko von Kurpfuschern durchgeführt werden.

– *Prostitution*: Sie ist per Gesetz verboten, aufgrund von Armut aber häufig. Die Frauenunion setzt sich dafür ein, daß Barfrauen künftig vom Inhaber für ihre Serviertätigkeit bezahlt werden müssen, um Prostitution den Boden zu entziehen.

– *Scheidungsrecht*: Ehescheidungen werden derzeit in der Regel vor dem traditionellen Ältestenrat bzw. dem Scheich verhandelt und ausgesprochen. Das Zivilgericht wird nur in Anspruch genommen, wenn sich einer der Geschiedenen gegen das Urteil des Ältestenrats/Scheichs wehren will. Der Ältestenrat/Scheich läßt oft Frauen und Kinder unversorgt. Ein Beispiel: Der Mann verdient 800 Birr, davon darf er 700 behalten, 100 bekommt die Frau für sich und die Kinder. In den muslimischen Regionen darf der Mann auch die Kinder behalten. Die Frauenunion will Lobbyarbeit zugunsten eines Gesetzes betreiben, daß entweder den Ältestenrat bzw. den Scheich an Gesetze der Regierung bindet oder die Entscheidungsbefugnis den Zivilgerichten vorbehält.

Das sind Politikfelder, in denen sich die Frauenunion für die Interessen von

Frauen viel entschiedener und furchtloser einsetzt als die Regierung oder die Partei. Es gibt daher derzeit keine Alternative zur Frauenunion, sondern nur die Möglichkeit, sie zu stärken, unabhängiger zu machen.

Kooperation der Frauenunion mit der Norwegian Church Aid (NCA)

In bezug auf Nachhaltigkeit, Multiplikatoreffekt und Vereinbarkeit mit der Würde des Empfängerlandes ist die Zusammenarbeit von Frauenunion und NCA innerhalb der ausländischen Frauenförderung/Entwicklungszusammenarbeit besonders überzeugend.

Die NCA bietet den Mitarbeiterinnen der Frauenunion Kurse in Menschenführung, in Management, Buchhaltung etc. an, um die Akzeptanz der Frauenunion in der Bevölkerung zu erhalten oder wieder zu heben. Ein weiterer Schwerpunkt sind Englischkurse, damit sich mehr Mitarbeiterinnen am internationalen Dialog über Frauenförderung beteiligen können. Die Frauenunion arbeitet sowohl mit anderen afrikanischen Frauenorganisationen als auch mit ausländischen Hilfsorganisationen zusammen. Über diese Fortbildung für Mitarbeiterinnen hinaus finanziert die NCA Kurse, die die Frauenunion anderen Eritreerinnen anbietet, z.B. Weiterbildungskurse für Ex-Kämpferinnen (Computer-Center in Asmara).

Frauen-Kreditprogramm in Gash-Setit

Ganz im Hintergrund bleibend finanziert die NCA auch das Frauen-Kreditprogramm, das zunächst als Pilotprojekt für 400 Frauen in Barka und Gash-Setit beginnt und offiziell Projekt der Frauenunion ist. Den Frauen soll dabei ein innerhalb eines Jahres an die Frauenunion zurückzuzahlender Kredit von max. 1.500 Birr (ca. 375 DM) gewährt werden, damit sie eine kleine Wirtschaftstätigkeit beginnen können (Geflügelzucht, Teehaus, Tiermast o.ä.), um sich so von Nahrungsmittelhilfe unabhängig zu machen. Sinnvoll und nachahmenswert scheinen Art und Weise des kooperativen Vorgehens der beiden Partner:
– Die ausländische Hilfe bleibt verborgen.
– Die Nutznießerinnen des Projekts auf den Dörfern fassen Zutrauen zu dieser eritreischen Organisation, zur Frauenunion.
– Die eritreische Frauenorganisation wird an die Arbeitsweise mit einem Kreditprogramm herangeführt.

Inhaltlich scheint das Projekt jedoch bedenklich. Hermann Thorwart, von der GTZ entsandter Koordinator im Landwirtschaftsministerium, kritisiert, die Verwaltungskosten seien zu hoch. Letztlich käme nur ein kleiner Kreis von Frauen in den Genuß dieser Förderung. In den Westprovinzen bleibt zudem oft der Regen aus, das macht die Ernten unsicher. Deshalb zögern Frauen, einen Kredit aufzunehmen, von dem sie nicht mit Bestimmtheit sagen können, daß sie ihn zurückzahlen können. Abzusehen ist außerdem, daß das Kredit-Programm in vielen Fällen zu einer noch größeren Arbeitsbelastung und damit in der Konsequenz zu einem verfrühten Schulabgang der Töchter führen wird.

Eine Alternative wäre, Saatgut, Traktoren oder Zugtiere zur Verfügung zu stellen, die so lange von den Bäuerinnen genutzt werden könnten, bis sie selbst so viel erwirtschaftet hätten, sich selbst Zugtiere zu kaufen. Speziell für alleinerziehende Mütter würde ein solches System etliche Benachteiligungen wettmachen. Indem Frauen solcherart ein Auskommen fänden, erfolgreiche Selbständigkeit demonstrierten, wären sie auch gute Identifikationsmodelle für Mädchen: role models.

6. Empfehlungen zur Frauenförderung in Eritrea

Notwendig sind sowohl weitere Studien zu speziellen Problembereichen als auch etliche gezielte Förderprogramme. Wichtig ist, daß Hilfe zur Selbsthilfe jetzt, in unmittelbarer Gegenwart, geleistet wird. Wenn Frauenförderung erst in fünf Jahren beginnt, ist der beste Zeitpunkt verpaßt.

Wesentlich ist, daß durch Frauenfördermaßnahmen nicht ungewollt der Kreislauf von Armut verschlimmert wird. Er stellt sich derzeit, verkürzt, so dar: Armut – in der Folge Arbeitsüberlastung der Frauen – Notwendigkeit immer umfangreicherer Hilfe durch die Töchter – Schulabbruch bzw. erst gar nicht erfolgende Einschulung der Töchter – Chancenlosigkeit und Armut für die nächste Frauengeneration. Unabdingbar ist, daß Frauenförderung nicht zu Mehrarbeit der Frauen führen darf, sondern ein Moment der Entlastung als Voraussetzung zugrundelegt. Nur von schwerer und zeitraubender Arbeit befreit, können die Frauen qualitativ und quantitativ ihre Mitgestaltung des öffentlichen Lebens ausdehnen.

Arbeitsentlastung kann nur teilweise über Innovationen und Geräte, durch bessere Wasserversorgung, holzunabhängige Öfen etc. erreicht werden. Unumgänglich ist, in Eritrea noch mehr als in Europa, eine gerechtere Verteilung der Hausarbeit auf alle Familienangehörigen. Erst wenn Hausarbeit und Kindererziehung nicht mehr quasi naturgegeben Aufgabe der Frau allein sind, haben die Frauen eine reelle Chance, in den anderen Gesellschafts- und Wirtschaftsbereichen überhaupt mitzuarbeiten.

Partner in Eritrea

Ansprech- und Kooperationspartner ist vor allem die Frauenunion, teilweise – jedoch aufgabenspezifisch begrenzt – auch die NUEYS und die Association of Planned Parenthood. Die Regierung selbst bietet sich nur bedingt an, weil die praktische Umsetzung ihrer Politik extrem hinter der frauenpolitischen Programmatik zurückbleibt und damit Zweifel am tatsächlichen Willen nährt. Wesentlich ist jedoch eine Zusammenarbeit mit dem Bildungsministerium, dem Ministerium für Wasserressourcen und der MITIAS-Abteilung der parastaatlichen ERRA.

Wichtig wäre, die eritreische Frauenunion zu stärken, ihr zu helfen, ihr Profil klarer zu fassen. Notwendig wäre auch, ihr Alternativen zur engen

Anbindung und (stellenplanmäßigen) Abhängigkeit von der Regierung zu bieten und sie so in die Lage zu versetzen, Frauenpolitik auch gegen den Kurs der Regierung zu verteidigen.

Studien

Studien sind notwendig über
- alleinerziehende Mütter und ihre Töchter,
- Frauen in der nomadischen Gesellschaft,
- Bildungschancen von Frauen und Mädchen in den unterschiedlichen Volksgruppen,
- die Tradierung von Frauenarmut von einer Generation auf die nächste und die Möglichkeiten, diesen Kreislauf zu durchbrechen (speziell am Beispiel der Problemgruppen),
- Naturheilkunde in Eritrea und die Möglichkeiten, diesen potentiell exportrelevanten Bereich zum Wirtschaftszweig für Frauen auszubauen.

Zielgruppen

Die aus patriarchalischen Bindungen herausgelösten Frauen, die derzeit Problemgruppen darstellen, bei einer gezielten Förderung aber Entwicklungspotential werden könnten, sollten besonders berücksichtigt werden:
- (ehemalige) Kämpferinnen,
- Rückkehrerinnen,
- alleinerziehende Mütter,
- weibliche Waisen.

Personenbezogene basisorientierte Hilfe zur Selbsthilfe

Um die Unabhängigkeit, Selbständigkeit und Gestaltungsmöglichkeiten der Frauen zu fördern, ist Entlastung nötig, z.B. durch:

- die Vergabe von Eseln vor allem an alleinerziehende Landfrauen; ein Esel könnte die Arbeitskraft des fehlenden Mannes teilweise »ersetzen«: Mit einem Esel würden die Frauen weniger Zeit und Kraft benötigen, um Wasser und Holz zu holen, außerdem könnten sie ihn stundenweise gegen Mithilfe bei der Feldarbeit verleihen; die Arbeitsstundenzahl der Frauen und Töchter würde sich durch Esel verringern, so daß die Töchter und evtl. sogar die Mütter zur Schule gehen bzw. an berufsbildenden Kursen teilnehmen könnten (vgl. Anhang, Esel-Initiative e.V.),
- ein zeitlich befristetes Angebot zur kostenlosen Nutzung von Geräten, Zugtieren, Getreidemühlen; wenn sie über einen gewissen Zeitraum funktionstüchtig bzw. arbeitsfähig gehalten werden, könnten sie in den Besitz der Nutzerinnengruppe übergehen,

- die Finanzierung berufsbildender Maßnahmen für Kämpferinnen, die demobilisiert werden sollen; Starthilfen zur Gründung einer neuen Existenz (zus. mit MITIAS);
- finanzielle und institutionelle Hilfe bei der Berufsausbildung der behinderten Ex-Kämpferinnen,
- die Anschubfinanzierung selbstorganisierter Kinderbetreuung (Finanzierung der Frau, die den Job der Kindergärtnerin übernimmt für den Zeitraum, den die anderen Frauen brauchen, um mit ihrer Arbeit selbst deren Entgelt finanzieren zu können),
- die Förderung der Frauenunion (Journalismus-Kurse, finanzielle Hilfen), damit sie mehr Möglichkeiten zur Mitgestaltung der Medien gewinnt,
- der Erhalt der Kunamakultur durch spezielle Förderung der Frauen dieser Volksgruppe. Bisher ist das Prestige der Kunama in Eritrea gering. Frauenpolitisch wäre es wichtig, diese autochthone relativ gleichberechtigte Lebensweise in ganz Eritrea bekannter zu machen – also z.B. Wanderausstellungen zu finanzieren, Lieder und Geschichten zu sammeln, sie in die Sprachen der anderen Volksgruppen zu übersetzen und zu verbreiten – also die Kunama-Tradition als Alternative mehr ins Licht zu rücken und den Stolz auf diese Kultur (unter den Frauen) im ganzen Land zu beleben. Da in der Folkloregruppe der EPLF Angehörige aller Ethnien waren, wäre das Hindernis für ein solches Projekt wahrscheinlich nur finanzieller Art.

Frauenbildung

Sehr wichtig ist es, die Hemmschwellen abzubauen, die der Bildung von Frauen und Mädchen derzeit entgegenstehen, z.B. durch

- die Unterstützung der Regierung beim Bau mädchengerechter Schulen und beim Bau von Brunnen neben Schulen,
- die Finanzierung von zwei nahrhaften kostenlosen Mahlzeiten täglich für alle SchülerInnen, damit sich der Schulbesuch auch für die Eltern unmittelbar lohnt,
- die Einrichtung von Vorbereitungskursen für die Zulassung zur Universität, Ausbau eines Hauses zum Studentenwohnheim für Frauen,
- die gezielte Förderung der Ausbildung von Lehrerinnen,
- die großzügige Vergabe von Auslandsstipendien für eritreische Studentinnen, insbesondere für Kämpferinnen, die während des Krieges als barfootdoctor oder Hebamme gearbeitet haben,
- die Gewährung zeitlich begrenzter Forschungsaufenthalte an Exil-Eritreerinnen (Diplomarbeiten, Praktika usw.),
- die Finanzierung zusätzlicher Plätze zur beruflichen Ausbildung für Frauen (Handwerkerinnenhäuser mit Wohnmöglichkeit),

- die Ersetzung des Angebots »food for work« durch food for education/vocational training (Kurse in Landwirtschaft etc.) speziell für Frauen,
- eine mobile Berufsberatung für Mädchen, die ihnen ein breites Spektrum offeriert (Feinmechanik, Laborberufe, Foto-Bereich etc.), geeignet für diese Arbeit wären vor allem die Ex-Kämpferinnen.

Sachbezogene Maßnahmen

Wesentlich sind außerdem Maßnahmen, die das gesellschaftliche und ökologische Lebensumfeld der Frauen verbessern, z.B.

- die Förderung des kulturellen Dialogs über Rollenverteilung zwischen Geschlechtern (Bibliotheken aufstocken, Videoclubs einrichten, interkultureller Austausch über Kontakte zum Ausland, Brieffreundschaften, Besuch von Kulturgruppen etc.); dabei geht es nicht nur darum, ein alternatives Mädchen-/Frauenbild zur Diskussion zu stellen, sondern auch ein alternatives Jungen-/Männerbild,
- die (Teil-)Finanzierung der eritreischen AIDS-Aufklärung, insbesondere von speziellen Bildungs- und Kooperationsprogrammen der Frauenunion, der NUEYS und der Association of Planned Parenthood mit traditionellen Geburtshelferinnen, Lehrerinnen und Künstlerinnen. Durch ihre traditionelle Erziehung zur Unterordnung sind eritreische Frauen, abgesehen von besonderen körperliche Gefährdungen (Beschneidung), dem Risiko einer HIV-Infizierung derzeit vielfach wehrlos ausgeliefert,
- die Förderung der Brunnenbaumaßnahmen der Regierung,
- der Schutz der ökologischen Vielfalt, der Heil- und Wildpflanzen für die tägliche Ernährung,
- praktikable Solarkocher zur Arbeitsentlastung der Frauen (Holz suchen) und zum Schutz der Aufforstungen,
- außenwirtschaftliche Beratung der Frauenunion und Förderung des Zugangs zum europäischen Markt für von Frauen hergestellte Produkte (Handarbeiten, Naturheilkundemittel). Die Frauenunion organisiert derzeit den Aufkauf der handwerklichen Produkte der Landfrauen selbst, damit sie nicht weiter von Händlern übervorteilt werden. Der gesamte Bereich der Naturheilkunde (Sammeln bzw. Anbauen und Weiterverarbeiten von Pflanzen), in dem Frauen traditionell Spezialistinnen sind, liegt brach.

7. Die Notwendigkeit, gerade in Eritrea Frauen zu fördern

Ohne Frauenförderung ist es in Eritrea nicht möglich, die Armut zu überwinden und das Bevölkerungswachstum einzudämmen. Gelingt beides nicht, werden auch der innere Frieden und der Zusammenhalt der Nation gefährdet. Frauenförderung ist eine billige Art von Konfliktvorbeugung.

Die progressive Minderheit ist in Eritrea zwar an der Macht, aber sie steht gleichzeitig mit dem Rücken an der Wand. Sie ist einem enormen Erwartungsdruck seitens der Bevölkerung ausgesetzt und verfügt nur über einen minimalen Etat. Die Regierung hat bei weitem nicht die Mittel, die an sie gestellten Erwartungen zu befriedigen. Verhärtungen, Unterbinden jeder Kritik und Intoleranz sind die Folge, wie sich bereits jetzt abzeichnet. Aus Mangel erwächst Gefahr. Verhängnisvoll wäre es, den Einfluß der fortschrittlichen Minorität überzubewerten, auch wenn die PFDJ dem Vorschub leistet.

Mit Frauenpolitik schafft sich die Regierung noch mehr Fronten, bringt die Traditionalisten gegen sich auf. Statt Frauenrechte offensiv zu vertreten, werden Frauen heute vielfach für den Aufbau des Landes instrumentalisiert – und lassen sich, entsprechend ihrer traditionellen Erziehung und Rollenzuweisung als dem Mann untergeordnet und dienend, dafür instrumentalisieren.

Trotzdem sind die Voraussetzungen für die Entwicklung einer gleichberechtigten und friedlichen Gesellschaft in Eritrea besser als in anderen Ländern der Region: Die Regierung selbst fördert prinzipiell Gleichberechtigung und würde, wenn sie mehr Geld zur Verfügung hätte, wahrscheinlich mehr tun.

Unter den Frauen lebt ein sehr hoher Prozentsatz ohnehin außerhalb enger patriarchalischer Bindungen. Es gibt also offene Türen für Frauenförderung.

Eritrea könnte sich selbst zum förderungswürdigen »Pilotprojekt« in der Region entwickeln. Es hat das Potential, zum (nachahmenswerten) Modell für befriedeten Wohlstand zu werden, für die Vorteile, die alle von einer gleichberechtigten Gesellschaft hätten.

Wichtig ist, Frauenförderung, der in muslimischen Regionen gern das Ticket kultureller Usurpation durch die PFDJ angeheftet wird, auf breitere Füße zu stellen. Noch gilt die Frauenunion als verlängerter Arm der Regierung, aber das muß nicht so bleiben. Wesentlich wäre, ihren Handhand-lungsspielraum, d.h. den Aktionsradius der Frauen selbst, durch finanzielle Hilfen des Auslands und durch Kontakte zu vergrößern.

II. Lebensläufe

Für die Freiheit haben wir Frauen genauso gekämpft wie die Männer

— dieses Zeichen markiert Zwischenfragen oder Einwände; Erläuterungen sind in Klammern gesetzt; die Gespräche mit den Frauen wurden 1994 in fünf Sprachen und daher oft mit Übersetzerinnen geführt, neue Entwicklungen aus dem Jahr 1995 sind teilweise ergänzt.

Ich war von Anfang an dabei

Tsaheitu Gebreselassie, 46 Jahre

Als ich geboren wurde, hielten die Engländer noch unser Land besetzt. Als ich fünf war, habe ich zum ersten Mal gesehen, wie wir Eritreer von Besatzern als Menschen zweiter Klasse behandelt wurden. Damals waren es schon die Äthiopier. Die älteren Jungen aus der Nachbarschaft haben mir erzählt, wie sie die Männer in den Gefängnissen quälen: Sie haben ihnen einen Sack mit Steinen an den Penis gebunden, damit sie keine Kinder mehr zeugen könnten.

Ich kann mich genau erinnern, wir lebten in einem Dorf in der Nähe von Asmara (Tsaheitu ist Tigrigna). Alle redeten über Politik, über die UNO, über ein freies Eritrea, über einen gemeinsamen Staat mit Äthiopien. Was ich sah: Wir wurden besetzt.

Meine Mutter ist früh gestorben, mit zehn Jahren bin ich ins Haus meines Bruders gezogen, habe dort bei der Hausarbeit und mit den kleinen Kindern geholfen. Lesen und Schreiben habe ich erst später gelernt, aber politisch bewußt war ich schon als Kind. Wir waren zu der Zeit alle wach für das, was um uns geschah. Vor allem mein Onkel hat mir viel erklärt.

1961, ich war 13, hörte ich davon, daß sich kleine Widerstandsgruppen bildeten. Machbeer Schowaate hießen die kleinen Zellen von jeweils sieben Leuten. Alles war sehr geheim. Aber ich habe Kontakt zu ihnen gefunden, bin aktives Mitglied geworden. Keiner kannte die ganze Gruppe, das wäre zu gefährlich gewesen. Wenn er geschnappt worden wäre, hätte er vielleicht alle verraten. Jeder kannte nur zwei, drei Leute der eigenen Zelle. Es gab Codewörter, immer wieder andere.

Anfangs wußten wir nicht, wie der Staat aussehen sollte, für den wir kämpften, jedenfalls mir war das nicht klar. Ich wußte, was ich nicht wollte: Unterdrückung, Besetzung. Deshalb habe ich gegen die Äthiopier gekämpft. Wir haben Flugblätter geschrieben und verteilt, wir Frauen mußten sie schmuggeln, nicht nur zu Eritreern, sondern vor allem zu den Feinden. Wir haben die Flugblätter in die Denden-Kaserne in Asmara eingeschleust, in der Unterwäsche, und kleine Zettel auch in den Haaren. Überall. Damit die äthiopischen Soldaten erfahren, daß sie auf der falschen Seite standen, daß sie Unrecht begingen. Auf den Pamphleten haben wir ihnen die Geschichte Eritreas erzählt, die müßten sie kennen, dachten wir. Wir haben auch Medikamente gestohlen und geschmuggelt, Gifttabletten, damit die, die gefaßt wurden, der Folter entgehen, sich selbst töten könnten, um niemanden zu verraten. Vor allem haben wir spioniert, sechs Jahre habe ich in

einer Bar gearbeitet und bei den Äthiopiern Nachrichten gesammelt und an die ELF weitergegeben. Die ELF war eine Guerillabewegung, die äthiopisches Militär angriff. Sie tötete Folterer. Wir haben auch Waffen für sie geschmuggelt und versteckt.

Über zehn Jahre habe ich das gemacht. Schließlich habe ich die Lizenz für diese Bar hier in Asmara gekauft (das Gespräch mit Tsaheitu fand in ihrer Bar statt). Wir haben hier im Haus ein Loch gegraben und Waffen darin versteckt. Einen Monat danach drangen plötzlich mitten in der Nacht äthiopische Soldaten in mein Haus ein und verhafteten mich. Eine äthiopische Gegenspionin hatte mich verraten. Aber das habe ich erst später erfahren.

Im Gefängnis haben sie mich ein Jahr lang gefoltert, sie haben mir eine Glasflasche in die Scheide gesteckt und mich damit gefoltert, bis ich furchbar geblutet habe, bis ich innen ganz kaputt war. Später haben sie mir die Gebärmutter herausoperieren müssen. Sie haben mich an den Brustwarzen malträtiert, meine Brüste sind heute immer noch entzündet und haben immer noch kranken Ausfluß. Und immer wieder haben sie mich auf die Fußsohlen geschlagen. Aber ich habe niemanden verraten.

Nach einem Jahr haben sie mich verurteilt: 20 Jahre Gefängnis wegen antiäthiopischer Agitation.

Nach dem Urteil haben sie mich in ein Gefängnis nach Addis Abeba gebracht. Dort wurde ich nicht mehr gefoltert, aber es war auch ohne Folter furchtbar dort. Wir waren 400 Frauen, alle in einem Raum, politische Gefangene, aber auch Kriminelle. Diebe. Mörderinnen waren auch dabei. Manche waren Spione, die gegen uns Eritreerinnen arbeiteten. Es war sehr schwer, in dieser Enge mit diesen Frauen zu leben.

Es gab keine richtigen Matratzen, es war so wenig Platz dort, daß wir abwechselnd geschlafen haben. Vom eritreischen Untergrund haben wir Decken bekommen. In Zigaretten wurden Nachrichten über den Freiheitskampf eingeschmuggelt, kleine gerollte Zettel statt Tabak in der Hülse. So wußten wir auch im Gefängnis alles über den Kampf draußen. Davon haben wir gelebt. Das war unsere Nahrung, unser Essen.

— Das Essen? Es gab schwarzes Brot, mit Steinen drin, dreckige Linsensuppe. Zu trinken gab es morgens 0,3 l Wasser für jeden und abends dasgleiche, mehr nicht. Wir waren alle ganz dünn und hatten ständig Hunger. Und Läuse. Einmal die Woche durften wir uns in einer kleinen Wanne waschen. Es gab so viel Ungeziefer dort. Krankheiten und keine Medikamente. Keiner hat sich um uns gekümmert. Dazu die Angst: Manche wurden nachts einfach weggeholt und umgebracht.

— Ob ich überhaupt Hoffnung hatte, jemals lebend aus dem Gefängnis zu kommen? Ja, ich habe die ganze Zeit gewußt, daß Eritrea frei würde.

Ich bin sogar früher entlassen worden. 1985. Das war wie eine Lotterie. An hohen äthiopischen Feiertagen wurden ein paar von uns freigelassen, zwei oder drei von 2000 Gefangenen. Neun Jahre und einen Tag war ich in diesem Gefängnis in Addis. Erst konnte ich es gar nicht fassen, daß ich draußen war. Bis heute habe ich immer noch so ein Schockgefühl, als wäre ich wieder drin.

Ein paar Monate bin ich in Addis geblieben, aber dann wieder zurück nach Asmara gegangen, zu meinem Bruder. Der hat gestaunt. Hatte gedacht, ich lebe nicht mehr. Wegen der Folter. Kurz nachdem ich entlassen war, haben sie ihn festgenommen. So habe ich erfahren, daß er auch die ganze Zeit in den Siebener Zellen war. Meinen Bruder haben sie auch gefoltert. Sechs Monate war er im Gefängnis, dann konnte ich ihn freikaufen. In Asmara hatte ich direkt wieder angefangen, in der Bar zu arbeiten.

Anfangs hatte ich große Angst, sie kämen nochmal, würden mich wieder verhaften, mich wieder foltern. Sie hatten mir strikt verboten, Asmara zu verlassen. Lange hab' ich aus Angst an immer anderen Plätzen geschlafen. Trotzdem habe ich wieder mit dem Widerstand angefangen. Ich war ja nur körperlich kaputt, mein Unterleib, meine Brust, meine Füße. Aber geistig war ich fit. Also konnte ich Leute verstecken und Informationen sammeln und weitergeben. Die EPLF war inzwischen sehr stark. Also habe ich jetzt für sie spioniert. Ich wollte, daß Eritrea frei würde. Ob mit der ELF oder mit der EPLF – das war mir egal. Wichtig war doch nur, daß wir unser Ziel erreichten: Freiheit.

Als Asmara befreit wurde, habe ich mich auf meine Füße gestellt und gejubelt – den Schmerz in den Fußsohlen habe ich nicht gespürt. Ich habe mich in eine eritreische Flagge und eine eritreische Landkarte gewickelt und bin den ganzen Tag vor Freude mit dem Auto durch die Stadt gefahren. Später bin ich durchs ganze Land gereist, hab' mir alles angeguckt. Da habe ich erst gesehen, wie viele Stämme bei uns leben. Ich bin von Keren hoch bis nach Nakfa gefahren, der Sahel hat so viel Bedeutung für uns. Und Decemhare. Dort war ich auch. Ich hab' mich gefühlt wie ein 18jähriges Mädchen. So glücklich.

Nach der Befreiung hat die Regierung mich als Widerstandskämpferin anerkannt. Ich war sehr stolz. Das war mir so wichtig nach all der Zeit im Gefängnis. Die Frau, die mich verraten hat, ist jetzt im Gefängnis. Aber ich denke kaum noch an sie. Wichtig ist mir die Freiheit. Unsere Regierung hat mir auch medizinische Behandlung gegeben.

Ich bin so stolz auf die Unabhängigkeit. Am Unabhängigkeitstag dekoriere ich alle Bäume vor meiner Bar. Mit der Politik heute bin ich einverstanden. Aber wir stehen erst auf einem Bein. Die Besatzer haben ja alles mitgenommen, erst die Italiener, dann die Engländer, zum Schluß die Äthiopier. Die Regierung ist so arm. Die kann jetzt nicht alle zufriedenstellen, die mitgekämpft haben. Das muß man akzeptieren. Manchen ist es unter den Äthiopiern zu gut gegangen, die haben damals viel profitiert und sind heute unzufrieden. Aber bis das Land auf zwei gesunden Füßen steht, muß man warten können. Ich bin zufrieden mit dem, was ich habe. Und außerdem habe ich immer noch die Lizenz für die Bar.

Jetzt, nach der Befreiung, habe ich auch meinen Sohn wiedergesehen. Mein einziges Kind. Er ist jetzt 29 Jahre. Als ich verhaftet wurde, haben Freunde ihn in den Sudan gebracht. Von dort ist er nach Saudi Arabien gegangen. Aber jetzt ist er hier. Das ist sehr gut. Von den alten Kameraden lebt kaum noch einer. Sie sind bei der Folter oder im Gefängnis oder im Kampf umgekommen. Vor kurzem ist wieder einer von den Siebener Zellen gestorben. Aber ihre Ideen leben noch. Heute sind wir frei. Und wir Frauen haben gezeigt, daß wir genauso kämpfen können wie die Männer. Egal, ob wir studiert haben oder nicht.

Daß ich schwanger war, hab' ich nicht erzählt, sondern im siebten Monat noch gekämpft

Achberet Welldai, 30 Jahre

Mit elf Jahren hab' ich angefangen, für die EPLF zu arbeiten. Ich komme aus der Nähe von Saganeiti, mein Vater war Bauer. Meine ältere Schwester ist zur Schule gegangen, obwohl die weit entfernt war. Sie ist Nonne geworden. Ich war zu Hause und habe daheim bei der Arbeit geholfen.

Es gab damals, 1975, schon Kämpfer, die uns Menschen in den Dörfern über die EPLF und den Krieg gegen die Besatzung informierten. Heimlich natürlich. Wir wußten alle Bescheid. Meine Eltern wußten auch, daß ich bei

uns im Dorf und sogar in Saganeiti Flugblätter für die EPLF hierhin und dorthin trug. 1977 habe ich Informationsblätter sogar bis nach Adi Keyih gebracht. Meine Eltern hatten nichts dagegen, sie hatten nur Angst, daß ich vielleicht irgendwann einmal Kämpferin werden wollte.

Als die EPLF 1977 ihre Offensive startete und die Städte bis hinunter in den Süden befreite, brach bei uns im Dorf eine richtige Begeisterung aus. Wir Jugendlichen haben eine Hafash-Gruppe mit festen Regeln gebildet. Jeder, der Mitglied sein wollte, mußte arbeiten – wer das nicht machte, mußte Strafe zahlen. Das Geld haben wir der EPLF gegeben. Wir haben – jetzt richtig organisiert – Flugblätter verteilt und Informationen weitergegeben. Das haben meistens wir Mädchen gemacht, weil es für uns weniger gefährlich war, hierhin und dorthin zu gehen. Wir mußten auch für die Kämpfer kochen, ihnen Essen bringen.

Am liebsten wäre ich damals schon tagadalit geworden. Ich kannte schon ein paar Kämpferinnen, die haben mir sehr imponiert. 1976 habe ich zum ersten Mal versucht, tagadalit zu werden, bin von zu Hause weggelaufen und habe die EPLF gefragt. Aber sie haben mich weggeschickt und mir gesagt, ich solle noch 100 kg essen, danach könnte ich wiederkommen. Ich war zwar enttäuscht, aber andererseits war ich auch froh, weil ich nun sicher war, daß ich später Kämpferin werden würde.

Weil ich nicht mit leeren Händen zur EPLF gehen wollte, habe ich angefangen, jeden Samstag Kaktusfeigen zu sammeln und zu verkaufen. Mein Vater war sehr dagegen. Aber ich brauchte Geld, um mir Kämpfer-Sandalen (Frauen tragen in Eritrea Schlappen; die Kämpfer aus Autoreifen hergestellte Sandalen), Unterhosen und Büstenhalter zu kaufen, denn als tagadalit brauchte man das alles.

1978 habe ich mich wieder heimlich fortgeschlichen, das war noch vor dem Rückzug, damals war die EPLF noch in Adi Keyih. Ich hatte das Gefühl, jetzt muß ich endlich gehen. So viele Kämpfer waren schon verletzt, so viele gefallen, irgendwer mußte sie doch ersetzen. Diesmal haben die Kämpfer mich auch akzeptiert.

Meinen Eltern ist natürlich schnell klar gewesen, wohin ich verschwunden war. Sie sind zur EPLF gegangen und haben geredet und geredet, ich sei verlobt, ich müsse zurückkommen und heiraten, sie sollten mich doch wieder gehen lassen. Aber das haben die fighter natürlich nicht gemacht.

— Mein Verlobter? Er ist später auch Kämpfer geworden, aber er ist gefallen.

1978 sind viele Frauen von Hafash zur EPLF gegangen, ich kannte viele von denen, die bei den Kämpfern in den Bergen auf das Training warteten. Wir sind zwei Wochen zu Fuß bis ins Lager im Sahel gegangen, alles Nachtmärsche. Aber körperlich war das für mich nicht so schlimm, für die Mädchen aus den Städten war es viel anstrengender. Als wir im Trainingslager ankamen, waren wir 1800 oder 2000 Frauen. Das hat allen die Sprache verschlagen. Wir Frauen waren selbst auch begeistert. Daß wir so viele waren, hat uns gegenseitig Mut gemacht und uns vorangebracht. Ich habe gestaunt, daß es in Eritrea so viele Stämme gibt. Von daheim kannte ich nur Tigrigna, dazu gehöre ich selbst. Manchmal kamen Saho und Tigre in unser Dorf, daher wußte ich von ihnen. Aber es waren Leute von Stämme da, deren Namen ich vorher noch nie gehört hatte.

Nach dem Training haben wir zuerst drei Monate die Straße von Halebet nach Arag gebaut, nur Frauen. Dann haben wir im Krieg gegen die ELF Gebiete bewacht, das waren auch reine Frauenwachen.

Dann bin ich selbst an die Front gekommen, 1981 im Krieg gegen die ELF. Dort an der Front habe ich Negusse wieder getroffen. Ich kannte ihn aus meiner Hafash-Zeit, er war damals schon Kämpfer und hat mich sehr oft geschickt, ich solle ihm Zigaretten besorgen. Jetzt wollte er mich unbedingt heiraten. Ich wollte erst nicht, ich war doch zum Kämpfen an die Front gekommen, nicht zum Heiraten.

Beim 3., 4., 5. und 6. Angriff habe ich mitgekämpft, mit der Kalaschnikow. Ich war Führerin einer ganzen Reihe, das sind 13 bis 15 Kämpfer, Männer und Frauen. Beim 6. Angriff war ich schwanger. Die Schwangerschaft hatte keine Bedeutung für mich, ich dachte sogar, das ist Verrat an den anderen Kämpfern. Ich dachte, für die EPLF sind wir schwangeren Frauen doch eine Last. Abtreibung war in der EPLF verboten. Nur Negusse habe ich von dem Kind erzählt, niemand sonst. Ich habe einfach die Hose nicht mehr zugeknöpft, das Hemd über der Hose getragen und weitergekämpft, im 7. Monat noch. Schwanger zu kämpfen war gefährlich, ich war ja nicht mehr so beweglich, konnte nicht mehr so schnell laufen oder mich auf die Erde in Deckung werfen. Mir ist nichts passiert. Aber ich weiß von vielen Frauen, die schwanger gekämpft haben und dann getroffen wurden.

Schließlich bin ich ins »Krankenhaus 17« gekommen, das war ein Krankenhaus nur für Geburten, in der Nähe von Nakfa. Die Frauen, die ich dort traf, waren auch nicht glücklich über ihre Schwangerschaften. Wir fühlten uns so nutzlos. Auch schwach, weil wir aus dem Kampf herausmußten. Wir erlebten uns selbst plötzlich wieder ganz anders. Gerade weil wir doch vorher im Kampf genauso stark wie die Männer gewesen waren, spürten wir unsere neue Lage sehr krass.

Ich habe einen Sohn bekommen. Negusse war damals schwer verletzt. Ich habe so gehofft, daß das Kind ihm Kraft zum Überleben gibt. Er hat ihm noch einen Namen gegeben, Bereket. Aber er hat ihn nicht mehr gesehen. Zwei Monate nach Berekets Geburt ist mein Mann gestorben. Sein Tod hat mich sehr mitgenommen. Schließlich habe ich mir immer wieder gesagt, daß es doch sein Wunsch war, zu kämpfen.

Drei Jahre bin ich bei meinem Kind geblieben. Auch in der Zeit habe ich viel getan. Das war keine Ruhepause. Kurz nach Berekets Geburt habe ich dreimal für Verletzte Blut gespendet. Wir jungen Mütter haben die Verletzten im Krankenhaus versorgt, wir haben uns um die Kinder der anderen Kämpferinnen gekümmert, wir hatten viele Aufgaben.

Aber nach drei Jahren wollte ich zurück zur Front. Klar, ich hätte sterben können, und mein Sohn wäre Waise geworden. Ich habe sogar damit gerechnet, daß ich sterben würde. Aber all das, was mein Mann und ich und all die anderen Kämpfer bisher getan hatten, hatte doch nur einen Sinn, wenn wir unser Ziel, die Unabhängigkeit, auch wirklich erreichten. Also mußte jeder weiterkämpfen. Meinen Sohn wollte ich zu einer Verwandten geben, aber das hat die EPLF nicht erlaubt. Also blieb er in Tsabra bei den anderen Frauen. Ich habe ihn dann drei Jahre lang nicht mehr gesehen. 1987, als er mit der Schule begonnen hat, durfte ich ihn besuchen. Wir haben ein Foto gemacht, das habe ich noch.

Im Juni 1988, Nakfa hatten wir schon befreit, war ich in der Nähe von Keren. Die Äthiopier haben uns aus der Luft bombardiert. Großangriff. Dabei hat mich eine Granate erwischt, ein Splitter ging durchs Auge rein, durchs Gehirn und dann wieder raus. Ich war sofort und lange bewußtlos. Feinde haben mich entdeckt und gedacht, ich sei tot. Sie haben mir die Waffen und die Uhr abgenommen, als Führer einer Reihe hatte ich eine Uhr. Dann sind sie wieder gegangen.

Eine Mitkämpferin hat mich vom Feld geholt. Nach zwei Wochen habe ich das Bewußtsein wieder erlangt. Ich hatte beide Augen verbunden, nichts konnte ich sehen. Ich dachte: Jetzt bin ich blind. Das war schon als Kind für mich der schlimmste Gedanke: blind zu sein. Wenn beide Beine weg gewesen wären, das wäre nicht so schlimm gewesen. Daß ich auch nicht mehr laufen könnte, wußte ich damals noch nicht. Ich war so traurig. Als sie mir schließlich die Binden von den Augen genommen haben, und ich sehen konnte, war ich überglücklich.

Drei Jahre wurde ich in Sahel behandelt, so lange hat es gedauert, bis ich transportfähig für die Strecke nach Port Sudan war. Dort ging die Behandlung weiter. Ich kann die Beine wieder bewegen, aber nicht die Balance halten. Deshalb sitze ich im Rollstuhl. Das Gehirn ist verletzt. Wenn ich mich aufrege, merke ich das besonders. Ich habe auch oft Kopfschmerzen.

Durch die Verletzung habe ich alles vergessen. Während des Krieges hatte ich doch die Schule besucht, bis zur 6. Klasse, aber nach der Verletzung hatte ich überhaupt keine Erinnerung mehr an das, was ich gelernt hatte. Ich mußte wieder ganz von vorne anfangen. Jetzt bin ich in der 4. Klasse. Aber das Lernen strengt mich sehr an, vor allem Mathematik. Und es fällt mir schwer, lange auf die Tafel zu gucken. Auch Fernsehen strengt mich zu sehr an. Lieber höre ich Musik, oder ich spiele Karten oder unterhalte mich mit anderen. Ich habe auch einen Nähkurs gemacht.

Nach der Befreiung hat mein Sohn mich in Port Sudan besucht. Er hat so geweint, als er mich im Rollstuhl gesehen hat. Er war wütend, daß mich jemand so schwer verletzt hat. Plötzlich sagte er: »Wenn ich groß bin, schieße ich auf den.« Bereket ist jetzt in Mendefera im Internat. Seit ich in Asmara, im Denden-Camp bin, kann ich ihn häufiger sehen. An Feiertagen besucht er mich. Ich habe ihn auch schon in Mendefera besucht, wir haben hier einen kleinen Bus.

Heute bin ich so froh über meinen Sohn. Über meinem Bett hängen viele Fotos: von meinem Mann und mir, von meinem Sohn und mir. Bereket schreibt mir auch manchmal. Von meinem Taschengeld kaufe ich ihm gern etwas Schönes. Aber Kinder haben noch so wenig Verstand: Vor kurzem hat er gesagt, ich solle ihm ein Mountainbike schenken! Als hätte ich so viel Geld.

Ich hätte gern eine kleine Wohnung, in der ich mit meinem Sohn leben könnte. Ich würde gern selbst für mein Kind sorgen.

Oft frage ich mich, was wir tun müssen, damit wir die Gleichberechtigung auch behalten, die wir Frauen uns mit leerem Bauch an der Front erkämpft haben, für die so viele gestorben sind. Den Frauen auf dem Land muß man sagen, daß sie jetzt die gleichen Rechte haben wie Männer. Sonst können sie sie doch gar nicht nutzen.

Ich würde gerne Frauen aus dem Ausland kennenlernen, um zu erfahren, wie ihr Leben ist. Und ich würde ihnen gern über mein Leben erzählen.

(Achberet, die Power-Frau, hat im Herbst 1995 im Denden-Camp an einem Nähkurs teilgenommen und im Februar 1996 eine eigene Nähmaschine erhalten.)

Ich habe viel zu viel Hausarbeit, um mich für Politik zu interessieren

Madura Dabi, 22 Jahre

Nein, besonders stolz bin ich nicht darauf, daß ich Kämpferin war (Madura, eine Kunama aus Barentu, war die einzige Kämpferin, die das sagte). Aber trotzdem, irgendwann, wenn mein Sohn einmal groß ist, werde ich es ihm erzählen. Daß ich vor seiner Geburt einmal mit der Waffe gekämpft habe. Daß ich mitgeholfen habe, Eritrea zu befreien.

Ich komme aus Karkuscha, das ist ein Dorf im Westen. Mein Vater war Farmer, ich bin die älteste von uns sieben Kindern. In der Schule war ich als Kind nicht. Ich kannte die Stämme aus unserer Gegend, uns Kunama und die Nara. Aber ich hatte noch nie von »Okkupation« und vom Krieg gehört, oder von einer Befreiungsbewegung.

1988 kamen plötzlich EPLF-Kämpfer, haben mit ihren Gewehren unser Dorf umzingelt und uns Jugendliche mitgenommen. Ich war noch klein damals, 16 Jahre, ich habe noch im Haus meiner Mutter gewohnt. Ich hatte furchtbare Angst vor den Kämpfern, ich dachte, vielleicht lassen sie mich nie mehr zurück zu meinen Eltern. Ich dachte, ich sehe sie nie mehr wieder. Ich wußte ja gar nicht, was sie wollten. Sie sprachen Tigrigna, aber ich konnte nur Kunama. Aber ein paar waren dabei, die beide Sprachen konnten und übersetzten.

Sie haben uns nach Nakfa gebracht und mir die Haare abgeschnitten, einfach ab, ganz kurz. Und ich mußte mein Kleid ausziehen und in Hosen herumlaufen. Anfangs habe ich mich darin sehr geschämt. Damals habe ich noch nicht gewußt, daß ich im Krieg auch sterben könnte, daran habe ich gar nicht gedacht. In meinem Kopf war immer nur die Angst, ich würde meine Eltern nie mehr sehen. Sie waren so weit weg. Von den Soldaten wegzulaufen, habe ich mich nicht getraut.

Das Militärlager in Nakfa hat mich sehr verwundert. Ich hatte ja gar nicht gewußt, daß es so etwas überhaupt gibt. So viele Menschen auf einem Fleck. Wie viele Frauen dort waren! Vor allem mußten sie nicht alle Arbeit tun wie bei uns im Dorf. In Nakfa haben auch die Männer Frauenarbeit gemacht. Sogar gekocht. Da war es dann ja klar und auch gerecht, daß dann wir Frauen auch Männerarbeit machen und kämpfen mußten. Dort waren eben alle Leute gleich. Es war anders als bei uns zu Hause.

— Nein, nicht alle waren gleich. Es gab auch dort bei den Männern solche und solche. Manche Kämpfer haben auch versucht, uns Frauen zu zeigen, daß wir nur Frauen und nicht so stark sind wie sie. Aber es gab auch Männer, die haben freiwillig die schwersten Sachen getragen.

Nach ein paar Monaten war es nicht mehr ganz so schlimm. Wir kannten uns schon etwas und haben Freundschaften geschlossen. Außerdem hatten wir das militärische Training und den politischen Unterricht. Dort haben sie uns erklärt, daß die Befreiung Eritreas unser wichtigstes Ziel ist. Also ist es unser Ziel geworden. Ich wollte dann auch Frontkämpferin werden und Eritrea befreien.

— Wie Eritrea aussieht, und wo es liegt? Nein, das weiß ich nicht.

— Die politischen Ziele der EPLF? Nein, die kenne ich nicht. Ich habe aber auch viel zu viel Hausarbeit, um mich für Politik zu interessieren.

— Angst? Doch, Angst hatte ich damals. Und wie. Als ich das erste Mal ein Gewehr anfassen sollte! Aber die Angst war nach ein paar Tagen weg. Nach einiger Zeit war ich fest entschlossen, mich mit der Kalaschnikow zu wehren, wenn mich jemand angreifen würde. Aber trotzdem: Immer, wenn ich Tote und Verletzte gesehen habe, dann hatte ich große Angst: Hoffentlich passiert mir das nicht! Das habe ich immer gedacht. Anfangs war ich Frontkämpferin in der Nähe von Keren. Das war sehr gefährlich. Aber dann, das war 1990/91, bin ich glücklicherweise in eine Minenwerfereinheit gekommen. Wir waren immer ein paar Kilometer von der Front entfernt und haben von dort abgefeuert. Das war nicht so gefährlich. Wir hatten keine Verluste, praktisch keine Verletzten. Die anderen in der Gruppe waren alle Tigrigna, aber das hatte ich inzwischen gelernt. Zur Schule bin ich auch gegangen, die hat mir Spaß gemacht.

1990 habe ich geheiratet, einen Kämpfer, auch Kunama. Nach der Befreiung bin ich schwanger geworden. Deshalb bin ich jetzt demobilisiert. Mein Mann ist noch in der Armee. Aber er lebt auch hier in Barentu, wir wohnen bei den Eltern, zusammen mit unserem Sohn. Er ist jetzt zwei Jahre alt.

Als ich von der EPLF zurück nach Hause kam, war alles genauso wie früher. Nichts hatte sich verändert. Bei meinem Mann und mir ist es ein bißchen anders. Mein Mann hilft mir im Haushalt. Manchmal wäscht er. Und wenn ich koche, Wasser hole oder saubermache, dann macht er den Tee. Seine Eltern fanden das anfangs sehr seltsam, daß ihr Sohn Frauenarbeit macht. Aber wir haben ihnen erklärt, daß bei der EPLF alles anders war. Inzwischen haben sie akzeptiert, daß er mir hilft.

Heute denke ich nicht mehr oft an die Zeit, als ich tagadalit war. Obwohl ich mich noch manchmal mit anderen Kämpferinnen treffe. Aber dann reden wir nicht über den Krieg, sondern darüber, daß sie auch heiraten und Kinder haben wollen so wie ich.

— Über Politik? Nein, wir reden nie über Politik.

— Ob es etwas aus der Zeit in der EPLF gibt, was wichtig für mich war? Doch, klar, ich habe damals so viele Menschen kennengelernt und mit ganz anderen Leuten zusammen gelebt als zu Hause. Die hätte ich sonst nie kennengelernt. Ich habe auch die Schule angefangen. Und ich habe verschiedene Gegenden von Eritrea gesehen, die ich sonst nie gesehen hätte.

Jetzt will ich wieder mit der Schule anfangen. Außerdem will ich noch drei Kinder. Mein Sohn soll auch unbedingt zur Schule gehen. Auf jeden Fall.
— Nein, er soll keine Hausarbeit machen. Ich kann ihm doch nicht die Zeit rauben, die er zum Lernen braucht.
— Ein Mädchen? Doch, wenn ich eine Tochter bekäme, der würde ich zeigen, wie man kocht, die müßte mir bei der Hausarbeit helfen. Aber wenn möglich, sollte sie auch zur Schule gehen.
Wenn ich einmal mit der Schule fertig bin, möchte ich gern arbeiten gehen. Was, das weiß ich noch nicht. Irgendetwas. Ich war so lange krank, lag in Tessenai im Krankenhaus. Die Regierung hatte mir Geld gegeben, als ich demobilisiert wurde. Aber das ganze Geld ist damals verbraucht worden, für Essen, für den Transport, Besuche und Medikamente. Davon ist nichts mehr da. Aber ich will mir nach der Schule eine Arbeit suchen.

An der Front haben wir uns die Gleichberechtigung erkämpft

Haddas Girmay, 30

Als ich zur EPLF kam, war ich 14; aber tagadalit wollte ich damals nicht werden. Obwohl ich natürlich wußte, wer die EPLF ist und wofür sie kämpft. Ich komme aus einem Dorf in der Nähe von Saganeiti, mein Vater ist Bauer, ich bin die älteste von fünf Kindern. Also, zur Schule gehen konnte ich nicht, ich mußte ja meiner Mutter helfen. Aber 1977 hatte die EPLF die Gegend um Decemhare und Saganeiti befreit. Danach haben die Kämpfer auch bei uns im Dorf politischen Unterricht gegeben. Dort bin ich hingegangen. Die Geschichte Eritreas haben sie uns erzählt. Das hat mich interessiert, aber mitkämpfen wollte ich nicht. Einige haben bei ihnen auch Lesen und Schreiben gelernt. Der Unterricht fand in der Kirche statt.

Daß ich Kämpferin geworden bin, war eigentlich Zufall. 1978 haben die Äthiopier eine Offensive gestartet. Die EPLF mußte sich aus unserer Gegend zurückziehen, das heißt, sie sind erst einmal aus den Dörfern in die Berge ringsum und haben gekämpft. Die Äthiopier haben damals viele Leute aus der Gegend umgebracht. Einmal war ich allein draußen, als die Granaten einschlugen. Ich hatte Angst und bin weggelaufen, um mich zu verstecken. Sie haben lange geschossen, ich konnte gar nicht mehr aus meinem Versteck heraus. Ich hatte nur mit, was ich anhatte, auch nichts zu essen. Wie auch? Meine Eltern wußten ja gar nicht, daß ich überhaupt geflüchtet war. Schließlich haben Kämpfer mich gefunden. Sie haben mir geholfen, mich mit in ihr Versteck genommen und mir Sorghum zu essen gegeben.

Ich habe gehofft, daß ich in ein paar Tagen wieder zurück zu meiner Familie kann. Aber wir sind lange dort geblieben. Zwei Monate. Aber es wäre sinnlos und zu gefährlich gewesen, von dort wieder zu flüchten.

Vor allem am Anfang war es sehr schwer für mich, so allein, ich kannte niemanden. Anderen war es ähnlich wie mir ergangen. Es gab kleine Kinder und alte Leute, aber die meisten waren Jugendliche. Zum Schluß waren wir 2000 Flüchtlinge. Die EPLF-Leute haben gekämpft, aber wir nicht, wir mußten uns nur immer ein sicheres Versteck suchen. Nachts habe ich sehr gefroren, niemand hatte eine Decke. Man legte sich einfach unter einen Baum. Zu essen gab es Sorghummehl. Das wurde in heißes Wasser gerührt. Etwas anderes hatten wir nicht, aber es war okay.

Nach zwei Monaten haben die Kämpfer begonnen, uns nach Sahel zu bringen. Die kleinen Kinder wurden auf LKW gefahren, aber wir größeren mußten zu Fuß laufen. Wir sind nachts gegangen, weil überall gekämpft wurde. Vorne und hinten gingen jeweils Kämpfer, um uns zu beschützen. Einmal, das war furchtbar, hat ein fünfjähriges Kind Tierschreie gehört und laut geschrien. Die Leute dachten automatisch »Bombardement« und sind alle auseinandergerannt, um sich zu verstecken. Die Kämpfer fingen an zu schießen, alle waren ganz konfus, keiner wußte, was los war, und wo er hinsollte. Es hat dann sehr lange gedauert, bis alle Leute wiedergefunden und zusammengebracht waren.

Unterwegs haben wir immer wieder Leichen gesehen. Die Kämpfer haben uns gesagt, das seien tote Tiere. Es war ja dunkel nachts, und man konnte nichts richtig erkennen. Die Kämpfer wollten uns beruhigen. Sie haben uns verboten, irgendwo aus einem Bach zu trinken. Obwohl wir furchtbaren Durst hatten. Aber einmal wir sind trotzdem zum Wasser. Ich habe mein Tuch ins Wasser gesteckt, um es dann auszusaugen, und da habe ich die ganzen Leichen ringsum gesehen. Überall, wo Wasser war, waren auch Leichen. Ein Kind ist verrückt geworden.

Drei Monate waren wir unterwegs. Manchmal gab es Pausen, dann haben wir trainiert, zu laufen, uns zu verstecken. In der Nähe von Ghinda habe ich Verwandte getroffen und konnte so meine Eltern benachrichtigen. Wir waren damals schon lange unterwegs, immer noch wurden wir von den Äthiopiern angegriffen. Ich hatte jetzt schon so viele Verletzte und Tote gesehen, daß ich immer öfter dachte: Vielleicht muß ich auch einmal kämpfen. Wir sahen ja auch die Kämpferinnen mit ihren Kalaschnikows. Die waren sehr imponierend. Manchmal haben wir Mädchen uns gewünscht, auch so zu werden wie sie. Die Kämpferinnen waren mutig. Und anerkannt.

Als wir dann schließlich in Sahel ankamen, waren das nur Berge. Ich hatte die ganze Zeit gedacht, »Sahel«, das sei eine Stadt. Dort haben wir dann richtig trainiert. Die Großen haben eine Kalaschnikow bekommen, aber ich war noch so klein, mir haben sie einen Stock gegeben. Einen Stock mit einem Lederriemen zum Umhängen. Damit habe ich geübt. Und ich habe gedacht, das sei meine Waffe. Ich habe immer so gut auf sie aufgepaßt und sie überall hin mitgenommen. Ich war damals ja noch ein Kind.

Einmal sind wir nach dem Training bombardiert worden, vier Leute sind umgekommen. Ich wurde am Bein verletzt und habe danach gehumpelt. Die Kämpfer haben uns Kinder dann in ein Dorf bei Port Sudan gebracht, wo wir sicherer waren. Dort bin ich drei Jahre zur Schule gegangen. Wir haben auch Kleider bekommen, wenige, aber immerhin. Das waren Kleider von Hilfsorganisationen. Weil es immer zu wenig waren, mußten sich oft zwei Kinder eine lange Hose teilen: Jeder kriegte dann eine kurze. Wenn der Stoff hell war oder rot, haben wir sie mit Erde dunkel gemacht, denn wir hatten auch im Sudan Angst vor Luftangriffen.

Ende 1981 mußte ich dann an die Front. Wir wurden nicht gefragt. Es gab den Befehl und dann mußte man gehen. Es war mir klar, daß ich sterben könnte. Aber ich hatte keine Angst, nur den Wunsch: Bevor ich sterbe, will ich noch einen Feind töten. Weil ich immer noch so klein war, sollte ich nicht selbst schießen, sondern den Kämpfern helfen. Ich hatte kein Gewehr und auch nur zwei Granaten, um mich selbst zu verteidigen. Und ich hatte die Wasserflasche, ein kleines Täschchen mit Binden und einer Unterhose, die zwei Meter Stoff, die jeder hatte, um andere verbinden zu können oder als Leichentuch für einen selbst. Also nicht viel zu tragen.

Ich mußte immer zwischen den Kämpfern hin- und herlaufen, ihnen Munition bringen, Verletzte von der Front wegtragen, Tote begraben. In der Zeit habe ich nur sehr sehr wenig geschlafen. Manchmal haben wir zwei, drei Tage ohne Essen gekämpft, 24 Stunden ohne Wasser. Über Hunger wurde auch nicht geredet, hätte ja auch nichts genutzt. Manchmal hatte ich große Angst: Wenn sie mich beschossen haben, während ich einen Verletzten wegbrachte. Furchtbare Sachen habe ich damals gesehen. Manche waren so grauenhaft verletzt. Manche haben gesprochen und wurden mitten im Satz getötet. Einmal konnten die Kämpfer eine Kämpferin nicht mitnehmen, sie hatte eine Beinverletzung, und die anderen mußten sich ganz schnell zurückziehen. Die Äthiopier haben sie gefunden und einfach auf sie drauf geballert. Wir haben das gesehen und gedacht, sie ist tot. Als wir die Feinde endlich wieder zurückgeworfen hatten, sind wir zu der Stelle gerannt. Die Frau hat noch gelebt. Wir haben sie weggebracht, nach Port Sudan. Sie lebt noch, aber sie kann sich überhaupt nicht bewegen. Ich weiß nicht, wo sie heute ist, aber ich muß so oft an sie denken.

Oft haben wir den Kämpfern Essen an die Front gebracht. Das war sehr gefährlich, weil häufig Nebel aufstiegen. Dann haben sich manche verirrt und standen, statt vor unseren eigenen Leuten, plötzlich vor den Feinden. Diese Nebel waren so tückisch. Eine Freundin von mir, die damals schon seit sieben Jahren Kämpferin war, hatte nach einem Angriff Verletzte in Sicherheit gebracht. Dann hat sie sich im Nebel verirrt und ist bei den Feinden gelandet. Sie hat versucht, sie zu täuschen und gesagt, die EPLF hätte sie gegen ihren Willen mitgenommen. Jetzt sei ihr die Flucht gelungen und sie wollte zurück zu ihren Leuten. Aber ein anderer Eritreer, der zu den Äthiopiern übergelaufen war, hat sie erkannt und gesagt, sie sei eine alte erfahrene Kämpferin. Sie hat das abgestritten, sie könne gar nicht schießen. Die Fragen gingen immer hin und her. Sie haben sie drei Monate ins Gefängnis gesteckt, aber sie hat kein Wort gesagt, nichts verraten. Schließlich haben sie sie laufen lassen. Sie ist zu uns zurückgekehrt und hat weitergekämpft.

Ich will unbedingt, daß du diese Geschichte von meiner Freundin in das Buch schreibst. Wenn ich zu viel erzähle, und du kürzen mußt, dann schreib weniger über mich. Aber was meiner Freundin passiert ist, das sollen die Leute auf jeden Fall erfahren. Überläufer und Verrat hat es auch gegeben, das war sehr gefährlich für uns Kämpfer. So etwas gehört auch zu unserer Geschichte.

Richtige Freundschaften, so wie früher bei mir im Dorf, gab es an der Front nicht. Wir hatten gar keine Ecke, wo man richtig vertraut hätte reden können. Das waren ganz andere Freundschaften. Eine Freundin, das war meistens eine ältere Frau, die schon länger tagadalit war als man selbst, die einem beigebracht hat, wie man an der Front überlebt, die einem Mut gemacht hat. Aber von meinen Freundinnen aus dieser Zeit lebt keine mehr. Die sind alle gefallen. Eine habe ich selbst von der Front zurückgeschleppt, als sie verletzt war. Ich war dabei, als sie gestorben ist. Geweint hat man deshalb nicht. Aber ich wäre am liebsten an ihrer Stelle gestorben. (Während sie das erzählt, weint sie endlich.) Mir war in dem Moment auch plötzlich sehr klar, daß ich die nächste sein könnte, die sterben würde.

Im Februar 1982 habe ich beim 6. Angriff mitgekämpft und eine Kugel in den Kopf bekommen (die EPLF hatte keine Helme). Zweieinhalb Monate war ich im Hospital. Dann bin ich nach Nakfa versetzt worden und habe bis 1985 in der Haushaltsabteilung gearbeitet: Essen für die Fronten verteilt und es mit kleinen LKW zu den Kämpfern gebracht. Wenn nötig, mußten wir auch mitkämpfen. Wir waren ja immer ganz nahe an der Front.

Damals habe ich nicht geglaubt, daß ich den Krieg überleben werde. Zu der Zeit haben die Feinde uns aus der Luft mit Giftgas bombardiert. Wir haben Kohle gemahlen und damit Hände und Gesicht eingerieben. Wir dachten, das hilft uns. Es war ein sehr gefährliches Gas, man konnte davon verrückt werden. Wir hatten große Angst davor. Die Ärzte haben uns Spritzen gegeben, und jeder mußte lernen, sie sich selbst zu geben, für den Fall, daß sie mit Gas auf uns schießen.

1985 bin ich wieder richtig an die Front versetzt worden. Als Frontkämpferin. Afabet, Barentu, Massaua, Ghinda, Decemhare, Asmara – da war ich überall dabei. Dort habe ich selbst mit der Kalaschnikow gekämpft. Manchmal bin ich verletzt worden, aber immer nur leicht. Es war sehr hart. Aber wir Frauen haben genauso gekämpft wie die Männer. Nach der Tradition sind Frauen ja nur Halbmenschen. Anfangs haben die Männer uns auch spüren lassen, daß sie stärker wären. Die schweren Waffen könnten wir doch gar nicht tragen. Aber wir haben sie doch getragen. Und Frauen sind genauso gestorben wie Männer, und sie sind genauso verletzt worden, da gab es keinen Unterschied. Im Kampf haben wir Frauen auch nicht mehr Wasser bekommen als die Männer. Wenn wir unsere Periode hatten und keine Binden mehr, dann haben wir Streifen von dem Tuch gerissen, das jeder hatte. Manchmal im Beschuß ist uns das Blut die Beine heruntergelaufen und hat alles verklebt, aber wir haben trotzdem weiter geschossen, genauso wie die Männer. An der Front, da haben wir uns die Gleichberechtigung erkämpft, die ist uns nicht geschenkt worden.

1986 habe ich eine Beziehung mit einem Kameraden begonnen. Er war Minenräumer. 1988, nach der Befreiung von Afabet, haben wir geheiratet. Nach der Hochzeit waren wir einen ganzen Monat zusammen. Danach haben wir uns nur sehr selten gesehen, immer nur für ein paar Tage. 1989 ist er gefallen. Seitdem bin ich keine Beziehung mehr eingegangen.

Nach der Befreiung von Asmara bin ich nach Assab versetzt worden. Bis 1993 habe ich dort die Grenze bewacht. Dann haben sie mich für die Polizei eingeteilt. Eigentlich macht man einen Kurs von sechs Monaten, aber wir Kämpfer haben nur zwei Monate Training bekommen. Wie man schießt, wissen wir ja schließlich. Sie haben uns beigebracht, wie man mit Zivilisten umgeht, die klauen oder die betrunken sind. Ich wohne mit den anderen Kämpferinnen, die jetzt bei der Polizei sind, in dem Haus nebenan. Wir sind zu vier Frauen in einem Zimmer, essen in der Kantine der Kaserne und jede bekommt ein monatliches Taschengeld, fünf Birr für jedes Jahr, das man gekämpft hat.

Was geschieht, wenn ich demobilisiert werde, weiß ich nicht. Davor habe ich Angst. Es gibt genug Polizisten, sie werden mich entlassen. Aus dem Haus muß ich dann auch ausziehen. Wo ich dann wohnen soll, weiß ich nicht. Die Mieten kann ich nicht bezahlen. Meine Familie ist selbst arm. Mein Vater ist 1985 von den Äthiopiern getötet worden. Meine Mutter und meine Geschwister haben kein Geld, die Äthiopier haben unsere Kühe und die anderen Tiere getötet. Ich weiß nicht, wo ich hingehen soll. Von den 10.000 Birr Abfindung, die man bei der Demobilisierung bekommt, kann man nichts Neues anfangen. Die Regierung hat ja auch kein Geld.

Einen Beruf habe ich nicht. Die meisten Mädchen, die vom Dorf kamen, waren die ganze Zeit Frontkämpferin. Wir haben nichts gelernt. In der Schule bin ich zwar bis zum 6. Schuljahr gekommen, aber wegen der Kopfverletzung kann ich nicht mehr gut lernen. Ich habe jetzt abends, nach der Arbeit bei der Polizei, einen Schreibmaschinen- und einen Nähkurs gemacht, vielleicht hilft mir das, eine Arbeit zu finden. Es wäre viel sicherer, wenn ich in der Armee bleiben könnte. Aber das wollen viele, und ich bin ja nicht besser oder wichtiger als die anderen.

Trotzdem, auch wenn ich nicht weiß, wovon ich in Zukunft leben werde: Ich bin stolz darauf, daß ich mitgekämpft habe. Ich freue mich, daß wir die Freiheit erreicht haben, und ich hoffe, daß bald auch alle eine Arbeit finden werden.

Wenn du gehst, mußt du eine Heldin werden

Fatma Suleiman, 34 Jahre

Mein Vater

Meine Tochter,
Entweder du bleibst zu Hause
oder, wenn du weggehst,
mußt du eine Heldin werden.
So wie du gewünscht hast,
bin ich eine Heldin geworden.
In schweren Zeiten
habe ich mit meinen Kameraden die Feinde getötet,
mit Gottes Willen bin ich lebendig zurückgekommen.

Mein Vater,
mein lieber Vater hat mir empfohlen,
den Kampf mitzukämpfen.
So habe ich mit meinen Mitkämpfern den Frieden gebracht.
So kannst du in Frieden mit deinen Kindern bleiben.

Du hast mir gut empfohlen,
etwas Gutes zu tun.
Du bist ein Held
und hast mich zur Heldin gemacht.
So habe ich einen großen Namen bekommen,
ich werde zusammen mit den Helden genannt.

(Übersetzung: Muzit Tekle)

Das ist für mich mein wichtigstes Lied. Meine Geschichte. Ich war Sängerin in der Kulturgruppe der EPLF. Wir haben unsere Texte und die Musik immer selbst geschrieben. Ich war die einzige von uns Saho-Kämpferinnen.

Ich komme aus der Akele-Guzai-Provinz, aus einem Dorf südöstlich des Ambassoira, aber aufgewachsen bin ich in Senafe und später in Saganeiti. Mein Vater war Lehrer, ich das älteste Kind. Mein Vater wollte, daß alle seine Kinder, Töchter und Söhne, zur Schule gehen, er wollte sogar, daß ich zur High School gehe. Ich hatte schon das 8. Schuljahr beendet, als ich tagadalit wurde.

Mein Großvater war dagegen gewesen, daß ich zur Schule ging, ich solle

doch heiraten. Solche Diskussionen hatten wir zu Hause über vielerlei. Wir Saho sind Muslime, Frauen bleiben im Haus, bei uns noch mehr als bei anderen Stämmen. Mein Großvater und meine Mutter dachten traditionell, aber mein Vater hatte sehr moderne Ideen. Außerdem wohnten in Senafe und in Saganeiti hauptsächlich Tigrigna, bei denen hatten die Frauen mehr Rechte als bei uns Saho, alles war liberaler.

Wenn ich aus der Schule kam, habe ich meiner Mutter bei der Hausarbeit geholfen. Vor allem aber habe ich gestickt. Seit ich denken kann, mache ich Handarbeiten. Inzwischen ist es sogar mein Beruf geworden. Auch als tagadalit habe ich nicht nur Lieder komponiert und gesungen – und bei Angriffen mit der Kalaschnikow gekämpft –, sondern auch gemalt und Wandbilder über unseren Befreiungskampf gestickt. Manchmal mußte ich auch Gasmasken nähen.

1975 haben die Äthiopier bei uns in der Gegend ein Massaker angerichtet. Einige unserer Verwandten sind dabei getötet worden. Meinen Vater haben sie für eine ganze Zeit ins Gefängnis geworfen. Das hat meinen Haß auf die Äthiopier und auf die Besatzung noch angefacht. In der Schule habe ich heimlich neben die Landkarte der Äthiopier eine Karte mit einem freien Eritrea gemalt und auf die Klassentafel geschrieben »Eritrea hat sich von Äthiopien getrennt«. Viele solcher Slogans habe ich nach dem Unterricht, wenn die anderen schon den Klassenraum verlassen hatten, auf die Tafel geschrieben, damit die anderen am nächsten Morgen die Wahrheit lesen müßten. Ich war so voll Wut, ich dachte, ich muß irgendwie demonstrieren. An die Möglichkeit, daß ich dabei beobachtet werden könnte, habe ich gar nicht gedacht.

1977 bin ich zu Hafash gegangen. Mein Vater hat mich dazu ermutigt, meine Mutter war dagegen. Eigentlich hatte ich damals schon tagadalit werden wollen, aber die EPLF hatte mich zurückgeschickt, ich sei zu jung. Damals war auch kein Mangel an erwachsenen Kämpfern.

Zu Hafash und zur EPLF wollte ich, weil sie mir stärker erschienen als die ELF. Ich dachte, die würden es eher schaffen als die ELF, die Äthiopier aus dem Land zu werfen. Meine Mutter, die auch für den Widerstandskampf war, war trotzdem gegen meine Aktivitäten und Pläne. Die Saho seien Muslime, und die Muslime würden in der ELF kämpfen, sagte sie immer. Sie hatte ziemliche Vorbehalte gegen die EPLF, weil das vorwiegend Christen waren. Aber für mich waren sie überzeugender. Nicht, weil dort mehr Frauen gewesen wären. Ich kannte damals noch gar keine Kämpferin. Die EPLF war für mich einfach klarer, durchsetzungsfähiger, einheitlicher. Schwer, das im Nachhinein zu erklären.

Als die Äthiopier uns 1978 mit russischer Hilfe offensiv von zwei Seiten angriffen, und die eritreischen Freiheitskämpfer sich zurückziehen mußten, haben wir zu Hause beratschlagt, wie wir uns verhalten sollten. Daß wir den Widerstand unterstützten, war bekannt. Zuerst wollten wir alle zur EPLF, den Rückzug (in die Berge des Sahel) mitmachen, aber dann wurde entschieden, daß nur ich gehe. Die anderen waren nicht so gefährdet und haben auch alle überlebt.

Als ich aufbrach, wollte mein kleiner Bruder unbedingt mit. Er war erst zehn Jahre alt. Aber er war nicht davon abzubringen. Also mußte ich ihn mitnehmen. Ein paar Freundinnen von Hafash gingen auch mit. Meine Eltern haben mir ein paar Kleider mitgegeben, die haben wir unterwegs gegen Essen getauscht. Vier Tage und vier Nächte sind wir marschiert, immer auf den Spuren der Kämpfer nach Norden, die Äthiopier im Rükken. Glücklicherweise haben sie uns nicht angegriffen.

Als wir die Kämpfer eingeholt hatten, haben wir uns nicht mehr zurückschicken lassen. Ich habe mich geweigert und gesagt, es sei nicht nur ihr Land, sondern auch unseres, und wir wollten auch für seine Befreiung kämpfen. Daraufhin haben sie gesagt: »Wir akzeptieren euch aber nur als Ingera-Bäcker.« Das vergesse ich nie. Aber ich hatte ja auch noch meinen kleinen Bruder mit, ein zehnjähriges Kind. Ich habe zurückgegeben: »Ingera backen können wir auch, und begraben können wir euch auch.« Schließlich haben sie uns akzeptiert.

Das Militärtraining war in Sahel. Ich war eine der »Kambodschafrauen«, so haben sie uns genannt. Wir waren 2000 Frauen, die beim Rückzug alle aus den ehemals befreiten Gebieten zur EPLF gegangen sind, die meisten sehr jung. Im Training habe ich Hosen bekommen, so etwas hatte ich noch nie getragen. Es war ein tolles Gefühl, so leicht und frei. Von den Hosen war ich begeistert. Aber sie haben mir auch die Haare abgeschnitten, in zwei Etappen. Die Kämpferinnen hatten alle kurze Haare, genauso wie die Männer. Im Camp hatte ich keine Schwierigkeiten. Ich war ja auf dem Land aufgewachsen und fit, und auch das Lagerleben hat mir nichts ausgemacht. Meistens haben wir uns mit Sand und Wasser gewaschen, weil es Seife nur selten gab. Aber das hat mir nichts ausgemacht.

Ich wollte Frontkämpferin werden, unbedingt. Bis 1982 habe ich auch mit der Kalaschnikow gekämpft, danach nur noch, wenn wir gerade sehr in Bedrängnis waren. Ab 1982 habe ich meistens in der Kulturgruppe gearbeitet, in der Hauptgruppe. Ich war die einzige Saho. Wir haben Lieder komponiert und sind damit zu den einzelnen Brigaden an die Front gezogen und haben für sie gesungen. Jeder hat in seiner Sprache getextet, die Lieder haben wir in allen neun Sprachen Eritreas geschrieben und gesungen.

Ich war erstaunt, wieviele Saho in der EPLF kämpften. In manchem haben wir ganz neue Ideen bekommen. Vorher hatte ich zum Beispiel gedacht, Infibulation sei ein Teil unserer Kultur, der völlig unverrückbar war. Nie war mir die Idee gekommen, die Frauenbeschneidung in Frage zu stellen. Das war einfach so. Jetzt hörte ich, daß die EPLF versucht, diese Verstümmelung abzuschaffen. Gleichzeitig, 1984, habe ich geheiratet, einen Saho-

Kämpfer, spürte nun am eigenen Leib die Folgen der Infibulation. Zuerst Probleme bei der Heirat und dann erst bei der Geburt!

Meine erste Tochter ist direkt nach der Geburt gestorben, ich hatte während der Schwangerschaft Malaria. Aber 1990 und 1992 habe ich noch zwei Töchter bekommen, die werde ich auf keinen Fall beschneiden lassen. Und ich habe mich auch nicht mehr infibulieren lassen. Mein Mann denkt darüber genauso wie ich. Wir leben jetzt in Asmara, da ist das kein Problem, aber wir dürften nicht zurück aufs Land gehen. Beide Eltern, seine und meine, üben Druck auf uns aus, daß wir die Mädchen beschneiden lassen. Ich sage ihnen immer, wenn Gott gewollt hätte, daß wir Frauen infibuliert sind, dann hätte er uns schon so erschaffen. Aber ich fürchte, in den ländlichen Gegenden werden die Mädchen und Frauen auch in Zukunft weiter verstümmelt werden.

1994 wurde ich demobilisiert, ich wollte das eigentlich nicht. Mein Mann ist noch in der Armee. Inzwischen denke ich, daß es auch Vorteile hat, demobilisiert zu sein, denn jetzt habe ich mehr Zeit für meine Kunst. Ich singe immer noch, ich male und sticke, mache Perlen- und Flechtarbeiten, nicht nur traditionelles Handwerk der Saho. Ich will ja keine Saho-Künstlerin sein, sondern ich bin eine eritreische Künstlerin. Ich bin stolz auf meine erste Ausstellung in Asmara (Januar 1995). Ich möchte gerne, daß unser Land und seine Kultur bekannt werden. Jetzt, nachdem wir die Freiheit errungen haben, müssen wir uns ganz normal neben die anderen Staaten stellen, uns der Weltgemeinschaft vorstellen und uns in sie einordnen. Dazu möchte ich mit meinen Liedern und mit meiner Kunst beitragen. Ich hoffe, daß ich noch häufiger ausstellen kann.

Heute bin ich enttäuscht von den fightern

Tirhass, 33 Jahre
(Tirhass ist Tigrigna, der Name wurde auf ihren Wunsch geändert)

Ich war die zweitälteste von acht Kindern, meine Eltern waren beide berufstätig, ich bin zur Schule gegangen, auf eine amharische natürlich, wir waren ja von den Äthiopiern besetzt. Ich wußte damals noch nichts von Politik und Geschichte, auch nichts von der EPLF, aber die Äthiopier habe ich gehaßt. Sie waren wie Tiere, haben in unserer Gegend drei-, vierhundert Leute getötet. Uns Mädchen haben sie gejagt. Meine Freundin haben sie vergewaltigt.

1977 wurden wir befreit, da erst habe ich von der EPLF erfahren, plötzlich kamen Verwandte nach Hause und erzählten, sie gehörten dazu. Ein paar aus meiner Klasse gingen zur EPLF, obwohl sie zu der Zeit genug Soldaten hatten und uns Kinder gar nicht haben wollten. Mich hat das anfangs ohnehin nicht begeistert, ich war in der 10. Klasse, wollte die High School beenden und danach Medizin studieren. Mein Vater war schon tot, und meine Mutter sagte, ich hätte die Schule angefangen, also solle ich sie auch richtig beenden.

Damals wurden auch Jugendorganisationen gegründet, dort bin ich eingetreten und war bald Leiterin einer Gruppe von 42 Leuten, Jungen und Mädchen. Wir hatten sechs Wochen Training mit dem Gewehr und haben alles über eritreische Geschichte gelernt, von der ersten Besiedlung angefangen. Bald war ich für Sozialarbeit zuständig. In der Zeit habe ich meine Einstellung geändert, jetzt wollte ich tagadalit werden. Was Krieg war, wußte ich. 1978 hatte ich in Massaua im Krankenhaus geholfen, Tote und Verletzte gesehen. Aber ich habe nie daran gedacht, ich selbst könnte getötet oder verletzt werden. Dreimal habe ich versucht, zur EPLF zu gehen, aber sie haben mich jedes Mal wieder weggeschickt. Aber 1978 griffen die Äthiopier uns zusammen mit den Russen an, die EPLF mußte sich zurückziehen. Da mußten sie mich nehmen, es war bekannt, daß ich irgendwie schon zu ihnen gehörte. Auch meine Mutter war einverstanden, sie sagte, ich hätte mit der Jugendorganisation angefangen, jetzt müsse ich das auch zu Ende führen.

Als ich ging, dachte ich, der Krieg würde nur noch ein paar Monate dauern. Klar, ich wußte, momentan hatten wir keine andere Chance als uns zurückzuziehen, aber trotzdem war ich mir ganz sicher, daß wir gewinnen würden. So war auch die Agitation um uns herum: »Wir werden gewinnen!«, das hörten wir überall.

Das Training für die Neuen war in Sahel. Ich dachte die ganze Zeit, daß ich unbedingt Frontkämpferin werden wollte. Stattdessen haben sie mir nach dem Training vier Monate medizinischen Unterricht gegeben, und dann bin ich barfootdoctor geworden. Aber es hat lange gedauert, bis ich damit einverstanden war, nicht selbst an der Front zu kämpfen. Von 1979 bis 1984 habe ich nur Verletzte von der Front versorgt, und immer, wenn ich ihre Verletzungen sah, hat mich das noch mehr angestachelt, selbst mit dem Gewehr zurückzuschießen.

Aber im Gegenteil, dann sollte ich einen Hebammenkurs machen, und von da an habe ich Kämpferinnen und auch Zivilistinnen bei der Geburt geholfen. Außerdem habe ich den traditionellen Geburtshelferinnen, die es überall in den Dörfern gibt, Unterricht gegeben. In Sahel leben Muslime, die Mädchen und Frauen werden dort infibuliert. Aber mit unseren Aufklärungskampagnen hatten wir großen Erfolg, wir haben viele Geburtshelferinnen und viele Gebärende überzeugen können, nicht mehr zu beschneiden und sich nicht mehr nach jeder Geburt zunähen zu lassen. Innerhalb der EPLF hatten das längst alle akzeptiert, dort haben wir auch Kameradinnen, die infibuliert zu uns kamen, vor der Heirat defibuliert. Aber die Leute in den Dörfern und die Nomaden zu überzeugen, das war oft schwer, die blieben ja weiter in ihrer Kultur, in ihrer Gesellschaft. Für die war das auch wirklich eine schwere Entscheidung.

Meistens waren wir jenseits der Front, auf der Seite der Äthiopier. Wir hatten immer Waffen mit, aber trotzdem: Wenn die Zivilisten nicht mit uns zusammengearbeitet hätten, hätten wir es oft nicht geschafft, mit heiler Haut wieder davonzukommen. Wenn es ganz brenzlig wurde, mußten sich alle Frauenkleider anziehen und versuchen, irgendwie zu fliehen. Manchmal ist einer verraten worden, aber das war sehr selten. Ich rege mich auf, wenn Kämpfer heute vor anderen, die nicht an der Front waren, hochmütig tun, sie hätten die Freiheit erkämpft. Ohne die Leute in den Dörfern, die uns geholfen haben, hätten wir es nie geschafft. Und auch nicht ohne die Eritreer im Exil, die uns die ganze Zeit unterstützt haben, die Geld und Medikamente geschickt haben. Das waren doch unsere Verbündeten. Wen hatten wir denn sonst?

— Die ganze Zeit? Ja, aber ich habe auch die Frontkämpfer über Familienplanung informiert, wir hatten die Pille, Spirale und Kondome. Es war ja nicht einfach und auch nicht schön, an der Front ein Kind zu bekommen. Zu der Zeit war Heiraten schon erlaubt, wer wollte, konnte auch ein Kind bekommen, aber nach ein paar Monaten mußte man es meistens doch wieder abgeben, dann hat eine Frau auf mehrere Kinder aufgepaßt und die Mutter ging zurück an die Front. Außerdem war oft nicht genug zu essen da. Für sein Kind wünscht man sich als Frau doch ein schöneres Leben. Also wollten viele verhüten. Und die EPLF hat natürlich auch darauf gedrängt.

Ich bin froh, daß ich mein Kind erst nach der Befreiung bekommen habe (Tirhass wurde wenige Tage vor Kriegsende geschieden, hatte später eine kurze Beziehung mit einem anderen Kämpfer, von dem sie sich aber trennte; sie lebt jetzt mit ihrem Kind bei ihren Eltern). Die Kämpferinnen haben doch heute nichts: Die Kämpfer wollen plötzlich schönere und reichere Frauen haben und lassen sich von uns scheiden. Seit der Befreiung ist die Heirat für fighter wieder eine wirtschaftliche Angelegenheit geworden. Es ist doch eine Ausrede, wenn sie sagen, sie hätten uns im Kampf heiraten müssen, sie hätten ja keine andere Wahl gehabt. Die Kämpferinnen mit reichen Eltern sind alle noch verheiratet, die armen sind geschieden. Ich kenne so viele. Das hat schon kurz vor Kriegsende angefangen. Während des Kampfes, das waren doch gar keine richtigen Ehen, wir haben auf dem Papier geheiratet und uns nur für ein paar Tage oder Wochen im Jahr gesehen. Die Männer mußten doch gar keine Verantwortung für ihre Familie übernehmen. Und jetzt? Einmal geschieden kümmern sie sich nicht mehr um ihre Kinder. Geschiedene Frauen, die ein oder mehrere Kinder haben, will kein Mann mehr heiraten. Und falls sie doch noch einmal heiraten, will der Mann oft nichts von ihrem ersten Kind wissen, und sie müssen ihre Liebe zu ihrem ersten – das ja oft das liebste ist – verleugnen. Oder eine schwer kriegsbehinderte Frau, welcher Mann würde die denn heiraten? Ich frage mich, ob es den Frauen, die heute den national service machen, genauso ergehen wird wie uns.

Eine Kämpferin zu heiraten sollte eine Ehre sein, wir waren im Krieg genauso stark wie die Männer, haben alles gegeben. Weshalb sollen wir jetzt keine guten Ehefrauen sein können! Es hat auch an der Front immer Diskriminierung gegeben, manche Männer wollten uns zeigen, daß wir schwächer wären als sie: »Da, das sind 100 Kilo, dann trag die doch!« Und wir haben sie getragen. Wir haben mit Periode und mit Schmerzen gekämpft. Ohne uns Frauen hätten sie den Krieg nicht gewonnen.

Früher habe ich überhaupt nicht so gedacht, nie an Frauenfragen gedacht, ich hatte nur den Kampf gegen die Äthiopier im Sinn. So zu denken, feministisch, das habe ich erst im Krieg und danach gelernt.

Unser Kampf ist noch nicht zu Ende. Wir haben die Gleichstellung erkämpft, jetzt müssen wir sie auch verteidigen. Viele Frauen haben nach der Befreiung endlich das Kind bekommen können, das sie sich lange gewünscht haben. Jetzt würden sie gerne zu Hause bei ihrem Kind bleiben. Aber wenn wir das machen, verlieren wir unsere Gleichberechtigung wieder. Ich bin Hebamme und arbeite nach wie vor im Krankenhaus. Ich interessiere mich auch immer noch für Politik.

— Die Frauenunion? Ja, die gibt es. Aber ich glaube, die kümmern sich nur um Zivilisten, nicht um uns Kämpfer. Ich fühle mich auch nicht von denen vertreten.

Das Problem ist doch: Wenn Frauen zu viele Kinder haben, kümmern sie sich nur noch um ihre Familie. Ganz wichtig ist, daß wir Frauen unsere Töchter zur Schule schicken. Aber wenn die Mutter die Hausarbeit nicht mehr alleine schafft, muß ein Mächen zu Hause bleiben. Ihr Bruder darf weiter lernen. Das ist ein Problem in unserer Kultur. Wir brauchen mehr Kontakt zu Industrieländern, damit es für uns normal wird, daß Jungen und Mädchen gleiche Rechte und Aufgaben haben. Was wir erreicht haben, können wir nur erhalten, wenn die Mädchen genauso wie die Jungen zur Schule gehen. Das muß uns ganz wichtig werden.

Als ich 1974 aufbrach, habe ich mehr geahnt als gewußt, daß Frauen mitkämpfen

Sophie, 36 Jahre
(der Name wurde auf ihren Wunsch geändert)

Seit ich denken kann, wurde bei uns zu Hause über Politik gesprochen. Ich bin in Asmara geboren, mein Vater war Taxifahrer, selbständig. Wir waren zu acht Kindern. Vor allem mein Onkel und mein ältester Bruder haben sich politisch engagiert, bis sie dann beide nach Addis Abeba flüchten mußten. Ende der 60er Jahre sind sie zurückgekommen, mit Waffen für die ELF. Aber sie wurden geschnappt und wurden zu drei Jahren Gefängnis verurteilt. Als sie entlassen wurden, durften sie Asmara nicht mehr verlassen. Auch mein Vater und meine Mutter mußten kurze Zeit ins Gefängnis. Sie hätten »die Rebellen«, so nannten die Äthiopier die Freiheitskämpfer, unterstützt. Dabei wußte meine Mutter gar nicht so viel über den Kampf.

So bin ich mit eritreischer Geschichte aufgewachsen: Mein Onkel ist immer wieder als »Rebell« ins Gefängnis geworfen worden, mal war er drinnen, mal draußen. Als Kind habe ich ihm Essen ins Gefängnis gebracht. Ich habe auch die Angst unserer Nachbarn gespürt, wenn sie uns begegnet sind. Jeder konnte verleumdet werden. Es brauchte bloß irgendjemand zu erklären: »Der dort hat Kontakte zu Rebellen.« Schon war man im Gefängnis. Und dort sind viele gestorben. Wenn jemand verhaftet wurde, war man nicht sicher, ob er lebend wieder herauskäme.

Auch in der Schule war Politik das Gesprächsthema. Ich habe die 10. Klasse besucht, es war eine amharische Schule, andere gab es nicht mehr. Aber wir haben Schülerdemonstrationen organisiert und Unabhängigkeit für Eritrea gefordert. Nach dem Sturz von Haile Selassie, 1974, sind die Demonstrationen von den Äthiopiern immer brutaler niedergeworfen worden. Sie haben Tränengas geworfen. Es sind auch Schüler getötet worden. Nach 1975 waren dann gar keine Demonstrationen mehr möglich.

Wir haben als Kinder schon so viel gesehen und erlebt. Ich habe die äthiopische Besatzung gehaßt und wollte unbedingt gegen sie kämpfen. Der Widerstand hatte ja im Westen begonnen. Dort hatten die Menschen auch anfangs am meisten unter den »Vergeltungsmaßnahmen« des äthiopischen Militärs zu leiden. Ich wußte als Kind nicht genau, was dort geschah, aber ich wußte, daß in Barka und Gash-Setit Dörfer niedergebrannt, daß viele Menschen getötet worden waren, und daß dann auch Männer und Frauen gemeinsam gegen die Äthiopier kämpften. Das wollte ich auch. Ob es richtig ausgebildete und bewaffnete Freiheitskämpferinnen gab, wußte ich nicht. Ich habe es geahnt. Das war alles. Daß sich inzwischen die EPLF von der ELF abgespalten hatte, davon hatte ich noch gar nicht gehört. Es war aber auch später nicht so entscheidend für mich, wichtig war mir, daß wir die Unabhängigkeit erreichen.

Also habe ich mich 1974, noch vor dem Sturz Haile Selassies, heimlich von zu Hause fortgeschlichen. Zusammen mit zwei anderen Frauen und zwei Männern sind wir mit dem Bus nach Westen gefahren, vielleicht 20 Kilometer. Ich hatte nur etwas zu essen mitgenommen, wir haben eine Woche bei Bauern in einem Dorf gelebt. Dann kamen Befreiungskämpfer von der ELF ins Dorf. Aber die wollten uns zurückschicken, wir wären noch zu jung. Sie haben erzählt, daß es in der ELF drei Frauen gäbe, alle aus Mendefera, aber sie würden nicht mit der Waffe kämpfen. Als ich das gehört habe, habe ich mich nicht mehr abweisen lassen. Und immer wieder betont, daß ich auch an der Front kämpfen wolle.

In Gash-Setit habe ich dann drei Monate militärisches und politisches Training und vor allem eine Geheimdienstausbildung bekommen. Wir waren zu siebt, drei Frauen und vier Männer. Die Männer haben uns sehr unterstützt, darin bestärkt, daß es richtig ist, daß wir Frauen mitkämpfen. Wir haben alle draußen geschlafen, auf dem Boden, aber wir waren in einer guten Stimmung und haben uns stark gefühlt. Damals habe ich auch vieles über unsere Geschichte erfahren, wovon ich in der Schule nie gehört hatte. Wir hatten ja nur amharische, äthiopische Schulbücher.

Nach der Geheimdienstausbildung bin ich zurück nach Asmara gefahren, habe dort Kontakte zu Spionen gehalten, Geld beschafft, Waffen geschmuggelt. 1976 bin ich für ein Jahr nach Addis Abeba gegangen, dort habe ich auch für den Geheimdienst gearbeitet, vor allem viel politische Aufklärung betrieben, Eritreer aufgefordert, unseren Unabhängigkeitskampf zu unterstützen.

1975, nach Haile Selassies Sturz und den demonstrativen Gewaltakten der Äthiopier, kamen viele Jugendliche und auch viele Frauen zur ELF, viele Tigrigna, die meisten aus Asmara, viele Tigre und auch Kunama. Frauen haben immer in gemischten Gruppen zusammen mit Männern gekämpft. Es war auch erlaubt zu heiraten, es hat sogar Ehen zwischen Christen und Muslimen gegeben. Wir haben über Empfängnisverhütung aufgeklärt. Es gab in der ELF auch eine Frauenbewegung, die gegen die Unterdrückung der Frau, gegen Frauenbeschneidung kämpfte, die sich dagegen wehrte, daß ein Mädchen als Jungfrau in die Ehe gehen muß. Die Männer in der ELF haben diese Punkte akzeptiert. Schließlich haben die Frauen auch mitgekämpft.

Die Frauenbewegung in der ELF hatte das Ziel, daß Frauen genauso leben sollen wie Männer. Aber der Meinung bin ich nicht. Es war wichtig, daß wir Frauen mit für die Unabhängigkeit gekämpft haben. Aber im Frieden? Frauen tragen ein Kind während der Schwangerschaft, sie haben dadurch die engere Beziehung zu ihrem Kind, also sollen sie auch zu Hause bleiben und für das Kind sorgen. Viele Probleme, die unsere Gesellschaft heute hat, rühren doch daher, daß Frauen so leben wollen wie Männer, und die Kinder sich selbst überlassen aufwachsen. Kinder brauchen Geborgenheit, das ist ganz wichtig. Der Meinung war ich auch damals, während des Krieges, schon. Ich wollte damals auch nicht heiraten.

Ob die Unterschiede zwischen der ELF und der EPLF wirklich so groß waren, wie viele sagen? Ich weiß es nicht. Für mich war der Unterschied schwer erkennbar. In beiden Bewegungen gab es Christen und Muslime, es gab keine klare Trennung: die Christen in der EPLF und die Muslime in der ELF. So war es nicht. Ich bin z.B. Tigrigna und Christin und war bei der ELF. Vielleicht spielte bei beiden Bewegungen auch Machtsüchtigkeit eine Rolle. Auch Neid. Vor der Abspaltung der EPLF gab es ein deutliches Bildungsgefälle zwischen Christen und Muslimen. Dazu kam noch die Gruppe um die Studenten aus Addis (gemeint ist die Gruppe um Isaias Afewerki, der 1970 die EPLF maßgeblich mitbegründete). Die ELF hatte zeitweise arabische Verbündete, die haben ihre Hilfe mit Erpressungen verbunden: Hilfe gab es nur unter der Bedingung, daß die Christen in der ELF nicht zu stark würden. So etwas schürt Konflikte. Die Kriege zwischen ELF und EPLF haben mich sehr traurig gemacht. Sie haben so viele Eritreer das Leben gekostet. Und wozu? Wir wollten doch alle nur die Freiheit!

1976 gab es wieder Diskussionen in der ELF, ob sich eine Gruppe abspaltet, ich war dagegen. Es war doch schon schwer genug mit den zwei Bewegungen, mit ELF und EPLF, eine dritte hätte uns doch noch mehr zersplittert.

1977 hat mich die ELF aus Addis zurück nach Eritrea beordert. Dort hat sie mich festgenommen. Sie haben mir vorgeworfen, ich hätte in Addis zu viele Kontakte zur EPLF gehabt. Es gab kein Gerichtsverfahren, sie haben mich einfach für vier Monate nach Barka ins Gefängnis geworfen. Ich war sehr enttäuscht und frustriert. Schließlich war ich freiwillig in den Kampf gezogen, und nun steckten sie mich ins Gefängnis. Ohne Grund. Für mich war klar: Jetzt gehe ich weg.

Als sie mich nach vier Monaten entlassen haben, habe ich zuerst nach meinen Kollegen vom Geheimdienst gesucht. Dort war ein großes Durcheinander. Viele waren auch im Gefängnis, andere hatten sich der EPLF angeschlossen. Daraufhin habe ich mich abgesetzt, bin zurück nach Barka gefahren, dann zu Fuß über die Grenze nach Kassala im Sudan gelaufen. Wie man über die Grenze kommt, wußte ich. Das erste Jahr bin ich in Khartoum geblieben, habe bei Freunden gewohnt, wer gerade Arbeit und Geld hatte, hat es mit den anderen geteilt. Damals hatte ich keine Hoffnung mehr, daß wir den Krieg gewinnen könnten.

Meine Kusine aus Italien hat mir ein Flugticket geschickt, dann habe ich mir einen falschen äthiopischen Paß organisiert. So bin ich nach Europa geflogen. Aber in Italien hat es mir nicht gefallen, Frauen machten dort Hausarbeit, immer nur Hausarbeit, das war nichts für mich. Mein Traum war, mich selbständig zu machen. In Italien bin ich nur zwei Wochen geblieben. Zufällig habe ich in einer Cafeteria in Rom eine Eritreerin getroffen, die schon neun Jahre in Karlsruhe lebte. Sie hat viel über Deutschland erzählt und mich eingeladen. Also habe ich mir ein Zugticket gekauft und bin zu ihr nach Karlsruhe gefahren. In Stuttgart habe ich Asyl beantragt, die Anerkennung war kein Problem, ich hätte damals auf keinen Fall zurück nach Eritrea fahren können. Damals wurde in Deutschland aber generell noch bereitwilliger Asyl gewährt als heute.

Durch einen Freund bin ich dann im Oktober 1978 nach Köln gekommen; er sagte, Köln sei eine schöne Stadt. Und hier in Köln lebe ich seitdem. Ich habe einen Sprachkurs gemacht, eine Zeitlang war ich auch selbständig, ich hatte eine Gaststätte. Inzwischen habe ich geheiratet, meine Tochter ist schon 16, mein Sohn sechs Jahre alt. Auch die deutsche Staatsbürgerschaft habe ich jetzt.

Trotzdem: Ich würde gern wieder in Eritrea leben. Wenn der Mann dort eine Arbeit hat, ist das Leben für uns Frauen in Eritrea angenehmer als in Deutschland. Aber meine Kinder könnten sich dort nicht integrieren. Sie sind hier geboren und hier aufgewachsen, sie gehen hier zur Schule und sind an die Kultur hier gewöhnt. In Eritrea habe ich auch kaum noch Freunde, ich habe das Land ja schon vor zwanzig Jahren verlassen. Mein Vater ist auf der Flucht gestorben, die Äthiopier haben aus dem Flugzeug auf die flüchtenden Menschen geschossen. Eine Schwester, die auch bei der ELF war, lebt heute in Stuttgart, wir waren zusammen im Sudan. Mein ältester Bruder war bis 1981 in der ELF, heute lebt er auch in Stuttgart.

1991 war ich zum ersten Mal zu Besuch in Eritrea, und diesen Sommer fahre ich wieder. Ich bin sehr froh, daß das Land jetzt endlich frei ist, und ich bin für die Politik der EPLF-Regierung. Sorgen macht mir, daß sich jetzt immer mehr Frauen verschleiern; ich meine nicht das Tuch, das locker über den Kopf gelegt wird, das gehört zur eritreischen Kultur, auch bei den Christen, sondern die richtige Verschleierung. Ich hoffe, daß der Fundamentalismus unter den Muslimen nicht stark wird. Denn das wäre gefährlich. Es ist schon schwer genug mit den verschiedenen Religionen. Wir müssen Gegensätze überwinden.

Wir Kölner Eritreerinnen haben auch Kontakt zur Frauenunion in Asmara und wollen sie unterstützen. Nach dem langen Krieg sind die Menschen in Eritrea so arm, wir können etwas Geld für sie sammeln, aber wichtig ist, daß sie sich dort auch anstrengen, vor allem die Frauen. Sie haben jetzt mehr Rechte, jetzt müssen sie sich auch bewegen und sie nutzen.

Äthiopier sind mir heute sehr fremd. Ich kann nicht verstehen, daß sie uns nicht unterstützt haben. Haile Selassie und Mengistu haben doch nicht nur Krieg gegen uns Eritreer, sondern auch gegen Völker Äthiopiens geführt.

Sie wußten doch, welcher Art dieses Regime war. Ich habe auch während des Krieges nie die äthiopischen Menschen gehaßt, nur die Regierung. Aber wie konnten die Menschen in Äthiopien sagen, »Mutter und Tochter kann man nicht trennen«, wir sind doch nie Mutter und Tochter gewesen. Das Denken vieler Äthiopier ist mir sehr fremd.

Ich wollte unbedingt ganz schnell an die Front

Asmeret Melake, 24 Jahre

Nacheinander sind von uns sechs Kindern drei Kämpfer geworden, zwei Brüder und ich. Mein ältester Bruder ist im Kampf gefallen, der andere ist noch in der Armee, und ich bin schon demobilisiert. Als ich aus der Armee entlassen wurde, hat ein ganz anderes Leben begonnen, es ist sehr kompliziert, und ich mache mir oft Sorgen, wie es weitergeht.

Ich komme aus einem Dorf in der Senhit-Provinz, mein Vater war Bauer, ich bin zu Hause nicht zur Schule gegangen, erst nachher bei der EPLF. Aber nur zwischen den Fronteinsätzen, daher bin ich nur bis zum 5. Schuljahr gekommen. Ich wollte, schon als ich noch im Dorf war, unbedingt tagadalit werden. Als ich 13 Jahre alt war, bombardierten die Äthiopier unser Dorf. Viele wurden getötet. Wir hatten Angst vor den äthiopischen Soldaten, vor allem wir Frauen und Mädchen. Glücklicherweise blieben die Soldaten nicht ständig im Dorf, aber wenn sie in der Gegend waren, mußte ich drinnen bleiben und mich verstecken.

Mein älterer Bruder war damals schon bei der EPLF. Es gab auch Kämpfer, die in die besetzten Dörfer kamen und uns über den Freiheitskrieg informiert haben. Aber sie haben nur über den Krieg gegen die Äthiopier erzählt, daß wir uns aus der Besetzung freikämpfen müßten. Jedenfalls erinnere ich mich nicht daran, daß sie auch über andere Ziele gesprochen hätten, über Gleichberechtigung von Frauen, über Schulen und Krankenversorgung für alle.

Als ich 14 Jahre alt war, habe ich zum ersten Mal darüber nachgedacht, auch tagadalit zu werden. Mit 15 bin ich aufgebrochen. Meinen Eltern habe ich nichts davon gesagt, aber sie waren Anhänger der EPLF, sie kannten mich sehr gut, ich bin sicher, daß sie wußten, wohin ich gehen wollte. Sie haben nichts dagegen gesagt, nie versucht, mich abzuhalten. Also denke ich, sie waren einverstanden.

Als ich ging, hatte ich große Gedanken und Gefühle in mir: Eritrea befreien! Ich dachte: Ich werde jetzt mein Leben für mein Land geben. Ich habe mich auch darauf gefreut, mit all den anderen Kämpfern in einer Gemeinschaft zu leben. Ich wußte nicht genau, wie das sein könnte, aber ich war sehr neugierig, habe es mir großartig vorgestellt. Natürlich habe ich auch gehofft, zu überleben. Ich war sicher, daß wir am Ende den Krieg gewinnen würden. Aber wie lange das dauern würde, wieviele Jahre meines Lebens ich jetzt an der Front leben und kämpfen würde, darüber habe ich mir überhaupt keine Gedanken gemacht.

Ein Kämpfer, der politische Aufklärung in den besetzten Dörfern betrieb, hat mich und ein paar andere Jungen und Mädchen aus unserer Gegend zur EPLF gebracht. Im Morgengrauen sind wir aufgebrochen. Wir sind zehn Tage zu Fuß gelaufen, es war anstrengend. Ich war mit meinen Schlappen losgegangen und in einem langen Kleid, eben so, wie ich immer angezogen war. Unterwegs hatten wir ständig Durst und Hunger. Es gab sehr wenig zu essen und Wasser zu suchen war extrem gefährlich. Gerade an den Wasserstellen konnten die äthiopischen Soldaten ja bequem auf eritreische Kämpfer lauern. Obwohl mich der Marsch völlig erschöpft hat, war ich mir auch damals ganz sicher, daß ich im Kampf stark wäre. Ich wollte unbedingt Frontkämpferin werden.

Wir hatten sechs Monate militärisches Training. Das hat mir alles viel zu lange gedauert. Ich war so ungeduldig, wollte unbedingt schnell an die Front. Ich wollte beweisen, daß ich genauso gut kämpfen könnte wie die Männer. Wir trugen die gleiche Uniform, wir wurden völlig gleich behandelt. Jedenfalls meistens. Wenn manchmal der Leiter unserer Gruppe sagte, wir Mädchen sollten etwas zurückbleiben, dann fand ich das nicht richtig und habe mich dagegen gewehrt.

Sieben Jahre habe ich mit der Kalaschnikow gekämpft, bei zehn Angriffen, ich war in Nakfa, zweimal in Keren, in Massaua, in Ghinda, in Decemhare, in Saganeiti, überall war ich dabei, bis zum Schluß. 1987 wurde ich an der Hand verletzt, 1988 am Bein, insgesamt war ich zehn Monate in Sahel im Krankenhaus. Damals, 1987, als ich schon verletzt war und im Hospital lag, ist meine beste Freundin, Rosina, gefallen. Wir waren jahrelang an der gleichen Front und haben gemeinsam gekämpft. Ich konnte sie nicht einmal begraben.

Aber immer, auch wenn ich verletzt war oder wenn Freunde von mir starben, wollte ich wieder zurück an die Front. Am liebsten natürlich in meine Gruppe. Wir waren die ganzen neun Jahre zusammen, haben den ganzen Krieg zusammen durchgestanden und jetzt auch die Nachkriegszeit. Wir, das sind ein Mann, zwei Freundinnen und ich. Vor einem Monat haben wir zu viert eine Bäckerei aufgemacht. Wir stammen auch alle aus der gleichen Region.

Als wir den Krieg gewonnen hatten, wußten wir erst überhaupt nicht, was wir danach beginnen sollten. Keiner von uns hat einen Beruf erlernt. Die ersten paar Jahre nach der Befreiung waren wir noch Kämpfer. Ich war in Senafe, Leiterin einer kleinen EPLF-Gruppe, die den Menschen in den Dörfern half, ihre zerstörten Häuser wieder aufzubauen. Wir haben ihnen auch bei der Ernte geholfen, bei allem, wo Hände gebraucht wurden.
Im Juli/August 1994 sollten wir demobilisiert werden, und im Juli 1994 hatten wir dann glücklich die Idee, hier in Keren eine Kuchenbäckerei aufzumachen. Wir sind drei Frauen und ein Mann – ein Ehepaar und zwei

Frauen, deren Männer eine andere Arbeit haben. Zu viert hatten wir fast genug Geld, den Backofen und ein paar andere Sachen zu kaufen, die man unbedingt braucht. Jeder hat 10.000 Birr bei der Demobilisierung bekommen, außerdem mußten wir noch einen kleinen Kredit aufnehmen. Keiner von uns hat Backen gelernt oder mal in einem Geschäft gearbeitet. Teferi (der Mann) hat ein bißchen Ahnung von Buchhaltung, und er hat ein paar Tage einem Bäcker zugesehen, wie man Kuchen backt. Aber es klappt schon gut. Wir Frauen haben alle ein kleines Kind und können deshalb immer nur stundenweise mitarbeiten. Aber ich möchte in Zukunft auch backen.

Noch können wir nicht von der Bäckerei leben. Vor allem macht uns der Kredit Sorgen, obwohl er wirklich klein ist. Aber wir waren alle im Feld, wir sind überhaupt nicht gewohnt, mit Geld umzugehen. Für uns ist ein kleiner Kredit ein riesiger Schuldenberg. Wir trauen uns gar nicht, das Geld, das wir in der Bäckerei einnehmen, auch für den Alltag zu verbrauchen. Zuerst wollen wir den Kredit zurückzahlen, danach werden wir uns sicherer fühlen.

Das Leben ist sehr teuer. Für das winzige Zimmer, in dem ich mit meinem Mann und dem Kind wohne, müssen wir 150 Birr bezahlen. Ich hätte gern mehr Kinder, aber daran ist im Moment gar nicht zu denken, es ist schon schwer genug, dieses eine zu ernähren. Wir wüßten schon, wie wir mit der Bäckerei mehr Geld verdienen könnten, aber dafür müßten wir erst investieren, und dafür haben wir kein Geld. Der Verkaufsraum hier ist so klein, deshalb können die Leute nur kommen, Kuchen kaufen und wieder gehen. Aber wenn wir uns einen größeren Raum, mehr Miete leisten könnten, könnten wir Tee und Saft und Kaffee anbieten, dann könnten die Gäste hier sitzen. Dann würden wir auch mehr verdienen.

Aber mit dem engen Raum, den wir jetzt haben, wird es wahrscheinlich nicht für alle drei Familien reichen. Ich möchte jetzt einen Nähkurs oder einen Schreibmaschinenkurs machen. Wir müssen einen Weg finden, erst einmal etwas mehr Geld zu verdienen. Es tut mir nicht leid, daß wir unser Geld zusammengeworfen und die Bäckerei aufgemacht haben. Aber wir müssen noch viel lernen und einiges anders machen, damit wir davon auch in Ruhe leben können.

Wenn man demobilisiert wird, wird das Leben kompliziert. Aber die Regierung ist selbst auch arm. Die kann uns nicht mehr geben. Wir müssen jetzt lernen, selbst zurechtzukommen.

Money is life

Almaz, 21 Jahre
(Almaz ist Tigrigna, der Name wurde auf ihren Wunsch geändert)

Ich war drei Jahre alt, als ich zur EPLF kam. Geboren bin ich in Asmara, mein Vater war Freiheitskämpfer. Er war selbst zur Schule gegangen und wollte unbedingt, daß wir Kinder, also meine beiden älteren Brüder und ich, eine gute Schulbildung bekämen. 1976 wurde mein Großvater, der Vater meiner Mutter, sehr krank, und sie beschloß, zurück zu ihm ins Dorf zu gehen und ihn zu pflegen. Also in äthiopisch besetztes Gebiet und aufs Land. Wir Kinder hätten dort keine Schule besuchen können, und meine Mutter war Analphabetin, sie hätte uns nicht unterrichten können. Im gleichen Jahr gründete die EPLF in der Sahel-Provinz die Revolutionsschule. Das war eine Internatsschule, eigentlich für die Waisen von Märtyrern. (Almaz nennt gefallene Kämpfer immer »martyrs«; die anderen Frauen wählten eine privatere Sprache, z.B.: sie hätten jemanden »verloren«; das Wort »martyrs« verwenden die Eritreer auch zur Bezeichnung ihrer Heldenplätze.) Mein Vater beschloß sofort, uns Kinder zu holen, damit wir dort in die Schule gehen könnten.

Anfangs habe ich meine Mutter sehr vermißt. Mein Vater mußte wieder an die Front. Als ich eingeschult wurde, ist er gekommen, damals habe ich ihn zum letzten Mal gesehen. 1983 hat er sich für Eritrea geopfert (Almaz benutzt, anders als die anderen Frauen, für »sterben«, »getötet werden«, »an der Front fallen« ausschließlich das Wort »to sacrifice«, in der Regel in der festen Verbindung »to sacrifice for Eritrea«). Daß er sich für Eritrea geopfert hat, hat mir aber lange keiner sagen wollen. Ich war sehr traurig, weil er mir plötzlich nicht mehr schrieb.

Meine Mutter habe ich nie mehr gesehen, sie lebte in den bis zuletzt besetzten Gebieten in der Hamasien-Provinz. Als Eritrea befreit war, wollte ich sie unbedingt sofort besuchen, das war mein größter Wunsch: Meine Mutter zu sehen. Aber sie war schon gestorben.

In dem Internat waren noch andere Kinder in meinem Alter. Wir lebten in kleinen Hütten aus Holz und Sträuchern. Die Kämpfer haben für uns gewaschen und Ingera gebacken und in allem für uns gesorgt, als seien sie unsere Eltern. Die meisten waren Frauen, aber es waren auch Männer dabei. Später in der Schule war es umgekehrt, die Lehrer waren meistens Männer. Wir hatten ganz normalen Unterricht, jeden Morgen: Tigrigna, Englisch, Geographie, Geschichte, Mathematik, Sport, Lieder und auch von

Anfang an politischen Unterricht: über die Äthiopier, die Besatzung und den Krieg.

Aber das Leben in Sahel war ganz anders als zu Hause: In der Pause haben wir draußen Fußball gespielt, und mitten im Spiel kamen Flugzeuge und warfen Bomben auf uns. Wir haben zwar geübt, uns schnell zu ducken und zu verstecken, aber trotzdem wurden oft Kinder verletzt und auch getötet. Unsere Kleider waren immer erdfarben, nie rot oder gelb, und wenn wir Kleider in leuchtenden Farben bekommen haben, dann haben wir sie mit Erde eingerieben, damit wir nicht zur Zielscheibe würden.

In der Schule war ich ein bißchen gut, ein bißchen schlecht. Mathematik konnte ich nicht gut. Als ich älter wurde, 15, 16 Jahre, wollte ich unbedingt von der Schule abgehen und mich für mein Land opfern. So viele andere hatten sich für ihr Land geopfert, ich dachte, ich bin nicht anders als sie, ich dachte: Es ist gut, für sein Land zu sterben. Ein paar aus der Klasse hatten schon die Schule verlassen und waren im Training. Immer wieder habe ich die Lehrer gedrängt. Aber sie waren immer dagegen, sagten, es sei ein und dieselbe Sache, für sein Land mit der Kalaschnikow zu kämpfen und es aufzubauen. Sie sagten, Eritrea brauche gut ausgebildete junge Leute, wir sollten auf der Schule bleiben, studieren, einen Beruf lernen und so unserem Land dienen. Es gäbe auch schon viele Frontkämpfer aus den Dörfern. Viele von meinen Klassenkameraden sind auf der Schule geblieben und haben zivile Berufe gelernt. Aber ich wollte unbedingt tagadalit werden, kämpfen, das Land befreien. Nach der 7. Klasse bin ich abgegangen.

Aber nach dem Training haben sie mich als Lehrerin in einen Ort zwischen Massaua und Asmara geschickt. Eine Woche lang haben sie mir erklärt, wie man unterrichtet. Dann habe ich sieben- bis neunjährigen Kindern von Zivilisten Englischunterricht gegeben und mit ihnen Lieder geübt. Das habe ich bis zur Befreiung gemacht. Danach habe ich in der Senhit-Provinz Kämpfern im 4. Schuljahr Englisch- und Geographieunterricht gegeben – tagsüber. Abends bin ich dann selbst wieder zur Schule gegangen, in die 8. und 9. Klasse.

Jetzt arbeite ich in einem Büro der Armee in der Gash-Setit-Provinz, organisiere dies und das und lebe in einer Hütte im Camp. Ich bin noch nicht demobilisiert. Ich weiß auch nicht, was ich mache, wenn sie mich entlassen. Ich habe ja weder die Schule zu Ende gebracht noch einen Beruf gelernt. Heute denke ich oft, ich wäre damals doch besser auf der Schule geblieben, dann könnte ich jetzt zur Universität oder wäre schon Lehrer. Richtiger Lehrer. Money is life. Das müssen wir jetzt lernen. Fighter zu sein war im Krieg aussichtsreich, im Frieden ist es eine Sackgasse.

Ich möchte in der Abendschule weiterlernen, Geld könnte ich vielleicht in einem Büro, als Lehrerin oder als Hosteß verdienen. Auf jeden Fall will ich mit der Schule weitermachen, denn dann werde ich in der Zukunft König sein. Ich würde auch gern im Ausland studieren und ins Ausland reisen.

— Wie ich das alles finanzieren will? Ich bekomme doch 10.000 Birr Starthilfe bei der Demobilisierung.

— Du meinst, das reicht nicht für lange? Dann weiß ich auch nicht. Ich habe keine Ahnung, wie man mit Geld umgeht. Ich bin doch schon als kleines Kind zur EPLF gekommen. Bei uns gab es kein Geld. Seit der Krieg zu Ende ist, ist unser Leben so schwierig geworden. Wir haben nichts, kein gutes Essen, keine guten Kleider, wir brauchen ein Bett, Schuhe, eine Wohnung, alles. Money is life, aber es ist jeden Monat direkt weg. Ich weiß überhaupt nicht, wie ich damit auskommen soll.

— Nein, meine Familie kann mich nicht unterstützen, meine Brüder waren auch Kämpfer, meine Eltern sind tot. Großeltern habe ich noch, aber die bekommen jeden Monat ein paar Birr von mir zur Unterstützung. Freunde, bei denen ich wohnen könnte, wenn ich demobilisiert werde, habe ich auch nicht. Es sind so viele Probleme, sie bringen mich ganz durcheinander.

Um als Frau anerkannt zu sein, mußte man doppelt so viel leisten wie ein Mann

Fana Weldenkien, 34 Jahre

Ja, meine Kämpferfrisur habe ich immer noch, schon mein halbes Leben lang. Die behalte ich auch. Sie gefällt mir. Damit fühle ich mich wohl.

Ich komme vom Dorf, aus Scheep, das gehört zur Provinz Senhit, wir sind Bilen. Mein Vater war Bauer, wir waren acht Kinder, ich bin das jüngste. In der Schule war ich nicht, aber von der ganzen Familie bin ich als einzige zur EPLF gegangen. In Scheep haben die Äthiopier Menschen schlimmer als Tiere behandelt. Sie haben geplündert, das Haus von Leuten im Dorf verbrannt, Menschen, die ich kannte, ermordet. Frauen haben sie die Brüste abgeschnitten. Das habe ich als kleines Kind erlebt. Wenn ich mit meiner Mutter Wasser geholt habe, hatten wir beide furchtbare Angst, daß Soldaten uns sehen könnten. Sie waren nicht ständig da, aber urplötzlich tauchten sie auf und wüteten los.

Auch später, als Keren, als die Städte schon befreit waren (1977), war es in den Dörfern immer noch gefährlich. Manchmal waren ein paar Kämpfer da, manchmal wieder Äthiopier. Deshalb war es gefährlich, sich mit den Kämpfern zu treffen. Aber wir haben ihnen trotzdem oft Wasser und Essen gebracht und auch den Verletzten geholfen. Ich wollte unbedingt mehr über sie wissen. Sie haben viel von der EPLF erzählt. Später gab es auch politischen Unterricht über die Geschichte Eritreas und über ihre Ziele. Ich hatte ein klares Bild von der EPLF, als ich 1977 tagadalit geworden bin. Ich wußte auch, daß es die ELF gab, in unserer Gegend wohnten ja Christen und Muslime (Fana selbst ist Christin). Über den Konflikt zwischen EPLF und ELF wurde geredet. Ich habe mich ganz bewußt für die EPLF entschieden. Die war für mich politisch überzeugender und nicht so zergliedert in Stämme. Ich wußte, daß ich vielleicht einmal gegen die ELF kämpfen müßte, gegen andere Eritreer. Vielleicht müßte ich sogar einmal auf Nachbarn schießen. Entscheidend war für mich, daß ich mit der EPLF gegen die Äthiopier kämpfen wollte. Alles andere mußte man abwarten, aber wenn ich daran dachte, habe ich mich sehr unwohl gefühlt.

Meine Eltern wußten, daß ich zur EPLF wollte, aber sie waren dagegen. Deshalb habe ich ihnen erzählt, ich ginge für ein paar Tage zu einer Freundin in ein Nachbardorf. Ich habe von zu Hause zwei BH, zwei Unterhosen, einen Kuschuk und ein Kleid zum Wechseln mitgenommen. Aber als ich im EPLF-Lager ankam, mußte ich die Hälfte abgeben. Jeder hätte nur das Recht auf ein Teil von jedem. Ich solle teilen, denn manche hätten gar nichts. Mein Kleid habe ich einer Zivilistin gegeben, denn ich selbst habe ja eine Hose bekommen.

Vieles wurde einfacher, als ich in den Kampf ging. Wenn wir unsere Periode hatten, haben wir Binden bekommen. Das war sehr praktisch. Zu Hause hatten wir so etwas nicht. Wir haben uns immer sehr geschämt, wenn wir unsere Periode hatten. Selbst unsere Mutter durfte das nicht merken. Das ist so bei den Bilen. Zu Hause haben wir heimlich alte Tücher genommen und die immer wieder gewaschen. Aber die Frauen im Training haben über alles geredet, auch über Krankheiten und Entzündungen, das hat alles viel einfacher gemacht. Die Bilen infibulieren die Mädchen ja auch, heute noch. Das macht sehr viele Probleme, wenn man seine Periode hat.

Nach dem Training, das waren sechs Monate, bin ich direkt an die Front gekommen. Viele Frauen in meinem Alter waren dort, alle unverheiratet, alle haben wir mit der Kalaschnikow gekämpft. Um als Frau anerkannt zu werden, mußte man doppelt so viel leisten wie ein Mann. Dabei gab es auch schwächliche Männer, aber das durfte man sie nicht merken lassen. Manche Männer haben uns immer wieder von starken, mutigen Kämpferinnen erzählt. Das hat Hoffnung gegeben, daß wir auch so werden könnten.

An der Front haben wir uns verändert. Wir haben die Angst um uns selbst verloren. Stattdessen gab es eine Gruppenangst vor großen Angriffen. Aber dagegen half Kameradschaft: Jeder sagte: »Wenn es gefährlich wird, gehe ich, du bleibst erstmal hier.« Auch die Gespräche über unsere Zukunft waren ganz anders als früher im Dorf. Wir haben viel über die Zukunft gesprochen. Aber das war das befreite Eritrea. Wir haben überlegt, was nach der Befreiung am wichtigsten wäre: Schulen, Krankenhäuser, Wohnhäuser wieder aufzubauen, Flüchtlinge zurückzuholen. Aber nie hat einer gesagt: »Ich werde die Freiheit sehen.« Es hat auch keiner gesagt: »Nach der Befreiung mache ich dies oder das.« Es wurde auch nicht von Eltern oder Geschwistern erzählt. Wir haben aufgegeben, individuell zu denken. Schließlich konnten wir ja auch immer am nächsten Tag sterben. Bestehen blieb doch nur das Ziel, Eritrea zu befreien.

Es gab ganz wenig Privates. Es gab auch keine Eitelkeit mehr. Seife haben wir bekommen, aber keine Creme, wir hatten keinen Schmuck. Es war auch nicht wichtig, schön zu sein. Aber manche Frauen, ich auch, haben von toten äthiopischen Soldaten einen Handspiegel geklaut und behalten. Meiner war so groß wie meine Handfläche.

Nicht nur der Kampf, auch der Alltag war schwer. Im Westen gab es viele Moskitos, manchmal hatten wir Tabletten gegen Malaria, aber trotzdem sind viele krank geworden. Auch viele gestorben. Und dann die Läuse. Manchmal gab es Mittel dagegen, aber die waren sehr schädlich. Meistens haben wir sie aus den Haaren gekämmt oder mit den Fingern herausgeholt. Und Hunger hatten wir oft. Zu wenig Kleider. Oft mußten wir die Kleider von Toten anziehen, weil wir selbst nichts mehr hatten.

Bei drei Angriffen habe ich gegen die Äthiopier gekämpft. Danach mußte ich nach Barka an die Front gegen die ELF. 1981 hat mich dort eine Kugel erwischt, in der Wirbelsäule, ein bißchen unterhalb der Schulter. Sie haben mich nach Port Sudan ins Krankenhaus gebracht. Ich war lange krank. Und trostlos. Nicht, weil ich jetzt gelähmt bin und im Rollstuhl sitzen muß, sondern weil ich mir so nutzlos vorkam. In Port Sudan gab es Radionachrichten über den Krieg, wir waren immer sehr gut über die Front informiert, aber wir konnten unseren Kameraden nicht mehr helfen. Das war sehr schlimm.

Ich habe dann mit der Schule angefangen, bin bis zur 7. Klasse gekommen. Ich könnte hier in Asmara weitermachen, aber dann hätte ich fremde Lehrer, Lehrer die nicht behindert sind (Fana lebt im Heim für sehr schwer kriegsverletzte KämpferInnen im Denden-Camp in Asmara). Das möchte ich nicht. So eine Lähmung hat viele Folgen, es ist einfacher mit Menschen umzugehen, die das alles kennen. Ich bin lieber mit den anderen Rollstuhlfahrern zusammen, gucke zu, wenn sie Basketball spielen, oder ich höre Musik. Manchmal lese ich auch einen Roman. Meine Familie besucht mich auch. Aber ich möchte nicht zu ihnen nach Hause fahren. Sicher fühle ich mich nur hier bei den anderen behinderten Kämpfern. Wir wissen alle, daß wir ähnliche Probleme haben, da braucht man sich nie zu schämen.

Jetzt müssen wir noch die traditionelle Gesellschaft gewinnen

Hiwet Johannes, 36 Jahre

Mich aus Addis Abeba heraus in die befreiten Gebiete zu schmuggeln, das war ein echtes Abenteuer.

Ich stamme zwar aus Asmara und habe anfangs auch dort die Schule besucht, aber zur High School bin ich zusammen mit meiner Schwester nach Addis Abeba gegangen. Dort habe ich 1975 auch mit der Krankenpflegeschule begonnen. Aber nach anderthalb Jahren wurde sie vom Derg geschlossen, wir sollten alle zum national service. Eritreer mußten den genauso wie Äthiopier leisten. Das war für viele von uns undenkbar, denn gleichzeitig wurden wir in Addis von den Äthiopiern drangsaliert. Nachts haben sie Hausdurchsuchungen bei uns Eritreern gemacht, manchmal haben sie Leute umgebracht. Meine Nachbarin haben sie getötet.

Für Leute mit guter Schulbildung war es aber unmöglich, Addis zu verlassen und nach Eritrea zu gehen. Sie haben uns einfach nicht gehen lassen. Vor allem die Studenten nicht. Aber es war widersinnig: Sie haben uns verfolgt, aber wir sollten ihre Leute pflegen! Das war für mich undenkbar. Als ich dann noch hörte, daß die Äthiopier in Eritrea eine meiner Cousinen brutal ermordet hatten, stand für mich fest: Ich will meine eigenen Leute pflegen. »Brutal ermordet« ist eigentlich noch viel zu zahm. Sie haben sie massakriert. Sie war fast noch ein Kind, 10. Schuljahr. Sie waren unterwegs, sieben Mädchen, als ein Militärfahrzeug sie plötzlich verfolgte. Sie sind weggelaufen, aber die Soldaten haben sie gefangen, sie vergewaltigt, sie getötet und ihnen die Augen ausgestochen und die Brüste und die Finger abgeschnitten. Ich hatte gewußt, daß sie manchmal so bestialisch mit Menschen umgingen, aber das war meine eigene Cousine. In dem Moment, als ich das hörte, stand für mich fest, daß ich auf keinen Fall in Äthiopien bleiben würde.

Jetzt wollte ich unbedingt zur EPLF. In Addis wurde viel über Politik gesprochen. Unter den Studenten waren viele EPLF-Anhänger gewesen, wir waren alle ziemlich gut informiert. Aber wie aus dem Land herauskommen ohne erwischt zu werden? Meine Schwester hat sich große Sorgen um mich gemacht, als ich ihr erzählte, daß ich zur EPLF wollte. Aber ich habe gesagt: »Ich bin vor allem ein Mensch. Ob man Mann oder Frau ist, ist doch nicht so wichtig. Ich will nicht so unterdrückt sein.« Es war mir egal, ob ich im Kampf sterben würde.

Um über die Grenze zu kommen, habe ich mir einen anderen Paß besorgt, einen Ausweis eines Amharen. Dann habe ich mich als Mann verkleidet,

mir eine Brille aufgesetzt und habe versucht, die Genehmigung für die Reise nach Eritrea zu bekommen. Ich habe gesagt, mein Vater lebe auf dem Dorf im Norden, er sei blind und ich müßte zu ihm. Weil niemand mit Schulbildung Addis verlassen durfte, habe ich gesagt, ich sei Analphabet. Prompt haben sie mir einen Stift in die Hand gedrückt, ich solle etwas unterschreiben. Damit hatte ich gerechnet, also habe ich den Stift in die ganze Faust genommen, um nur ja keinen Zweifel aufkommen zu lassen, daß ich vielleicht doch schreiben könnte. Es hat geklappt, ich habe ein Flugticket nach Asmara bekommen.

Asmara war eine Geisterstadt geworden. Ich war einen Monat dort. Die Eritreer konnten sich nicht vor die Tür trauen, die Straßen waren ausgestorben, nur Soldaten rannten schreiend und grölend herum. Wenn man aus dem Haus mußte, war man sofort in Gefahr, vor allem als Frau.

In Asmara habe ich bei meinem Vater gewohnt und ihm auch von meinem Plan erzählt. Mein Vater war dagegen. Er war Büroangestellter und wurde gerade pensioniert. Er wollte mich in seine frühere Arbeitsstelle vermitteln. Aber nachdem ich von so furchtbaren Metzeleien gehört hatte, hätte ich mich geschämt, mit Äthiopiern zusammenzuarbeiten. Deshalb habe ich die Idee sofort abgelehnt. Dann wollte mein Vater mir helfen, in den Sudan zu flüchten. Aber das wollte ich natürlich auch nicht. Ich wollte aktiv kämpfen. Eine jüngere Cousine war schon Kämpferin. Das hat mich noch zusätzlich bestärkt. Ich war mir sicher, daß wir es schaffen würden, den Unabhängigkeitskrieg zu gewinnen.

Das Problem war, daß ich inzwischen in Asmara ein bißchen fremd war, ich wußte gar nicht, wie ich denn zur EPLF gelangen könnte. Schließlich kam eine andere Cousine aus Saganeiti zu Besuch, der habe ich auch von meinem Plan erzählt. Ihre Mutter hat sich daraufhin umgehört und mir erklärt, wo ich hingehen sollte. Also bin ich Richtung Saganeiti gefahren, überall kontrollierten äthiopische Soldaten. Ich habe gesagt, ich wolle heiraten und hätte mir ein Kleid gekauft. Manche haben mir dann viel Glück gewünscht und mich gehen lassen. Aber einmal haben sie mich ganz scharf kontrolliert. Körperkontrolle bis auf die Unterwäsche, ich war total schokkiert. Als ich dann endlich weitergehen konnte, haben sie hinter mir hergeschossen. Ich habe Deckung gesucht und mich erst einmal überhaupt nicht mehr gerührt.

Ein Kämpfer hat mich aus meinem Versteck herausgeholt, und ich bin dann auf dem Bauch mit ihm zu ihrem kleinen Lager gerobbt. Sie haben mir Wasser und Tee gegeben und gesagt, ich solle mich erst mal erholen. Ich wollte einmal eine Granate anfassen. Sie haben mir eine hingehalten, aber es hat mich dann doch sehr viel Überwindung gekostet, sie tatsächlich zu berühren.

Es waren ziemlich viele Kämpfer, die meisten Männer. Ich sagte ihnen, ich wolle mitkämpfen. Aber als sie erfuhren, daß ich jahrelang in Addis gelebt hatte, haben sie mich wieder zurückgeschickt. Ich solle es mir nochmal überlegen und auch erst mal mein Volk richtig kennenlernen. Ich war enttäuscht. Ich dachte, vielleicht ändern sie ihre Meinung, wenn sie von der Krankenpflegeschule hören. Aber stattdessen haben sie mir eine Tasche mit etwas Medizin und Gerät gegeben. Ich solle erst mal einige Zeit die Leute im Dorf medizinisch versorgen. Drei Monate war ich in dem Dorf bei Decemhare, habe Zivilisten verarztet und bin in den politischen Unterricht gegangen.

Dann, 1978, wurde ich in die EPLF aufgenommen. Das militärische Training war in der Nähe von Keren, wir waren ungefähr 300 Frauen. Jede Frontkämpferin, die ich gesehen habe, hat mich mit Stolz erfüllt. Im Prinzip wollte ich zwar von Anfang an barfootdoctor werden, aber wenn ich die Frontkämpferinnen gesehen habe, hat es mich auch zur Kalaschnikow gedrängt. Und wenn ich hörte, daß irgendwo in der Nähe Äthiopier schossen, wollte ich unbedingt zurückschießen.

Das Training war für mich sehr anstrengend. Ich kam ja aus der Stadt, und wir mußten mit dem Gewehr ganz schnell die Berge rauflaufen. Aber ich habe mir immer gesagt, wenn die Männer das schaffen, schaffen wir Frauen das auch. Manchmal war ich allerdings absolut erschöpft. Auch die Strecke hinauf nach Sahel, 1978 mußte sich die EPLF ja zurückziehen, mußten wir zu Fuß laufen, ein Marsch von zehn Nächten. Es war furchtbar. Meistens sind wir nachts gegangen, weil tagsüber geschossen wurde. Aber nachts haben wir natürlich nichts gesehen. Das waren ja keine Teerstraßen, sondern irgendwelche steinigen Wege, auf denen man dauernd stolperte. Ich war damals schon barfootdoctor und mußte also nicht nur das Gewehr, sondern auch noch den schweren Sack mit Medizin tragen, unterwegs immer wieder Erste Hilfe leisten und trotzdem den Anschluß halten.

Eine Nacht war grauenhaft: Es war stockdunkel, nicht ein einziger Stern. Aber die Äthiopier haben auf uns geschossen, überall Mündungsfeuer, und wir sind dazwischen in der Dunkelheit gelaufen und gestolpert. Und dann haben sie plötzlich wie wild auf uns gefeuert. Es war ein einziges Flammenmeer, ganz hell. Wir sind um unser Leben gerannt. Es war so furchtbar. Wenn ich heute abends durch Asmara gehe und elektrisches Licht sehe, freue ich mich immer noch, bin richtig dankbar. Denn Licht in der Dunkelheit ruft sofort die Erinnerung an diese grauenhafte Nacht wach, und ich bin dann so froh, daß wir das alles überstanden und jetzt Frieden haben.

Ich war während des ganzen Krieges barfootdoctor und Krankenschwester. Die meiste Zeit habe ich verletzte Kämpfer versorgt, Erste Hilfe geleistet, wenn sie von der Front kamen, oft bei Amputationen geholfen und kleine Verletzungen auch selbst operiert. Die Ärzte wollten, daß wir Helfer möglichst viel lernten, um für den Notfall gerüstet zu sein. Vielleicht bin ich an der Front eine halbe Ärztin geworden. Sie haben mir so viel beigebracht. Ich wollte auch unbedingt alles lernen.

Manche Kämpfer kamen mit entsetzlichen Verletzungen von der Front zurück. Das Schlimmste war, ihnen die Wahrheit über ihren Zustand zu sagen. Bei der Eroberung von Afabet, damals war ich schon im Divisionshospital, wollte ein sehr junger Kämpfer, den wir alle besonders mochten, weil er immer so gute Laune hatte, Landminen entschärfen. Er hat dabei beide Beine und beide Augen verloren. Aber er lebte noch. Als ich ihn gesehen habe, wollte ich schreien. Stattdessen habe ich starr vor Entsetzen seinen Namen geflüstert, aber das hat er gehört, meine Stimme erkannt und nach mir gerufen. Ich bin weggelaufen, ich dachte, ich kann ihm das nicht sagen. Aber die anderen haben mich geholt und gesagt, ich müsse mit ihm sprechen. Die Wahrheit konnte ich ihm nicht sagen. Er war auch noch im Schock. Also habe ich ihn belogen und ihm gesagt, er hätte noch ein Bein und ein Auge. Als er später alles erfahren hat, sagte er zu mir: »Es kümmert mich nicht, daß ich keine Augen mehr habe. Ich habe immer noch mein Leben.« Das vergesse ich nie. Er lebt noch, in einem der Behindertenheime, und ich will ihn unbedingt einmal besuchen.

Wenn kein Angriff war, konnten wir uns auch um die Zivilbevölkerung kümmern. Bei uns im Hospital und auch auf den Dörfern habe ich oft bei Geburten geholfen und Kinder medizinisch versorgt. Seitdem würde ich gerne Kindermedizin studieren. Auf den Dörfern und bei den Nomaden in Sahel – das war eine ganz andere Welt als bei uns Kämpfern. Selbst für uns Eritreerinnen war es oft schwer, sich in die Gedanken- und Wertewelt dieser Menschen heineinzudenken. Einmal habe ich mit einer anderen Kämpferin einer Nomadin bei einer Geburt geholfen, die Frau hatte lebensgefährlich viel Blut verloren. Sowohl ihr Mann als auch ich hätten ihr Blut spenden können. Aber ihr eigener Mann war nicht bereit, seiner Frau Blut zu spenden. Wir sollten der Ziege welches abzapfen oder selbst welches geben. Sie sei schließlich nur eine Frau, er jedoch ein Mann. Aber ich wollte mein Blut aufheben für die Kämpfer, beim nächsten Angriff würde mein Blut mit Sicherheit wieder gebraucht, und wir im Feld waren vom ständigen Blutspenden ohnehin alle anämisch. Doch ihr Mann ist geflohen, einfach abgehauen, und also mußte ich ihr doch mein Blut spenden.

Ein anderes Mal war eine Frau noch lange nach der Geburt völlig entkräftet. Wir haben ihr von unseren Vorräten etwas gekocht, sie brauchte eine richtige Mahlzeit. Aber sie hat es nicht gegessen, sie dürfe erst nach ihrem Mann essen, das, was er übriglasse. Es ist uns nicht gelungen, sie zum Essen zu bewegen.

Auf solche Traditionen sind wir überall gestoßen. Bei uns in der EPLF waren die Frauen gleichberechtigt, aber sobald wir ein paar Kilometer außerhalb des Lagers zur Landbevölkerung gingen, war die Frau minderwertig. Das Schlimmste war, daß die Frauen selbst auch davon überzeugt waren. Das hat sich auch noch nicht viel geändert. Den Krieg haben wir inzwischen gewonnen, aber bis wir diese Traditionen überwunden haben, dürfen wir nicht aufhören. Jetzt müssen wir noch unsere Gesellschaft zur Gleichberechtigung erziehen, Frauen ermutigen, überhaupt über ihre Gleichwertigkeit nachzudenken.

Immer, wenn ich mit einfachen Frauen (gemeint sind: Frauen ohne Schulbildung) irgendwo auf den Bus warte, denke ich, ich muß mit diesen Frauen reden, über Bildung und gleiche Chancen. Ihnen Mut machen, sich selbst wichtig zu nehmen, an sich selbst zu glauben. Die Politik unserer Regierung finde ich richtig, vor allem das neue Landrecht. Die Regierung wirbt auch sehr für Mädchenbildung und bietet Programme für Landfrauen an: Nähen, Ernährungslehre usw.

Bildung und Wissen sind für Frauen so wichtig. Ich hoffe auch, daß die Frauen, die aus Eritrea geflohen sind und im Ausland einen Beruf erlernt haben, zurückkommen. Ich denke, wir Frauen müssen alle Möglichkeiten nutzen, aktiv in der Gesellschaft zu sein. Ich bin deshalb auch Mitglied der Nationalen Frauenunion geworden. Wir dürfen uns jetzt nicht wieder zurück in die traditionelle Rolle drängen lassen. Ich war zehn Jahre verheiratet, mit einem Kämpfer. Nach der Befreiung haben wir zusammen bei seinen Eltern gelebt, und durch deren Einfluß sollte ich plötzlich nur noch zu Hause bleiben. Aber ich wollte weiter gleichberechtigt sein, ich wollte arbeiten, mein Krankenpflegediplom machen. Wir haben uns scheiden lassen, das war die einzige Möglichkeit.

Ich bin noch nicht demobilisiert, mein Krankenpflegediplom konnte ich innerhalb der Armee machen. Das war ja damals in Addis nicht mehr möglich gewesen. Es war ein Kurs nur für Kämpfer, 104 Teilnehmer, davon 39 Frauen. Das Programm von drei Jahren haben wir in einem durchgezogen, praktische Erfahrung hatten wir ja alle mehr als genug von der Front.

Wann ich demobilisiert werde, weiß ich noch nicht. Erst einmal werden wir jetzt in die Krankenhäuser in den Provinzen verschickt. Ich hoffe, daß ich nach Akele Guzai komme, dort haben wir viele Verwandte, von dort kann ich auch oft meinen Vater in Asmara besuchen. Auf die Arbeit freue ich mich. Am liebsten würde ich noch Medizin studieren; leider hat die Universität in Asmara keine Medizinische Fakultät, aber ich würde auch gern im Ausland studieren, egal, ob in einem englischsprachigen Land oder in einem, dessen Sprache ich erst noch lernen müßte.

(Seit Sommer 1995 arbeitet Hiwet in der Akele Guzai Provinz, in Adi Keyih, als Krankenschwester. Hiwet wäre an einer deutschen Hochschule zugangsberechtigt und würde neben Medizin auch gerne Ernährungslehre studieren, was für ihr Land ebenfalls ein sehr wichtiger Bereich ist. Sie braucht dafür aber ein Stipendium.)

Ich wollte überhaupt nie Kämpferin werden

Fatma Homed, 20 Jahre

Ich wollte gar nicht monadela werden. Überhaupt nicht. Ich komme aus einem kleinen Dorf, Schettel, südlich von Barka. Meine Mutter ist Tigre, mein Vater Hedareb (Fatma entstammt einer traditionellen Kultur, die Mädchen zu Gehorsam und Unterordnung erzieht, andererseits aber sehr selbstbewußte, stolze Menschen hervorbringt). Mein Vater ist Bauer. Er kommt aus dem Sudan und ist mit meiner Mutter und mir nach Schettel gezogen. Meine Geschwister blieben im Sudan, ich war die Jüngste. Ich bin nicht zur Schule gegangen. Ich habe meiner Mutter geholfen, Wasser und Holz zu holen, in der Küche und mit den Ziegen.

Ende 1989 haben plötzlich EPLF-Kämpfer mit dem Gewehr unser Dorf umstellt, um alle Jugendlichen mitzunehmen. Damals hatte ich keine Ahnung, was »Eritrea« ist. Daß es einen Befreiungskrieg gab. Wer die »Äthiopier« waren. – Außer mir waren nur kleine Kinder im Dorf. Da wollten sie wenigstens mich mitnehmen. Ich war damals 15. Aber ich wollte nicht mit. Ich wollte zu Hause bleiben. Ich war verlobt. Wenn die mich nicht mitgenommen hätten, hätte ich geheiratet. Bestimmt. Meine Eltern haben auch versucht, es zu verhindern. Aber es hat nichts genutzt. Die haben mich einfach mitgenommen.

Wir sind zwei Tage und zwei Nächte gefahren, immer weiter weg von meinem Dorf. In die Sahel-Provinz. Ich kannte anfangs im Lager niemanden. Nicht einen. Einsam war ich. Sonst habe ich nichts gefühlt. Ich wollte nur zurück zu meiner Familie.

— Weglaufen? Nein, ich habe mich nicht getraut. Nachher haben sie mich zu einer Gruppe gebracht, die auch Tigre sprach. Dort habe ich dann eine Freundin aus meiner Kultur gefunden.

Im Lager war doch alles anders als bei uns. Plötzlich sollte ich lange Hosen anziehen. Ich habe lesen und schreiben gelernt. In zwei Jahren habe ich den Stoff von drei Schuljahren geschafft. Und dann das Training, militärische Übungen. Vor den Waffen hatte ich anfangs Angst. Es hat lange gedauert, bis ich mich daran gewöhnt hatte. Und politischer Unterricht. Die haben uns über Eritrea erzählt, über Kolonisation und Annexion. Sie haben uns gesagt, daß wir für die Freiheit Eritreas kämpfen müßten. Aber ich wollte trotzdem nicht kämpfen. Ich wollte zurück zu meiner Familie. Ich war wütend, daß sie mich mitgenommen hatten. Das war Unrecht, fand ich.

Nach dem militärischen Training haben sie uns eingeteilt. Mich haben sie an die Front geschickt. Ich hätte lieber etwas anderes gemacht.

— Gefragt? Nein, ich hab' mich nicht getraut zu fragen.

Als es dann losging, und ich zum ersten Mal im Kampf war, hatte ich zuerst Angst. Aber als dann die Äthiopier auf uns geschossen haben, überall um mich herum zischten Schüsse, schlugen Granaten ein, da hab' ich gefühlt: Das sind meine Feinde. Als ich gesehen habe, wie meine Kameraden verletzt und getötet wurden, da wollte ich plötzlich zurückschießen. Und vor allem wollte ich unbedingt diesen Krieg gewinnen, damit ich zurück zu meiner Familie gehen könnte. Das war mein Hauptwunsch.

Ich habe bald gelernt, wie man angreift, wie man den Gegner umgeht, wie man ihn einkreist, in seine Linien einbricht, wie man Deckung sucht. Klar konnte ich dabei verletzt oder getötet werden. Aber viel mehr Angst hatte ich, daß sie mich fangen würden. Ich hatte große Angst, daß sie mich dann vergewaltigen oder ins Gefängnis werfen und foltern. Das wäre das Schlimmste gewesen.

An der Front habe ich Verwandte getroffen, entfernte zwar. Aber ich habe mich danach trotzdem nicht mehr so allein gefühlt. Ein paar Kämpfer waren auch sehr hübsch. Mit denen habe ich mich gern getroffen.

— Beziehung? Nein, nur getroffen. Ich habe noch nie eine Beziehung gehabt. Bei uns werden alle Frauen infibuliert, beschnitten und zugenäht. Das ist nicht gut. Ich will keine Sexualität.

Ein Jahr war ich an der Front. Drei Angriffe, zum Schluß Decemhare, das war am schlimmsten. 1990 bin ich dort getroffen worden, am Kopf. Ich war im Koma, lange. Dann haben sie mich nach Port Sudan gebracht. Ich konnte mich an nichts mehr erinnern. Ich habe auch vergessen, was ich in der Schule gelernt habe. Ich konnte auch nicht mehr sprechen. Nicht mehr gehen.

Nach Monaten ging es mir besser. Daraufhin haben sie mich nach Asmara gebracht. Meine Familie ist aus Barka gekommen und hat mich besucht. Aber ich habe sie nicht erkannt. Ich vermisse sie auch nicht. Sie waren zuerst schockiert, weil ich im Rollstuhl sitze. Aber fünf Kämpfer aus unserem Dorf sind gefallen. Als sie daran dachten, waren sie doch froh, daß ich überhaupt noch lebe. Sie haben mich gedrängt zu heiraten. Aber sie können mich nicht zwingen. Ich lasse mir keinen Mann aussuchen. Ich will nicht mehr so leben wie im Dorf. Ich will immer hier im Heim bleiben (Fatma lebt im Kriegsbehindertenheim der Denden-Kaserne in Asmara).

— Freunde? Nein, ich habe hier keine besonderen Freunde. Aber es ist doch gut, daß alle hier sind.

Ich würde gern wieder zur Schule gehen, aber vom Lernen kriege ich Kopfschmerzen. Deshalb gehe ich jetzt nicht mehr. Manchmal trainiere ich im Fitneßraum.

— Am liebsten? Am liebsten wäre ich wieder ganz gesund.

— Angst? Nein, Angst habe ich heute vor nichts mehr. Backa (Schluß), jetzt hast du aber genug gefragt.

»Eritrea muß frei sein« – dieser Satz hat so viele Gefühle in mir geweckt

Nura, 40 Jahre
(Nura ist Tigre und gehört zu den wenigen evangelischen Christen dieser zweit-größten eritreischen Volksgruppe; der Name ist auf ihren Wunsch geändert).

Ich komme aus der Nähe von Scheeb. Bei uns im Westen haben die Äthiopier schon in den 60er Jahren furchtbare Massaker verübt, auch bei uns im Dorf. Mit den Verbrechen an der Zivilbevölkerung und mit der Befreiungsbewegung bin ich aufgewachsen.

Mein Vater war Krankenpfleger, außerdem hatten wir einen großen Bauernhof mit vielen Tieren. Ich bin das dritte von sechs Kindern, die einzige, die Kämpferin geworden ist.

Auch bei uns im Dorf haben viele für die ELF gearbeitet. Heimlich natürlich. Die Äthiopier haben gezielt Eritreer als Spione eingesetzt. 1966 hat ein solcher eritreischer Spion den Äthiopiern verraten, wer im Widerstand war. Daraufhin haben sie 21 Leute aus unserem Dorf ermordet. Die Leichen haben sie in den Straßen ausgestellt. Das habe ich als kleines Mädchen selbst gesehen. Es war furchtbar. Es waren Leute aus dem Dorf, die ich kannte.

Als ich zehn Jahre alt war, bin ich zum ersten Mal selbst ELF-Kämpfern begegnet. Meine Familie hat sie unterstützt, wir haben ihnen Essen gebracht. Sie haben erzählt, weshalb sie kämpfen. Als sie sagten »Eritrea muß frei sein«, hat das so viele Gefühle in mir geweckt, das kann ich gar nicht beschreiben. Das hat mich ganz erfüllt. Ich hatte ja schon gesehen, wie das äthiopische Militär Eritreer tötete. Ich war nicht die einzige, die so fühlte. Bei uns im Westen waren ganze Dörfer für die Befreiung, für den Widerstand.

Drei Jahre später, 1969, haben die Äthiopier wieder eine Vergeltungsaktion gegen unser Dorf durchgeführt. Dabei haben sie das ganze Dorf vernichtet, mehr als 5000 Menschen sind gestorben, dreißig Verwandte von mir wurden damals getötet. Meine Eltern konnten glücklicherweise noch rechtzeitig flüchten, ein Cousin wußte, daß die Strafaktion geplant war und hat sie gewarnt. Meine Eltern sind nach Keren geflohen. Aber unser Dorf! Die Äthiopier haben mit den Panzern einfach alles plattgewalzt, überall haben Leichen herumgelegen, die sind von Hunden und Hyänen gefressen worden. Auch unser Haus ist zerstört worden, unsere Tiere haben sie einfach erschossen. Am schlimmsten war, daß sie Frauen, alte Frauen, schwangere Frauen, kleine Kinder, in die Kirche gelockt haben. Dann haben sie die

Menschen mit der Kirche verbrannt. 60 Frauen waren dort. Danach haben sie auch noch die Quelle vergiftet, die zu unserem Dorf gehörte. Wer in den folgenden Jahren daraus getrunken hat, ist an Durchfall gestorben. Viele sind so umgekommen. Die Äthiopier haben behauptet, es sei Cholera, aber das war eine Lüge.

Ich selbst war damals schon nicht mehr im Dorf. Nach der 6. Klasse mußte ich nach Asmara zur schwedischen Schule, die habe ich bis zum 12. Schuljahr besucht. Über all die Jahre habe ich Kontakt zu den ELF-Kämpfern bei uns in der Region gehalten. In den Ferien bin ich auch immer nach Hause gefahren.

In Asmara habe ich bei den Schülerdemonstrationen für die Unabhängigkeit mitgemacht. Ich hatte auch dort viele Kontakte zu Befreiungskämpfern und auch zum Geheimdienst und habe sie unterstützt. Sie konnten sich nicht frei in der Stadt bewegen, das wäre zu gefährlich gewesen. Am sichersten konnten sie von einem Ort zum nächsten gelangen, Leute treffen und Nachrichten weitergeben, wenn es so aussah, als würden sie mit Mädchen durch die Stadt ziehen. Also habe ich sie begleitet.

1972 habe ich Abitur gemacht und danach beim äthiopischen Rundfunk als Sprecherin angefangen. Drei Tigre und fünf Tigrigna haben dort gearbeitet, der Chef war Amhare. Außer mir haben noch zwei andere Frauen dort gearbeitet, eine als Sekretärin, eine als Buchhalterin, ich war die einzige Frau am Mikrophon. Gleich im ersten Jahr war in Asmara eine Konferenz für Journalisten. Ich habe dort gefragt, wenn es nur ein paar Rebellen seien, die gegen Äthiopien kämpften, weshalb denn dann das große und starke Äthiopien mit denen nicht fertig würde. Weshalb es nicht die Kraft hätte, den Widerstand zu vernichten. Ich habe sie auch gefragt, weshalb sie in meinem Dorf Gift in die Quelle getan hätten.

— Doch, natürlich wußte ich, daß das gefährlich war. Sie haben mir auch damit gedroht, mich ins Gefängnis zu werfen. Aber es war mir egal. So viele von meinen Leuten waren gestorben, von den Äthiopiern umgebracht worden. Ich mußte das sagen, auch wenn sie mich deshalb getötet hätten.

Ich habe auch weiter für den Widerstand gearbeitet. In Asmara habe ich nicht bei Bekannten oder Verwandten gewohnt, das wäre zu gefährlich gewesen, sondern ich hatte ein Zimmer für mich allein. Dort habe ich oft Leute versteckt, die aus Addis kamen und zu den Widerstandskämpfern wollten.

Mein Chef beim Radiosender ahnte oder wußte, daß ich Kontakte zum Widerstand hatte. Damit hatte er mich in der Hand. Er hat mir nachgestellt, aber das konnte ich abblocken. Er hat mir auch viel weniger Lohn gegeben als den anderen, dagegen konnte ich nichts machen, denn er hat immer wieder gedroht, daß er mich verrät.

Aber Ende Dezember 1974, an einem Freitag, hat das äthiopische Militär plötzlich in Asmara wahllos Zivilisten getötet. Hunderte. Die Leichen sind mit LKW in Massengräber gebracht worden. Das war ein Gegenschlag auf eine unserer Geheimdienstaktionen in Asmara. Danach war es lebensgefährlich für jeden, der mit dem Widerstand Kontakt hatte. Alle hatten Angst. Eine Nacht habe ich sogar im Hotel geschlafen. In der Innenstadt hörte man überall Schüsse. Am 1.1.1975 habe ich Asmara verlassen. Ich wußte: Ich muß jetzt weg. Sonntags hatte ich noch Dienst, ich wollte meinen Lohn, ich brauchte ja Geld. Aber mein Chef ahnte, daß ich weg wollte, er wollte es mir erst nicht geben, aber dann habe ich es doch bekommen.

In der letzten Nacht hatte ich noch fünf Leute bei mir versteckt, zusammen sind wir nach Westen gefahren. Als mein Chef merkte, daß ich doch weg war, sind mehrere Bekannte ins Gefängnis gesteckt worden, weil die Äthiopier unbedingt herausfinden wollte, wo ich bin, um mich zu töten.

Ich bin nach Barka gefahren und habe dort für das ELF-Radio gearbeitet, ein gutes halbes Jahr. Die Äthiopier haben immer versucht, unseren Sender zu stören. Die Arbeit war sehr schwierig.

Dann konnte ich nicht mehr arbeiten, Bandscheibenschaden, wahrscheinlich von den Kamelritten im Westen. Zuerst war ich zur Behandlung im Sudan, dort habe ich Tabletten bekommen, aber die haben mich gelähmt. Dann haben sie mich nach Syrien gebracht, dort haben sie mich schließlich operiert. Aber wirklich besser wurde es nicht. Deshalb mußte ich auch noch nach Italien ins Krankenhaus.

Aber endlich konnte ich doch wieder arbeiten, ich war in Beirut im ELF-Informationsbüro, und wir haben Informationshefte über den Widerstand herausgegeben. Aber damals hatten schon neue interne Kämpfe in der ELF begonnen. Die ELF hat sich selbst geschwächt. Wir haben das in Beirut gar nicht so genau gewußt, erst recht nicht verfolgen können. Aber plötzlich wollte die ELF meinen Paß, sie wollten ihn verlängern. Aber ich habe ihn nicht mehr zurückbekommen. Sie haben mir auch keinen Lohn mehr gezahlt. Eine Syrerin, die sechs Kinder hatte, hat mich monatelang unterstützt. Schließlich hat mir die ELF vorgeworfen, ich hätte in Italien Kontakt zu Christen gehabt und einen Bericht verfaßt, der dazu aufrief, die ELF-Führer zu töten. Lügen. Ohne Geld und ohne Paß haben sie mich 1976 in den Sudan gebracht. Dort wurde mir gesagt, ich solle zurück nach Eritrea. Aber das habe ich nicht gemacht. Ich bin bis 1977 im Sudan geblieben, mit einer anderen Frau zusammen, wir haben uns gegenseitig unterstützt.

Schließlich bin ich nach Italien gefahren. Dort habe ich meinen Mann kennengelernt. Er war nicht selbst Kämpfer, hatte den Widerstand aber unterstützt. Zusammen sind wir nach Deutschland gegangen. Inzwischen habe ich auch einen deutschen Paß. Anfangs habe ich versucht, wieder in meinem Beruf zu arbeiten, habe mich bei der Deutschen Welle beworben. Es hätte auch geklappt, aber meine Kinder waren damals noch so klein, heute sind sie schon zwölf und sechzehn, doch damals, als sie noch so klein waren, wollte ich sie nicht den ganzen Tag alleine lassen. Und jetzt finde ich nicht mehr zurück in den Beruf. Das macht mich manchmal traurig, ich war ja erst 27 Jahre alt, als ich hier in Deutschland ankam. Und trotzdem sieht es so aus, als wäre mein Berufsleben schon vorbei. Aber ich hoffe, daß meine Kinder einen guten Beruf finden werden.

Die Kinder wissen, daß ich im Widerstand war, aber sie sind hier in Deutschland aufgewachsen, im Frieden. Für sie ist es schwer, die Situation von damals zu verstehen. Sie sagen, es sei doch nicht schön, Krieg zu führen. Aber sie fahren gern nach Eritrea in Urlaub.

Ich bin sehr froh, daß Eritrea jetzt unabhängig ist, und ich hoffe, daß die Regierung Erfolg hat, aber sie hat eine schwere Aufgabe. In ein paar Monaten fahre ich wieder zu Besuch nach Eritrea.

Sorghum – so etwas hatte ich noch nie essen müssen

Askalu, 24 Jahre
(Askalu ist Tigrigna, der Name wurde auf ihren Wunsch geändert)

Wir wollten nicht zur EPLF, sondern in den Sudan flüchten, aber ein paar Kämpfer haben uns unterwegs entdeckt und mitgenommen.

Anfang 1985, ich war damals 15 Jahre alt, wollten die Äthiopier meinen Freund zum national service für die Besatzer einziehen. Jonas wohnte auch in Asmara, in der gleichen Straße wie ich, es war für uns undenkbar, daß wir getrennt werden sollten. Also haben wir beschlossen, zusammen in den Sudan zu fliehen. Zwei Freunde von Jonas wollten auch keinen national service für die Äthiopier leisten. Einer kannte eine Schlepperorganisation. Also haben wir zu Hause Geld geklaut. Auch etwas zu essen und ein paar Kleider, dann haben wir uns heimlich davongeschlichen.

Die 1000 Birr haben die Schlepper eingesteckt, aber uns haben sie sitzenlassen. Also sind wir allein zu Fuß losgegangen. In drei Tagen sind wir 30 km weit gekommen. Es war furchtbar anstrengend.

— Welche Schuhe ich getragen habe? Schlappen, wie immer. Aber es waren nicht nur die Schuhe. Wir mußten Berge rauf und runter gehen. Das war ich aus Asmara überhaupt nicht gewöhnt, ich bin zur Schule gegangen, ich brauchte nie schwere Arbeit zu machen, meine Eltern hatten ein Hausmädchen. Aber dieses Laufen hat so müde gemacht. Ich wollte lieber sterben als noch einen Schritt weitergehen. Und dann der Durst! Wir hatten solchen Durst. Als wir am dritten Tag Wasser gesucht haben, haben uns Soldaten gesehen und einfach mitgenommen. Wir mußten mit ihnen in ein Dorf gehen. Noch einen Berg hinauf. Aber ich konnte nicht mehr. Jonas hat mich den Berg hinauf getragen.

Wir hatten große Angst vor den Soldaten. Wir wußten nicht, wer sie waren. In Asmara hatten wir nie etwas von der EPLF gehört. Aber wir konnten uns erinnern, daß die äthiopischen Lehrer in der Schule einmal erwähnt hatten, es gäbe in den Bergen vier, fünf drogensüchtige eritreische Terroristen, die gegen die Regierung kämpfen würden. »Hoffentlich sind wir jetzt nicht denen in die Hände gefallen«, haben wir gedacht. Im Dorf waren noch mehr Soldaten, zehn insgesamt, wir waren überrascht, daß es so viele von diesen »Terroristen« gab. Wir haben uns auch gewundert, daß sie sauber waren und gut gelaunt und, abgesehen davon, daß sie uns gefangen hielten, auch sehr nett zu uns. Sie haben viel gelacht und Späße gemacht. Bald waren wir dann froh, daß die Eritreer uns erwischt hatten und nicht die Äthiopier. Die hätten uns vielleicht ins Gefängnis geworfen oder gefoltert. Einer der Freunde von Jonas hat einen der Männer flüchtig gekannt, das hat uns ein bißchen Vertrauen gegeben. Wir waren also nicht unter Verbrecher gefallen. Aber trotzdem hatte ich Angst vor ihnen, vor allem, daß sie mich und Jonas trennen könnten. Jonas durfte mich deshalb keine Minute alleinlassen. Selbst wenn ich mal ins Gebüsch verschwinden wollte, mußte er mitgehen und in der Nähe warten.

Aber das Leben mit den Kämpfern war furchtbar. Die haben alle Sorghummehl gegessen. Das haben sie uns auch gegeben. Aber so etwas konnte ich nicht essen. Meine Mutter hat nur leckeres Essen gekocht, mein Vater hat eine gute Stelle bei Amerikanern gehabt, und wir hatten genug Geld zu Hause. Sorghum. Die ersten zwei Tage habe ich überhaupt nichts gegessen. Schlafen mußten wir auf der bloßen Erde. Die Kämpfer haben versucht mich zu trösten und gesagt, jedem fiele der Anfang schwer. Aber geholfen hat mir das auch nicht.

Nach ein paar Tagen mußten wir mit ihnen in ein anderes Dorf gehen. Sie haben unterwegs viel von ihrem Kampf und ihren politischen Zielen erzählt. Allmählich habe ich verstanden, was sie wollten. Aber das war ihre Sache. Mir war wichtig, daß Jonas und ich zusammenblieben.

Wir wollten immer noch in den Sudan. Die Männer haben wahrscheinlich gemerkt, daß wir ihnen mißtrauten und fliehen wollten. Denn sie haben uns ständig bewacht und uns außerdem Angst gemacht: »Wenn ihr allein in die Wildnis geht, werdet ihr von Löwen und Tigern gefressen.« Ich habe die ganze Zeit nur geweint. Unsere Lage war so aussichtslos. Und ob Jonas bei mir bleiben könnte, war ganz ungewiß. Außerdem hatte ich auch ein schlechtes Gewissen, weil wir zu Hause so viel Geld geklaut hatten und einfach weggelaufen waren. Ich war auch völlig erschöpft von diesen Gewaltmärschen. Einmal sind wir morgens um zwei Uhr losgegangen und bis sechs Uhr abends nur gelaufen. Ich war völlig fertig.

Nach zwei Monaten haben wir die Hoffnung aufgegeben, daß uns eine Flucht gelingen könnte. Aber der Gedanke, daß sie Jonas und mich trennen würden, hat uns den ganzen Tag beschäftigt. In der Zeit, das war im Januar, sind plötzlich morgens immer wieder neue Frontkämpfer mit anderen Jugendlichen zu uns gestoßen. Im Januar sind in Eritrea viele Hochzeiten, und die Kämpfer haben die günstige Gelegenheit genutzt, nachts in die Dörfer zu gehen und die Jugendlichen mitzunehmen, weil sie mehr Soldaten brauchtse. Viele Mädchen und Frauen waren dabei, manchmal auch die Brautpaare selbst. Als wir das gesehen haben, waren wir sicher, daß sie uns nicht mehr weggehen lassen.

Als sie genug Jugendliche hatten, mußten wir in ein anderes Dorf laufen. Zu Fuß. Ich habe das einfach nicht geschafft. Bin immer mehr zurückgeblieben. Eine tagadalit, die war barfootdoctor, hat sich ganz liebevoll um mich gekümmert. Weil ich ihr Sorghum nicht essen konnte, war ich ja auch völlig entkräftet. Die Kämpferin hat sogar Pudermilch und Reis für mich organisiert. Das waren Kostbarkeiten. Und als sie mir den Reis gekocht hat, habe ich verwöhntes Kind sie tatsächlich gefragt: »Womit soll ich das denn essen?« Aber die Frau hat mich trotzdem weiter verwöhnt.

Dann mußten wir wieder weiter. Zu Fuß. Als wir nach vier Tagen diesen Marsch geschafft hatten, sagten die Kämpfer, nachts kämen Mercedes und würden uns abholen. Das wäre toll gewesen. Zu schön, um wahr zu sein. Ich habe ihnen aber nicht geglaubt. Wie sollten denn diese schönen Mercedes-Limousinen, die ich aus Asmara kannte, in einer solchen Wildnis fahren können? Es gab nicht einmal eine richtige Piste. Nachts tauchten plötzlich LKW auf, und sie haben gesagt, das wären die Mercedes. Alles war so ganz anders als bei meinen Eltern in Asmara.

Diese LKW haben uns dann in Nachtfahrten in die Nähe von Barentu zu einem Trainingsplatz gefahren. Viele Jugendliche waren dort, bestimmt hundert Frauen. Aber sie haben Jonas und mich, Männer und Frauen, getrennt. Das Training war furchtbar anstrengend, morgens von fünf bis acht Uhr militärische Übungen, danach mußten wir Holz sammeln, dann politischer Unterricht. Nach einem Monat war ich total geschafft. Mir ging es ganz schlecht. Meine Periode habe ich auch nicht mehr bekommen. Der Arzt hat mich untersucht und gesagt, ich wäre schwanger. Sie würden mich nach Sahel bringen, damit ich dort in Ruhe mein Kind bekommen könnte. Ich sollte mir keine Sorgen machen. Aber ich habe furchtbar geweint, weil Sahel so weit von Barentu entfernt ist, und ich dann von Jonas getrennt worden wäre. Der Arzt hat Jonas gerufen. Mein Bruder – sie dachten die ganze Zeit, Jonas wäre mein Bruder – solle mich trösten.

Dann haben sie mich allein in eine Stadt ins Krankenhaus gebracht, ohne Jonas. Ich war völlig verwirrt und unglücklich und habe den Frauen dort erzählt, ich hätte doch nur mit Jonas in den Sudan fliehen wollen, wir wollten doch beide gar nicht kämpfen, die Kämpfer sollten uns doch endlich zusammen in den Sudan gehen lassen. Da haben mich ein paar Frauen angeherrscht, so etwas sage man nicht laut, daß man nicht kämpfen wolle. Danach habe ich mich noch einsamer gefühlt.

Durch Zufall habe ich einen Freund von einem meiner Onkel getroffen. Der hat mir gut zugeredet und gesagt, im Sudan kenne ich doch keinen. Ich solle nach Sahel gehen, vielleicht fände ich dort eher Leute von der Familie.

Das ist auch so eingetroffen. In Sahel habe ich Mädchen aus meiner Schule getroffen, die auch schwanger waren. Wenigstens ein paar vertraute Menschen! Das hat mir viel geholfen, obwohl ich unter der Trennung von Jonas sehr gelitten habe. Das war das erste Mal in unserem Leben, daß wir uns nicht jeden Tag sehen konnten. Er ist in der Nähe von Barentu im Training geblieben, und wir haben uns richtig aus den Augen verloren. Manchmal habe ich lange nichts von ihm gehört. Nach meinen Eltern habe ich mich auch furchtbar gesehnt.

In Sahel haben sie mir Seife und Zivilkleider gegeben und mich gut versorgt und ein bißchen gehätschelt wie ein Kleinkind. Das habe ich richtig gebraucht, das hat mir so gutgetan. Anfangs habe ich auch gearbeitet, behinderte Kämpfer und Kinder und andere Schwangere versorgt. Das war gut, weil ich mich dadurch nicht so nutzlos gefühlt habe.

Die Schwangerschaft war sehr anstrengend, ich war ständig müde und habe mir dann noch mehr gewünscht, daß ich hoffentlich einen Jungen bekomme. Ich wollte auf keinen Fall ein Mädchen, weil das ja dann später auch Schwangerschaften durchstehen müßte.

Nach einiger Zeit wurde unser Lager in Sahel immer öfter von den Feinden bombardiert. Manchmal den ganzen Tag. Deshalb mußten wir jeden Morgen in die Berge flüchten und uns verstecken und konnten erst am späten Nachmittag zurück. Das war jedes Mal eine Stunde sehr beschwerliches Laufen und Klettern. Und dann mit meinem Bauch. Furchtbar anstrengend. Während der Geburt, die hat 24 Stunden gedauert, sind auch dauernd Bomben detoniert. Aber wegen der Wehen konnte ich nicht mehr in die Berge, um mich zu verstecken. Ich hatte die ganze Zeit viel mehr Angst vor den Bomben als vor der Geburt. Dann war das Kind da, und es war ein Junge. Ich war so froh! Als mein Sohn zwei Tage alt war, mußten wir wieder fliehen. Ich konnte überhaupt nicht stillen, bestimmt wegen all der Unruhe und Sorge und Angst. Das Kind ist auch prompt krank geworden und mußte für sechs Monate ins Krankenhaus. Ich habe mich schrecklich gesorgt.

Als ich mich von der Geburt erholt hatte, mußte ich das militärische Training nachholen. Danach habe ich in den befreiten Gebieten als Lehrerin gearbeitet. In Asmara war ich ja vor unserer mißglückten Flucht bis zum 9. Schuljahr gekommen, das war vergleichsweise weit. Meine Schülerinnen waren alle älter als ich, Kämpferinnen und Zivilistinnen. Ich habe zwei Wochen Schulung bekommen, wie man unterrichtet. Das Problem war nur, daß ich auf einer amharischen Schule war, Asmara war doch besetzt, jetzt sollte ich aber auf Tigrigna unterrichten. Plötzlich lachten dann alle los, wenn wieder Mischmasch rausgekommen war. Die Kurse dauerten mal sechs, mal zwölf Monate. Zwischendurch und auch während des Tages habe ich immer wieder geholfen, Brunnen, Straßen und Häuser zu bauen. Und ich habe mich um meinen Sohn gekümmert.

1987 durfte Jonas uns zum ersten Mal besuchen – und drei Monate bleiben! Damals haben wir geheiratet.

Die Ziele der EPLF waren inzwischen auch meine eigenen geworden. Schließlich wollte ich mich ganz der Befreiung Eritreas widmen. 1988 habe ich deshalb meinen Sohn einer anderen Frau gegeben, damit ich »richtig« in der EPLF arbeiten könnte. 1989 bin ich Lehrerin für die Ausbilder im politischen Unterricht geworden. Das hat mir sehr gut gefallen. Es war mir sehr wichtig, daß die Trainer Zivilisten auch erklären könnten, wieviel Aufbauarbeit die EPLF in den befreiten Gebieten geleistet hat. Daß die EPLF nicht nur gegen die Äthiopier, sondern auch für die Gleichberechtigung der Frauen kämpft. Daß sie klar machten, was wir alles für die Menschen tun könnten, wenn Eritrea erst frei wäre.

— Doch, doch, natürlich haben manchmal auch welche gefragt, wie ich denn zur EPLF gekommen sei. Dann habe ich ihnen meine Geschichte erzählt, die Wahrheit eben, über Jonas und die mißglückte Flucht in den Sudan. Immer haben sie gelacht. Das ist ja auch eine witzige Geschichte. Aber ich war noch so klein, als wir von den Kämpfern gefangen wurden. Deshalb habe ich so lange gebraucht, bis ich wirklich selbst überzeugte und engagierte tagadalit geworden bin und die EPLF unterstützen konnte. So ist eben meine Geschichte. Manchmal denke ich, ich hätte viel weniger getan als die anderen. Aber trotzdem: Auch meine Geschichte gehört dazu.

Damals, als ich die politischen Trainer ausgebildet habe, wäre ich auch bereit gewesen, selbst an die Front zu gehen. Aber ich hatte große Angst davor, daß Jonas, der im Westen im zivilen Bereich arbeitete, an die Front müßte.

1989 war ich voll Hoffnung, daß wir bald den Krieg siegreich beenden würden. In dem Jahr habe ich Jonas auch noch einmal gesehen, und dann erst wieder 1991. Als Asmara befreit wurde, waren wir zusammen in der Nähe von Barentu. Ich habe am Radio gehört, daß Asmara wirklich befreit war. Der Krieg und die Freiheit waren gewonnen! Ich habe mich so gefreut! Ich wollte vor Begeisterung mit meiner Kalaschnikow schießen! Aber in meiner Aufregung wußte ich überhaupt nicht mehr, wie das ging. Ein Kamerad hat sie mir aus der Hand genommen und in die Luft geschossen, das ganze Magazin. Als er sie mir zurückgab, habe ich mit der Handfläche die Mündung gegriffen und mir die ganze Handfläche verbrannt. Aber vor Freude und Verwirrung habe ich den Schmerz überhaupt nicht gespürt.

Ich war so froh. Jetzt waren wir an ein Ende gekommen. Und wir hatten beide diesen Krieg lebend und sogar unverletzt überstanden. Keiner von uns beiden hatte je eine Verletzung. Meine verbrannte Hand zählte ja nun wirklich nicht. An meine Eltern habe ich gedacht: Was werden die sagen, wenn wir mit unserem Sohn vor der Tür stehen. All das ging mir durch den Kopf, während um mich herum absolutes Durcheinander war. Äthiopische Soldaten flohen quer durch den Westen in den Sudan. Es war gefährlich, wo wir waren.

Jonas mußte dann noch im Westen bleiben. Ich bin allein nach Asmara gefahren. Ich war so aufgeregt. Aber dann war von der Familie nicht ein einziger da. Das Hausmädchen hat laut vor Freude geschrien, als sie mich sah, und Nachbarn und Freunde und die ganze Verwandtschaft zusammengerufen.

Jonas und ich waren dann doch ein paar Wochen in Asmara zusammen, dann mußte ich wieder nach Sahel, er in eine andere Provinz. Unseren Sohn haben wir nach der Befreiung zu meiner Mutter gebracht.

Seit ein paar Wochen sind wir jetzt beide in Asmara. Erst haben wir bei meiner Mutter gewohnt, aber vor ein paar Tagen haben wir eine kleine Wohnung gefunden, 30 qm, ohne Küche und Bad, aber viel besser als nichts. Jetzt werden wir endlich alle drei zusammenleben. Mein einziger Wunsch ist, daß das jetzt immer so bleibt.

Wir sind noch beide in der Armee, vielleicht wollen wir uns später einmal selbständig machen, Jonas in seinem Beruf, und ich würde gern ein Geschäft eröffnen. Aber im Moment ist das alles überhaupt nicht wichtig.

(Askalu und Jonas haben im Herbst 1995 ihr zweites Kind bekommen.)

Meiner Tochter würde ich abraten, Kämpferin zu werden

Lemlem Bidemariam, 23 Jahre

Nein, in einer ähnlichen Situation, wie sie Mitte der 80er Jahre war, würde ich meiner Tochter raten, nicht Kämpferin zu werden, sondern Schule, Beruf und Familie wichtig zu nehmen, ihrem Leben eine ordentliche Basis zu schaffen. Ich bin 1987, mit 15 Jahren, freiwillig und heimlich zur EPLF gegangen, ich habe jahrelang mit der Kalaschnikow und später in der Panzerabwehr gekämpft, auch bei der Entscheidungsschlacht um Decemhare war ich dabei. Trotzdem: Meiner Tochter würde ich nicht dazu raten.

Ich komme aus der Senhit-Provinz, aus einem Dorf. Mein Vater war Bauer, eine ältere Schwester ist ins Ausland gegangen. Ich war mit den kleinen Geschwistern zu Hause und habe meiner Mutter geholfen. Die Schule habe ich erst bei der EPLF besucht. 1987 sprachen bei uns im Dorf alle ständig von der EPLF. Das war das Thema. Wir haben heimlich EPLF-Radio gehört. Die Lieder haben mich total begeistert. Sie haben mich richtig mitgerissen, Frontkämpferin wollte ich werden, unbedingt und so schnell wie möglich. Die Äthiopier aus dem Land jagen!

Was die EPLF genau wollte, die politischen Ideen und Ziele, wußte ich nicht. Nur, daß sie gegen die Äthiopier und für die Freiheit Eritreas kämpften. Und das wollte ich auch. Das war alles. Es war ein Gefühl, das mich ganz erfüllte. Ich hatte auch schon mehrfach Kämpfer gesehen. Ich kannte keinen von ihnen, habe auch nicht mit ihnen gesprochen. Aber sie haben mich sehr beeindruckt mit ihrer Uniform und ihrem Gewehr. Als ich schließlich zum ersten Mal einen toten Kämpfer sah, hat das mich erst recht gedrängt, selbst zu kämpfen, an die Front zu gehen.

— Doch, theoretisch wußte ich, daß ich dann genauso tot daliegen könnte. Aber die Wut, die mich gepackt hat, als ich ihn tot auf der Erde sah, war viel stärker.

Heimlich habe ich mich erkundigt, wo in der Nähe Leute von der EPLF wären. Heimlich, ohne meinen Eltern etwas davon zu sagen, habe ich mich davongeschlichen. Es war nicht so weit, vier Stunden Weg. Aber es gab etliche Schwierigkeiten. Ich war am hellen Tag aufgebrochen, unterwegs begegneten mir viele Leute, Eritreer und Äthiopier. Zuerst kam mir ein Amhare entgegen, ich hatte schreckliche Angst, daß er mich vergewaltigen könnte. Mir fiel sofort alles ein, was ich über die Amharen gehört hatte. Kurz vorher hatten sie ein Mädchen aus meinem Dorf beobachtet, wie sie ihr Kleid gewaschen hat. Sie konnte aber noch weglaufen und sich in Sicherheit bringen. Aber nachts sind sie in ihr Haus eingebrochen, um sie mitzunehmen. Glücklicherweise hat sie in dieser Nacht bei ihrer Tante geschlafen. Aber die Soldaten sind nicht weggegangen, sondern haben die ganze Nacht ihre Eltern gequält. Ich hatte deshalb fürchterliche Angst, als mir der Amhare entgegenkam. Ich war ganz allein. Zum Glück kamen bald noch andere Leute vorbei, so daß er mir nichts tun konnte.

Kurz danach kamen Leute aus einem Nachbardorf, die zu einer Hochzeit gingen. Die kannten mich. Um nicht gefragt zu werden, weshalb ich allein unterwegs wäre, wohin ich ginge, bin ich schnell weggelaufen, habe mich versteckt und abgewartet, bis sie verschwunden waren. Wenn die erfahren hätten, wohin ich wollte, die hätten mich sofort mitgenommen und bei meinen Eltern abgeliefert.

Die Kämpfer haben sich nicht sehr gewundert, als ich auftauchte und sagte, ich wolle mitkämpfen. Zu der Zeit, 1987, waren viele sehr junge Leute in der EPLF. Außerdem war ich größer als die meisten mit 15 Jahren. Es hat auch nur ein paar Wochen gedauert, dann konnte ich mit dem Training anfangen. Wir hatten militärische und politische Schulung. Mein Haß auf die Äthiopier wurde in dieser Zeit noch größer.

Nach dem Training kam ich direkt an die Front. Zuerst habe ich mit der Kalaschnikow gekämpft.

— Doch, anfangs hatte ich auch Angst. Vor allem in den ersten Monaten an der Front habe ich so viele von meinen neuen Freunden verloren, es war schrecklich, wenn einer nach dem anderen verletzt oder getötet wurde. Vor allem an einen denke ich so oft, heute noch, immer wieder erscheint diese Schlucht vor meinen Augen: Wir sollten alle nachts durch ein Tal gehen. Es war nicht richtig dunkel. Man konnte das Tal genau sehen, wirklich, alles erkennen. Es war sehr still. Der Freund, von dem ich erzählen will, hat uns im letzten Moment alle zurückgehalten, er hat gesagt, er würde Gefahr spüren. Wir sollten erst eine Vorhut schicken. Und natürlich hat er sofort gesagt, daß er gehen will. Immer hat er sich freiwillig für die gefährlichsten Aktionen gemeldet, er war so mutig. Zu zweit sind sie losgegangen, ins Tal hinein. Als sie unten waren, haben die Äthiopier vom Hang aus auf sie geschossen, zuerst wurde sein Kamerad verletzt, er wollte ihm helfen, dabei haben sie ihn auch getroffen. Das sehe ich immer noch vor mir, immer wieder dieses gleiche Bild. Obwohl es ja schon Jahre her ist.

Nachdem ich ein halbes Jahr mit der Kalaschnikow gekämpft hatte, haben sie mich in die Panzerabwehr versetzt. Nach Decemhare. Dort habe ich mit der Panzerfaust gekämpft. Lange war ich in dieser Einheit. Erst kurz vor Kriegsende, bei der Entscheidungsschlacht um Decemhare, habe ich wieder mit der Kalaschnikow geschossen. Damals hatten wir zu wenig Soldaten, deshalb mußten die Kämpfer mit kleineren Behinderungen, die nicht mehr so schnell laufen konnten, an die schweren Waffen, und wir anderen, die beweglicher waren, haben mit dem Gewehr gekämpft.

Als wir es dann geschafft hatten, als wir in Asmara einmarschierten und den Krieg gewonnen hatten – was ich damals gedacht und gefühlt habe, das kann ich gar nicht beschreiben. Das war ein Tumult von Gefühlen. Wir hatten es endlich geschafft! Ich konnte meine Gefühle überhaupt nicht kontrollieren. Plötzlich war alles vorbei.

Damals dachte ich, die Regierung könnte nun, nach der Befreiung, jedem von uns den Job geben, den er wollte. Was ich wollte, wußte ich noch nicht ganz genau. Zwischen den Angriffen war ich zur Schule gegangen, war im 5. Schuljahr. Vielleicht hätte ich am liebsten ein paar Kühe und Ziegen bekommen, ich hätte eine kleine Landwirtschaft gehabt und in der Nähe meiner Eltern gewohnt. Aber wir wurden nach der Befreiung gar nicht entlassen. Ich war mit anderen Kämpfern in Senafe, wir sollten den Leuten dort helfen, ihre Häuser wieder aufzubauen, Straßen und Brunnen, alles, was man braucht. Aber es war in Ordnung, daß sie uns dorthin geschickt haben.

Aber inzwischen, seit Juli 1994, bin ich demobilisiert und hier, in Ali Ghider, soll ich bleiben. Ich bin nur gekommen, weil ich keine andere Wahl hatte. Wenn das Land bei Decemhare, dort leben meine Eltern jetzt, fruchtbarer wäre, wäre ich dorthin gegangen. Aber ich weiß nicht, wovon ich dort leben könnte. Hier in Ali Ghider können wir Baumwolle ziehen, wir hoffen, daß wir dafür einen guten Preis erzielen. Die Ernte ist gut. Aber bisher hat die Regierung uns immer noch nicht gesagt, wieviel wir dafür bekommen. Das beunruhigt uns. Aber hier in Ali Ghider gibt es Kurse über Landwirtschaft, ich habe das ja nie gelernt, die anderen Kämpfer auch nicht. Der Unterricht macht uns den Anfang etwas einfacher. Die Kurse hätte ich aber nicht, wenn ich zu meinen Eltern ziehen würde.

Ich lebe mit meinem Bruder, der später auch Kämpfer geworden ist, in einem Zelt. Das Leben hier ist hart, selbst für uns Erwachsene. Die Hitze und die Malaria. Aber ich habe eine kleine Tochter, 15 Monate alt, die kann ich unmöglich hierhin bringen. Hier gibt es so viele Malariamücken. Meine Tochter ist bei meinen Eltern in Decemhare. Welche Wahl hatte ich denn schon? Mein früherer Freund, wir waren nach der Befreiung zweieinhalb Jahre zusammen, ist in Dankalia. Er will nichts mehr von uns wissen. Er unterstützt auch meine Tochter nicht.

Wir Frauen haben uns nach dem Krieg nicht geändert. Wir senken heute nicht mehr den Blick vor den Männern, wie wir das vor dem Krieg getan haben. Im Gegenteil: Wenn wir sehen, daß Männer etwas falsch machen, korrigieren wir sie. Genau wie im Krieg. Aber die Männer ändern sich. Wir leben jetzt, drei Jahre nach der Befreiung, nach dem Ende des Krieges, immer noch in einer Übergangszeit. Keiner weiß, wohin es geht. Die Männer verhalten sich wieder wie früher, sie versuchen, die alte Ordnung zwischen Frauen und Männern wieder herzustellen. Besitz zu haben, ist (um geheiratet zu werden) plötzlich wichtig. Man muß schön sein! Die Männer lassen sich jetzt von so Unwichtigem wie Schönheit einfangen. Aber wie sollen wir Kämpferinnen denn schön sein? Wir haben doch die ganze Zeit mit ihnen an der Front gekämpft. Die Sonne, das schlechte Essen, wir konnten uns doch gar nicht pflegen. Jetzt vergessen sie, daß sie ohne uns nie gesiegt hätten.

— Was ich in Zukunft machen werde? Ich weiß es nicht.

Alle Geschwister haben gekämpft, wer sorgt jetzt für unsere Mutter?

Abeba Tkua, 34 Jahre

Wir sind alle zusammen zur EPLF geflüchtet, meine Mutter, die drei kleinen Geschwister und ich. Wir wohnten in Adinfass in der Hamasien-Provinz, meine Mutter war geschieden und mein älterer Bruder schon seit 1975 Kämpfer. Unsere Gegend wurde ständig bombardiert, immer häufiger und immer schlimmer. Wir hatten alle Angst. Vor den Bomben und vor den äthiopischen Soldaten. Meine Mutter flüchtete mit uns Kindern von einem Dorf zum nächsten. 1977 kam dann mein älterer Bruder von der Front und hat uns abgeholt. Bei der EPLF, in den befreiten Gebieten, wäre es sicherer für uns als im umkämpften Gebiet.

Meine Mutter und die Kleinen wurden in die Sahel-Provinz gebracht, aber ich war damals schon 18 Jahre, alt genug zum Kämpfen oder zum Arbeiten. Zuerst war ich ein Jahr in Hasomo, in der Nähe von Massaua, und in Merara, nördlich von Asmara, und habe dort mit anderen Kämpfern Traktoren repariert. Die EPLF hat dort Zivilisten geholfen, Landwirtschaft zu betreiben. Traktoren zu reparieren – nie hatte ich gedacht, daß ich jemals so etwas machen würde. Ich kam doch aus einem normalen, traditionellen Dorf, hatte die Schule nach der 6. Klasse verlassen, weil ich meiner Mutter helfen mußte. Und jetzt wurde ich als Mechanikerin angelernt und dann auch noch für Traktoren.

Ich war überrascht über mich selbst. Wie schnell ich mich in die Technik, in Maschinen hineindenken konnte. Es hat mir Spaß gemacht. Als Mechanikerin würde ich auch heute gerne arbeiten, vielleicht Uhren oder Fernsehgeräte reparieren, etwas, wozu ich keine Kraft brauche, etwas leichtes. Mein Kopf und meine Hände sind ja noch völlig okay, auch wenn ich jetzt im Rollstuhl sitze.

Nach einem Jahr als Mechanikerin sollte ich mit dem militärischen Training anfangen. Ich war mit all meinem Elan dabei. Wir hatten so viel Angst vor den Äthiopiern gehabt, als wir mit den kleinen Geschwistern von Dorf zu Dorf flohen. So oft hatte ich gesehen, wie die Äthiopier unsere Häuser kaputtschossen. Jetzt lernte ich, zurückzuschießen, die Äthiopier aus unserem Land zu drängen, gegen sie zu kämpfen! Ich wollte unbedingt schießen lernen. Aber leider hatte die EPLF ausgerechnet damals zu wenig Munition, deshalb konnten wir im Training nur so tun, als würden wir schießen.

Stolz war ich auf die Uniform. Ich hatte vorher auch schon Hosen. getragen (Abeba ist Tigrigna), aber die Uniform war viel besser. Zu der Zeit

waren noch nicht so viele Frauen bei der EPLF, wir waren wirklich wenige, aber in der Uniform fühlte ich mich genauso stark wie die Männer. Für uns Frauen war es auch eine Ehre, sie zu tragen. Für mich jedenfalls. Ich habe sie gehegt und gepflegt, als wäre sie mein Kleinkind. Immer aufgepaßt, daß sie nicht schmutzig wird oder zerreißt. Jeder hatte ja nur eine, und im Feld waren im Nu die Knie kaputt, und danach hatte man nur noch eine kurze Hose. Als Frauen durften wir uns und die Uniform zweimal im Monat waschen, die Männer nur einmal. Wir haben auch öfter Seife bekommen als sie. Die Männer haben meistens Wache gestanden, wenn wir in einem Bach badeten und im Kuschuk waren.

An die Front kam ich 1978, das war die Zeit des großen Rückzugs. Aber ich habe auch damals nie gedacht, wir könnten geschlagen werden.

— Nein, der Gedanke ist mir wirklich überhaupt nicht gekommen. Ich war in meinen Gedanken und Gefühlen ganz mit dem Wunsch beschäftigt, zu beweisen, daß ich auch wirklich so stark und tapfer bin wie die Männer. Ein paar Frauen, die ich schon vom Training kannte, waren mit mir an der Front. Nun haben wir zusammen gekämpft, alle mit der Kalaschnikow. Das war einfach so. Das war normal. Ich habe mich auch nicht allein gefühlt. Zu gefährlichen Aktionen haben die Älteren sich oft freiwillig gemeldet. Das war ansteckend, wir wollten auch so werden wie sie.

Nie werde ich »meinen« ersten Verletzten vergessen. Das war bei Massaua. Ich hatte gesehen, daß er getroffen worden war und bin hingelaufen und habe ihn zurückgetragen. Von beiden Seiten wurde geschossen, aber ich habe in dem Moment keine Angst gehabt, nur sein Gewicht habe ich gespürt und gedacht: Schneller, schneller, ich muß mich beeilen, er ist so schwer verletzt. Aber er war ins Herz getroffen und ist doch gestorben. Ich habe ein Grab für ihn geschaufelt. Jeder hatte ein Messer, das man zum Graben benutzen konnte. Nachher, als ich fertig war, kamen ein paar Kämpfer. Zusammen haben wir ihn ins Grab gelegt. Ich hatte ihn nicht gekannt, aber ich wollte ihn unbedingt rächen, wollte weiterkämpfen, damit sein Ziel erreicht würde, damit er nicht umsonst gestorben wäre. Auch später haben mich die Toten mehr angefeuert als die Lebenden.

Schlimm war, als Sharia starb. Das war 1981. Wir kannten uns seit 1978, seit ich an der Front war. Sie war älter als ich, barfootdoctor. Sie hatte so viel Kraft. Einmal ist sie schwer verletzt worden, von einer Bombe, aber sie hat überlebt. Aber später, sie arbeitete gerade in einem unterirdischen Keller, ist eine ihrer eigenen Handgranaten explodiert und hat sie getötet. Sharia hat mir sehr gefehlt danach.

Ich selbst bin anfangs überhaupt nicht verletzt worden, nur ganz kleine, unwichtige Ritzer. Aber einmal, das war ziemlich zu Beginn meiner Frontzeit, habe ich urplötzlich überhaupt nichts mehr gehört. Das hat auch eine ganze Zeit gedauert, dann ist es schließlich weggegangen.

1980 habe ich geheiratet, einen Kameraden. Wir waren schon vorher zusammen. 1983 ist er gefallen. Damals war ich schon gelähmt. Im Juni 1981 wurde ich bei einem Bombardement nördlich von Ali Ghea schwer verletzt. Die ersten sechs Tage haben sie mich direkt in der Truppe behandelt, danach war ich transportfähig und sie haben mich ins Lazarett nach Port Sudan gebracht. Ich hatte ein riesiges Loch in der Lunge, sehr starke Schmerzen und konnte kaum atmen. Von der Lähmung (Querschnitt) haben sie mir nichts gesagt. Das habe ich allmählich selbst gemerkt. Es waren ja auch andere da, mit ähnlichen Verletzungen. Aber ich war froh, daß ich noch lebte.

Jetzt bin ich schon ein paar Jahre hier in Asmara, im Denden-Camp. Wenn jeder von uns einen Raum für sich hätte, etwas Privatsphäre, das wäre schön. Die Schlafsäle teilen wir uns zu sechst, manchmal zu zehnt. Da kann man sich praktisch nie zurückziehen, auch keinen Winkel privat gestalten. Trotzdem will ich auf jeden Fall hierbleiben. Jeder von uns hat gekämpft. Wir sind alle behindert. Das verbindet uns.

Im ersten Jahr hier im Denden-Camp habe ich einen Nähkurs von Ordensschwestern besucht. Jetzt gehe ich jeden Nachmittag zur Schule, bin in der 10. Klasse. Nach der Schule würde ich gerne etwas Technisches lernen, das würde mir Spaß machen. Außerdem könnte ich dann etwas Geld verdienen und meine Mutter unterstützen. Wir Kinder sind nacheinander alle

Kämpfer geworden, mein großer Bruder zuerst. Er ist nachher in den Sudan geflüchtet – wir wissen nicht, wo er jetzt ist. Ein Bruder war Spion, er hat eine Kopfverletzung und ist jetzt in Mai Habar (Mai Habar ist ein Heim für etwa 2000 kriegsbehinderte, meist blinde KämpferInnen). Meine Schwester war Radiotechnikerin, sie ist noch nicht demobilisiert, arbeitet jetzt in Assab. Mein kleiner Bruder ist auch immer noch in der Armee, Minenräumer in Barka. Wir haben also alle kein Einkommen, nur ein kleines Taschengeld.

Meine Mutter hat während des ganzen Krieges auch für den Kampf gearbeitet, sie hat gekocht und bei Kulturveranstaltungen gesungen. Geld hat sie nicht bekommen, aber zu essen und einen Platz zum Schlafen. Die Regierung hat in Mai Habar ein Heim für alte Helfer wie meine Mutter eingerichtet, aber ich möchte sie gern häufig sehen. Sie wohnt nun hier in Asmara, wir Kinder unterstützen sie mit unserem Taschengeld. Sie darf jetzt hier im Denden-Camp kochen, damit verdient sie auch etwas. Aber sie ist jetzt 60 Jahre alt, und ich hätte gern, daß sie sich etwas mehr ausruhen kann. Meine Mutter ist meine größte Sorge, viel mehr als mein Rollstuhl. Jetzt haben wir Kinder, alle fünf, gekämpft, unser Land befreit – aber unsere Mutter können wir nicht versorgen. Aber als Mutter von fünf Kindern hätte sie ein Recht darauf, es wäre unsere Pflicht.

Heiraten will ich nicht, das wäre auch unmöglich. Eine eritreische Frau würde einen behinderten Mann heiraten, auch einen Rollstuhlfahrer, aber kein eritreischer Mann eine Frau, die behindert ist, vor allem nicht, wenn sie im Rollstuhl sitzt.

Ich hätte gern mehr Kontakt zu Leuten außerhalb des Camps. Ich würde auch gern wieder aktiver leben, mein Kopf ist ja überhaupt nicht beeinträchtigt. Wir würden gern mit der Frauenunion zusammenarbeiten. Die 35 Rollstuhlfahrerinnen, die hier im Denden-Camp leben, haben mich zur Kontaktfrau gewählt. Aber von der Frauenunion hat sich noch nicht eine hier gemeldet oder gar blicken lassen. Obwohl wir uns darum bemüht haben.

Ausflüge in die Umgebung mache ich auch sehr gerne. Aber der Bus, den wir haben, ist so klein, es können immer nur sechs Leute mitfahren. Mehr passen mit ihren Rollstühlen nicht hinein. Ich war schon in Agordat, in Decemhare und in Mereb. Ich würde gern viel, viel mehr von Eritrea sehen. Aber weil der Bus so klein ist, klappt es nur selten. So bleibt es dann meistens doch beim Lesen. Am liebsten Krimis.

(Die Frauenunion hat inzwischen Kontakt zu der Frauengruppe im Denden-Camp aufgenommen. Abeba hat 1995 einen Platz in einem Computerkurs bekommen.)

Diese kochenden Männer waren sehr seltsame Wesen

Saba, 34 Jahre
(Saba ist eine äußerst zierliche Frau; der Name wurde auf ihren Wunsch geändert)

Ich habe einen weiten Weg zurückgelegt: von nichts zu einem Beruf. Gleichberechtigung wird einem nicht geschenkt. Wenn man nur sitzt und wartet, passiert nichts. Als man mir sagte, ich sollte jetzt Lastkraftwagen reparieren, wußte ich nicht mal, wo man den Zündschlüssel reinsteckt. Aber ich habe mir gesagt, ich habe mit der Kalaschnikow an der Front gekämpft, also werde ich auch LKW reparieren können. Und dann habe ich den anderen zugeschaut und auch angefangen.

Ich komme aus einem Dorf bei Decemhare, mein Vater war Bauer, ich hatte fünf Geschwister. Als Kind war ich nicht in der Schule, ich habe meiner Mutter im Haus geholfen. Wir Kinder haben schon ganz aus der Nähe erlebt, was Besatzung ist. Immer wieder hörten wir: Der ist getötet worden. Den haben sie einfach verhaftet und ins Gefängnis geworfen. Dort ist wieder ein Dorf bombardiert worden. Ich war schon als Kind empört, daß wir im eigenen Land so unterdrückt und drangsaliert wurden. Die Äthiopier habe ich gehaßt, lange bevor ich wußte, daß es die EPLF und einen Befreiungskrieg gibt.

Ein Jahr vor der ersten Befreiung von Decemhare kamen die ersten Kämpfer in unser Dorf (1976) und erzählten von ihrem Kampf gegen die Äthiopier. So habe ich von ihnen erfahren. Das hat mir Mut gemacht. Meine Eltern waren auch auf ihrer Seite und haben sie unterstützt. Meine Mutter hat für sie gebacken und Essen gekocht, und wir Kinder haben es zu ihnen geschmuggelt. Ich bin reguläres Mitglied bei Hafash geworden. Wir haben verletzte Kämpfer zum Arzt gebracht und sie dort mit Essen versorgt. Oft haben wir auch Aufträge von den EPLF-Leuten bekommen: jemandem eine Information zu bringen oder etwas zu besorgen. Einmal sollten wir für sie zur Mühle, fünf Mädchen waren wir. Wir sind mit dem Esel nach Decemhare gegangen. Das heißt: Wir wollten dorthin. Aber unterwegs haben uns die äthiopischen Soldaten gefangen und für 24 Stunden ins Gefängnis geworfen. Ich hatte große Angst, daß sie uns lange dort einsperren würden. Aber dann haben uns unsere Eltern etwas zu essen gebracht, und schließlich haben sie uns freigekauft. Danach habe ich die Äthiopier noch mehr gehaßt.

1977 wurde Decemhare befreit, die ganze Gegend, auch unser Dorf. Jetzt war ich richtig begeistert für den Freiheitskampf und wollte unbedingt tagadalit werden. Ich habe es mehrfach versucht, aber sie haben mich immer wieder zurückgeschickt. Ich sei noch zu klein. Aber ich wollte unbedingt helfen, Eritrea zu befreien. Ich wußte, daß ich dabei verletzt werden könnte. Auch sterben, ich hatte schließlich schon genug Verwundete und Tote gesehen. Aber das war ein ziemlich ferner Gedanke, richtig vorgestellt habe ich mir das nicht, wie es wäre, wenn ich blind würde oder keine Beine mehr hätte.

— Das politische Programm der EPLF? Nein, das kannte ich nicht. Als ich Kämpferin werden wollte, wußte ich noch nicht, daß die EPLF auch für die Gleichberechtigung der Frau kämpfte, daß sie in den befreiten Gebieten auch Zivilisten unterrichtete und medizinisch versorgte. Sie haben zwar im politischen Unterricht, den wir bei Hafash bekamen, davon erzählt, aber – ehrlich gesagt: Ich habe nicht geglaubt, daß das wirklich wahr ist. Es war mir auch egal. Für mich war nur wichtig, daß wir endlich die Äthiopier »loswurden«. So habe ich damals gedacht, ich war ja noch sehr jung.

Als die EPLF 1978 von den Äthiopiern nach Sahel zurückgeworfen wurde, bin ich einfach mitgegangen. Nicht aus Angst vor den Soldaten, obwohl die bestimmt wußten, daß ich Mitglied bei Hafash war und die EPLF unterstützt hatte. Sondern mehr, weil ich nun erst recht kämpfen wollte, damit wir wieder frei würden. Ich habe zu Hause bei meinen Eltern Schuhe und etwas Bettzeug geklaut und ihnen gesagt, ich müßte was erledigen. Dann habe ich mich mit 16 anderen Mädchen aus unserem Dorf zu den Kämpfern geschlichen.

Als wir dort ankamen, ging es erst richtig los: In Decemhare trafen wir auf Hafash-Mädchen aus allen Orten der Umgebung, die auch alle zur EPLF wollten, 800 waren wir zusammen. Wir sind zu Fuß von Decemhare nach Ghinda (an der Straße nach Massaua) gelaufen. Das war ein Marsch von sieben Tagen, ein paar Kämpfer sind mitgegangen. Es war furchtbar anstrengend. Als wir in Ghinda ankamen, haben die Kämpfer gesagt: »Wer meint, er schafft es nicht, kann zurückgehen.« Aber nur zwei Frauen haben aufgegeben. Wir anderen sind hinauf nach Sahel gebracht worden. Als wir mit dem Training anfingen, waren wir 2000 Frauen! Die meisten waren bei Hafash gewesen, hatten, so wie ich, die EPLF unterstützt und waren beim Rückzug mit ihnen gegangen. Die Männer haben uns »die Kambodschafrauen« genannt. Ich wußte nicht, was das heißen sollte, aber es war eine tolle Anerkennung. Es war aber auch überwältigend. »Frauen arbeiten im Haus«, so waren wir es alle von Kindheit an gewöhnt, und jetzt trainierten 2000 Frauen auf einem Fleck mit dem Gewehr für den Kampf. Wir haben uns über uns selbst begeistert. Schwer auszudrücken, was ich meine. Ich war auch sehr stolz auf mein Gewehr. Jetzt hatte ich es endlich.

Komisch war anfangs zu sehen, daß Männer Kleider wuschen oder kochten. Das hatten wir nicht erwartet, so hatten wir sie auch nicht kennengelernt, als wir bei Hafash waren. Kochen, das machten bei uns zu Hause ausschließlich die Frauen. Die Männer bereiteten doch bei uns nicht einmal den Tee zu. Und jetzt kochten sie! Diese kochenden Männer waren für mich sehr seltsame Wesen. An die mußten wir Frauen uns erst gewöhnen. Das ging nicht nur mir so. Aber später, 1982, habe ich einen dieser seltsamen Männer geheiratet. Kennengelernt hatten wir uns schon, als ich noch bei Hafash war. Er war einer der Kämpfer in der Nähe unseres Dorfes. Als wir uns wieder trafen, war ich schon tagadalit, er war verletzt und hat dann als Lehrer in der Zeroschule (sehr bekannte Schule der EPLF in den befreiten Gebieten des Sahel) gearbeitet.

Das Training war anstrengend, körperlich. Dazu hatten wir politischen Unterricht, und ich bin auch noch zur Schule gegangen. Bis zur 6. Klasse. Aber das hat mir damals überhaupt nicht gefallen. Wozu, habe ich gedacht. Ich bin doch nur hier, um Frontkämpferin zu werden. Wozu soll ich also zur Schule? Aber inzwischen denke ich anders darüber.

Die Lehrer haben uns oft nach unseren Berufswünschen gefragt. Ich habe immer gesagt, daß ich an die Front will. Ich habe die Äthiopier so gehaßt. Wegen der Grausamkeiten, von denen ich in unserem Dorf gehört hatte, weil sie mich mit den anderen Mädchen ins Gefängnis gesperrt hatten, und jetzt noch all das, was ich im politischen Unterricht über sie erfuhr. Das hat meinen Haß noch größer gemacht. Jetzt wollte ich erst recht für ein freies Eritrea kämpfen.

Ich bin auch an die Front gekommen. Aber nur kurz. Dann wurde ich am Bein verletzt, nicht schwer, ich hätte nachher wieder schnell genug laufen können. Ich wollte auch unbedingt zurück in den Kampf. Stattdessen haben sie mich in die Kfz-Werkstatt geschickt, ich solle LKW reparieren. Ich war darüber sehr, naja, »erstaunt«. Von Autos hatte ich überhaupt keine Ahnung. Aber ich wußte, daß das eine sehr wichtige Arbeit war. Wir haben doch alles, Verletzte, Getreide, die erbeuteten schweren Waffen, alles haben wir auf LKW transportiert. Die mußten funktionieren. Das war für unseren Kampf überlebenswichtig. Also habe ich gelernt, wie man Autos repariert. Es gab on-the-job-training, zwei andere Kämpfer haben mich angelernt.

Bis 1988 habe ich nur LKW repariert, danach PKW. Mein Spezialgebiet ist die Kühlung von Motoren. Das mache ich heute noch. Bisher bin ich nicht demobilisiert. Meine Werkstatt repariert nur für die Armee, und alle Mechaniker sind Kämpfer. Die sind an Frauen in Männerberufen gewöhnt, aber wenn ich demobilisiert werde, wird es sicher als Frau schwer, eine Stelle in einer Kfz-Werkstatt zu finden. Die meisten Zivilisten denken viel traditioneller als die EPLF. Selbst hier in Asmara. Wenn ich in der Kfz-Werkstatt unter einem Auto liege oder im Blaumann mit den Kollegen in der Stadt einen Kaffee trinken gehe, bleiben die Leute auf der Straße stehen und gucken. Obwohl wir hier in Asmara sind.

Überhaupt: An die Demobilisierung denke ich mit Schrecken. Schon nach der Befreiung sind so viele Probleme aufgetaucht, die es vorher nicht gab. Unsere Schwiegereltern! Schon aus religiösen Gründen waren beide entschieden gegen unsere Ehe. Ich bin Tigrigna und Christin, mein Mann ist Tigre und Moslem. Keiner von uns ist konvertiert. Unser Sohn ist jetzt zehn Jahre alt, er geht mal mit mir in die Kirche, mal mit meinem Mann in die Moschee. Und dann, daß mein Mann mir bei der Hausarbeit hilft. Das war für seine Eltern nicht erträglich. Und erst mein Beruf! Das war für sie ein großes Problem! Inzwischen sind wir auf dem Weg zur Anerkennung der Fakten. Aber schwierig ist es nach wie vor. Mit beiden Schwiegereltern, mit seinen und mit meinen. Aber die vier Monate nach der Befreiung, als mein Mann und ich – zum ersten Mal – wirklich lange zusammenleben konnten, da prallte alles auf uns ein. – Er ist jetzt noch in der Sahel-Provinz. Wann wir zusammenleben können, wissen wir noch nicht. Aber ich freue mich darauf.

Angst habe ich nur vor der Demobilisierung, die mit Sicherheit vorher sein wird. Noch lebe ich im Denden-Camp, dort habe ich zusammen mit meinem Sohn ein Zimmer. Wir können in der Kaserne essen, einen Arbeitsplatz habe ich auch, und immerhin bekomme ich 50 Birr Taschengeld im Monat (ca. 13 DM). Aber wie wir überleben sollen, wenn ich demobilisiert sein werde, weiß ich nicht. Hier in Asmara ist alles so teuer, die Mieten steigen immer mehr. Ein Zimmer (ca. 20 qm groß) kostet mindestens 200-300 Birr. Wie soll ich das verdienen, wie überhaupt eine Arbeitsstelle finden? Außerdem haben wir Kämpfer nie gelernt, wie man mit Geld umgeht, wie man es einteilt. Geld spielte doch bei uns gar keine Rolle. Wir brauchten keins. Das wird bestimmt noch schwer werden. Außerhalb von Asmara, in den anderen Provinzen sind die Wohnungen billiger, aber mein Sohn geht hier in Asmara zur Schule. Außerdem finde ich auf dem Dorf erst recht keine Arbeit. Dort denken die Leute doch noch viel traditioneller als hier in Asmara. Und dann mit meinem Beruf, das wäre aussichtslos. Aber inzwischen macht es mir Spaß, Autos zu reparieren. Ich will jetzt nicht Putzfrau oder Küchenhilfe werden.

Am liebsten würde ich eine Spezialwerkstatt für Motorkühlung aufmachen, das dürfte nicht so teuer sein. Im Moment weiß ich zwar noch nicht, wo ich das Geld dafür hernehmen soll, die 10.000 Birr, die wir bei der Demobilisierung erhalten, reichen dafür nicht aus, aber vielleicht klappt es doch irgendwann.

Wir Frauen in Eritrea haben so viel geschafft, wir können alles erreichen, genauso wie die Männer, wenn wir nur in einer Situation sind, in der wir unsere Kräfte richtig einsetzen können. Die Regierung tut zwar viel für die Gleichberechtigung der Frauen, aber trotzdem werden wir in Eritrea immer noch diskriminiert. Das wird sich auch nicht ändern, so lange wir Frauen nicht durch gleiche Schulbildung und einen Beruf zeigen können, daß wir gleich sind. Heute sage ich den Mädchen, sie sollten zur Schule gehen. Ich würde sie auch ermutigen, Kfz-Mechanikerin zu werden, obwohl ich weiß, daß es für uns Frauen heute noch schwer ist, in diesem Beruf eine Arbeitsstelle zu finden. Aber wenn wir nicht weitermachen wie bisher, werden wir wieder zurückgedrängt.

Es war doch wichtig, was wir Kämpfer geleistet haben. Wir haben Eritrea befreit und zumindest bei uns in der EPLF eine gleichberechtigte Gesellschaft geschaffen. Wenn ich heute reiche Zivilisten sehe, akzeptiere ich, daß sie viel mehr Geld haben als ich, daß ihr Leben geordnet ist, daß sie sich weniger Sorgen machen müssen als wir Kämpfer. Aber manchmal denke ich auch, daß sie ihr Leben nur deshalb heute so genießen können und nur deshalb so reich werden konnten, weil wir gekämpft haben.

Mein Vater ist zwei Jahre vor der Befreiung von den Äthiopiern inhaftiert worden. Sie haben ihn im Gefängnis umgebracht. Wenn wir nicht gekämpft hätten, würde das immer noch so weitergehen.

Anhang

Glossar

Afar – Die Afar leben im Küstenstreifen zwischen dem Golf von Zula und Assab, in und längs der Danakilwüste. Sie sind meist Nomaden und Fischer, einige sind in Assab und Massaua auch seßhaft geworden. Die Afar sind Muslime und sprechen eine hamitische Sprache: Afar. Es gibt Gruppen, die die staatliche Unabhängigkeit der Afar fordern. Außerhalb Eritreas gibt es Afar in Äthiopien und Djibouti.

Ali Ghider – Ali Ghider ist eine ehemals italienische Plantage in der Nähe von Tessenai. Im Juli 1994 wurden 1200 demobilisierte KämpferInnen, davon 138 Frauen, und 450 RückkehrerInnen aus Flüchtlingslagern in Ali Ghider angesiedelt. Die früheren KämpferInnen haben alle ihre Abfindung sowie 2 ha für Baumwollpflanzungen und 1 ha zum Anbau von Gerste erhalten. 45° erreicht das Thermometer mühelos, Tessenai und Umgebung gehören zudem zu den schlimmsten Malariagebieten Eritreas.

Amharen – Die Amharen leben im nördlichen Bergland Äthiopiens und waren vor allem zur Zeit Kaiser Haile Selassies die in Äthiopien dominierende Volksgruppe. Während der äthiopischen Besetzung war Amharisch Amts- und Schulsprache auch in Eritrea. Amharisch ist mit den Sprachen Tigrigna und Tigre verwandt.

Barfootdoctor – Barfootdoctor nannte die EPLF – nach chinesischem Vorbild – Ärzte ohne formelles akademisches Studium. Kämpfer mit geringer medizinischer oder auch nur naturwissenschaftlicher Vorbildung erhielten vielfach ein on-the-job-training und wurden dann in der Ersten Hilfe (bis hin zu kleinen Operationen), in der Geburtshilfe und zur medizinischen Betreuung langwieriger Verletzungen eingesetzt, z.B. bei den Napalmopfern.

Bilen – Die Bilen leben in und um Keren, sie sprechen Agaw, einen hamitischen Dialekt. Die Bilen sind je zur Hälfte Muslime und Christen, die Christen haben jedoch kulturell, speziell in bezug auf das Leben von Frauen, vieles mit den Muslimen gemein, z.B. die Infibulation der Frauen.

Cash crop – Zum Verkauf, zum devisenbringenden Export bestimmte Ernte (Bananen, Orangen, Nüsse, Baumwolle), für die in Eritrea zunehmend Land genutzt werden soll. Bisher werden diese Produkte im eigenen Land verkauft, nicht exportiert.

Dankalia – Dankalia ist der Name der eritreischen Provinz, die sich zwischen Assab und der Provinz Akele Guzai entlang des Roten Meeres erstreckt. Sie besteht zum großen Teil aus der Danakilwüste.

Demobilisierung – In der Befreiungsarmee der EPLF waren bei Kriegsende etwa 95.000 KämpferInnen, davon ein Drittel Frauen (aus allen Volksgruppen). Als »KämpferIn« bezeichnet man sowohl die FrontkämpferInnen als auch die EPLF-Mitglieder, die im zivilen Bereich arbeiteten. Etwa 35.000 bis 40.000 sollen SoldatInnen der eritreischen Armee werden, die übrigen FreiheitskämpferInnen werden demobilisiert und sollen ins zivile Leben reintegriert werden. In der ersten Phase, Juni 1993 bis Juni 1994, wurden 26.000 KämpferInnen demobilisiert, und zwar die, die seit 1990 zur EPLF gekommen waren und nur kurz mitgekämpft hatten. Die meisten von ihnen sind jung und haben noch enge Bindungen an ihre Familie.

Im Herbst 1994 hat die zweite Phase der Demobilisierung begonnen, betroffen sind 22.000 KämpferInnen (davon 8.000 Frauen), die 10, 15, 20 Jahre gekämpft haben. Die wenigsten von ihnen haben eine Berufsausbildung oder beruflich verwertbare Kenntnisse und Fähigkeiten. Viele waren die ganze Zeit FrontkämpferIn. Wer KämpferIn wurde, mußte den Kontakt zu seiner Familie abbrechen, um seine Verwandten nicht zu gefährden. Die langjährigen KämpferInnen sind deshalb heute ohne enge Beziehungen zu ihren Familien, durch das Leben mit der EPLF auch aus der traditionellen Lebensweise entwurzelt, was ihre Reintegration in die Zivilgesellschaft zusätzlich erschwert.

Bis zur Demobilisierung arbeiten die KämpferInnen in Infrastrukturmaßnahmen, in der Verwaltung, bei der Armee, in Krankenhäusern etc. Sie wohnen in Armeecamps, Zelten oder extra für sie angemieteten Häusern (immer zu mehreren in einem Zimmer) und werden von der Armee verpflegt. Sie erhalten im Monat für jedes bei der EPLF gediente Jahr 5 Birr als Taschengeld (4 Birr entsprechen 1 DM). Bei der Demobilisierung erhalten die LangzeitkämpferInnen 10.000 Birr Abfindung als Starthilfe. Die Regierung versucht, ihnen durch berufsbildendes Training oder Projekte zur Existenzgründung zu helfen, hat aber selbst nicht genügend finanzielle Mittel. Sie muß für die Demobilisierung Kredite aufnehmen. Ausländische Unterstützung ist rar. Unzufriedenheit unter den Kämpfern gärt, es hat bereits zweimal gewaltsame Aufstände gegeben. Die Demobilisierung wird auf der einen Seite von manchen ersehnt, weil die KämpferInnen erst danach beginnen können, sich ihren Platz im zivilen Leben zu schaffen. Andererseits fürchten vor allem KämpferInnen aus finanziell schlecht gestellten Familien diesen Moment, da sie keine Möglichkeit sehen, ihren Lebensunterhalt, Miete etc. zu verdienen.

Die öffentliche Verwaltung, der Gesundheitsdienst und das Schulwesen würden ohne die KämpferInnen als billige Arbeitskräfte derzeit zusammenbrechen.

Von der zweiten Demobilisierungswelle sind viele Frauen mit kleinen Kindern betroffen. Die Friedensarmee soll nur einen Frauenanteil von 9,7% haben. Die Frauen sind in der Demobilisierungsphase in einer besonders mißlichen Situation: Viele Frauen haben »nur« mit der Waffe gekämpft, keinerlei Berufsausbildung. Viele haben während des Krieges und vor allem auch unmittelbar nach Kriegsende Kinder bekommen, die jetzt ein zusätzliches Handicap bei der beruflichen Eingliederung sind. Außerdem hat nach Kriegsende eine von den männlichen Kämpfern ausgehende Scheidungswelle eingesetzt, die die Frauen noch zusätzlich zu alleinerziehenden Müttern macht.

Denden-Camp – Die Kaserne im Westen Asmaras heißt Denden-Camp. Während der Besatzung waren dort Äthiopier stationiert. Jetzt leben hier EPLF-KämpferInnen, die z.T. demobilisiert werden sollen. Innerhalb der Kaserne ist ein Heim für besonders schwer behinderte ehemalige KämpferInnen, in dem etwa 200 RollstuhlfahrerInnen leben, davon etwa 35 Frauen.

Derg – Der Militärrat, der Äthiopien nach dem Sturz Haile Selassies (1974) regierte.

ELM (Eritrean Liberation Movement) – Die erste eritreische Befreiungsbewegung wurde 1958 von Exileritreern im Sudan gegründet, nachdem Haile Selassie die eritreischen Gewerkschaften, die einzig verbliebene machtvolle eritreische Vertretung, verboten hatte. Die ELM baute kleine Zellen jeweils mit sieben Mitgliedern (Machbeer Schowaate) auf, die Spionage und heimliche politische Aufklärung betrieben.

ELF (Eritrean Liberation Front) – Die Eritreische Befreiungsfront wurde 1961 gegründet, die Mitglieder stammten vorwiegend aus den heutigen Westprovinzen und waren zum großen Teil Muslime. Es war die erste Widerstandsgruppe, die den bewaffneten Kampf begann und Guerilla-Anschläge verübte. Mitte der 60er Jahre schlossen sich immer mehr Christen aus dem Hochland der ELF an, in den 70er Jahren hatte die ELF auch eine relativ breite Anhängerschaft im christlichen Seraye. Die ELF war besonders im Westen des heutigen Eritrea stark.

Sie bestand aus fünf regional, teilweise ethnisch gebundenen Gruppen, die sich oft nicht auf gemeinsames Handeln einigen konnten, was die Schlagkraft einschränkte. 1967 startete Äthiopien eine Offensive gegen die einzelnen regionalen Gruppen der ELF, die sich daraufhin zurückziehen mußten. Kritik und Zersplitterung innerhalb der ELF steigerten sich danach noch. 1970 spaltete sich die EPLF ab. Zu den inneren Auseinandersetzungen in der ELF kamen blutig ausgetragene Konflikte mit den anderen Widerstandsgruppen, vor allem mit der EPLF.

In heutigen eritreischen Darstellungen des 30jährigen Unabhängigkeitskrieges wird die ELF zunehmend verschwiegen, obwohl sie einen großen Beitrag auf dem Weg zur Befreiung geleistet hat, nicht zuletzt bei den Erfolgen von 1977. Viele ELF-Mitglieder leben heute im Exil.

EPLF (Eritrean People's Liberation Front) – Die Eritreische Volksbefreiungsfront ging 1970 aus der ELF hervor. In ihr verbanden sich linksintellektuelle Kräfte um Isaias Afewerki, viele ehemalige Studenten, viele christliche Tigrigna des Hochlands, aber auch Muslime. Es gab immer wieder Versuche, einen religiösen und ethnischen Proporz bei den Führungspositionen zu erreichen, insgesamt dominierten jedoch die christlichen Tigrigna. Die EPLF hatte zwei Ziele: die nationale Unabhängigkeit und weitreichende soziale Reformen (Demokratie, Gleichberechtigung der Frau, ein neues Landrecht, Kampf gegen Infibulation etc.).

In den 70er und zu Beginn der 80er Jahre führten ELF und EPLF mehrfach Bürgerkriege, die die straff geführte EPLF für sich entschied. 1977/78 gelang es beiden Widerstandsbewegungen gemeinsam, nahezu ganz Eritrea unter ihre Kontrolle zu bringen. 1978 bombte jedoch eine russisch-äthiopische Offensive ELF und EPLF wieder zurück an die Peripherie. Die EPLF baute sich danach in der muslimischen Provinz Sahel, in den Bergen nördlich von Nakfa eine Basis auf. Von dort befreite sie in den 80er Jahren das Land erneut aus äthiopischer Hand.

Nach der Unabhängigkeit hat sie sich in People's Front for Democracy and Justice (PFDJ) umbenannt.

Entwicklungsplan – Die eritreische Regierung hat gemeinsam mit UNICEF einen nationalen Entwicklungsplan für die Jahre 1996-2000 ausgearbeitet und beschlossen. Er verfolgt vielfältige Ziele: eine bessere Wasserversorgung, Impfungen, sichere Mutterschaft und perinatale Gesundheitsfürsorge, Ernährungsfürsorge für Mutter und Kind, Förderung von Mädchen- und Frauenbildung, AIDS-Aufklärung. Es soll auch versucht werden, die traditionelle Definition der Geschlechterrollen und die daraus folgende Arbeitsteilung in Frage zu stellen, ein positiveres Image von Mädchen zu vermitteln. Auf der Agenda stehen auch Familienplanung und eine Erhebung über Abtreibung (die meist von Nichtfachleuten ausgeführt wird und dann oft tödlich oder mit bleibenden Gesundheitsschäden endet).

Der Entwicklungsplan ist allerdings kein Programm für ganz Eritrea, sondern nur für Asmara, Seraye und Barka, also für knapp 40% der eritreischen Bevölkerung, die überwiegend zur Volksgruppe der Tigrigna gehören.

food-for-work-Programme – Lebensmittelhilfe wird vielfach nicht als Geschenk gegeben, sondern als Gegenleistung müssen Männer und Frauen im Straßenbau, im Brunnenbau, bei der Wiederaufforstung und in anderen Infrastrukturmaßnahmen arbeiten, in der Regel sechs Stunden täglich.

Frauenunion (NUEW) – Die National Union of Eritrean Women wurde 1979 von eritreischen Frauenorganisationen der befreiten Gebiete und des Auslands gegründet. Sie war eine Massenorganisation der EPLF. 1991, bei Kriegsende, hatte sie 100.000 Mitglieder. Inzwischen hat sich die Mitgliederzahl verdoppelt. Ex-Kämpferinnen besetzen die entscheidenden Positionen. Besonders junge Frauen in den Städten, unter ihnen viele Arbeiterinnen, werden derzeit Mitglied der Frauenunion. Die Zentrale der Frauenunion ist in Asmara; in den Provinzen und Regionen gibt es Untergruppen, die Basisgruppen in den Dörfern werden »Hamade« genannt.

Während des Krieges versuchte die Frauenunion, die starken Rückhalt bei der EPLF hatte, Frauen zur Beteiligung am Kampf um die nationale Unabhängigkeit zu bewegen, sei es in den Jugend- oder Zivilgruppen oder als Kämpferin. Außerdem engagierte sie sich schon während des Krieges in der Zivilbevölkerung für Frauenförderung, indem sie Programme zur Alphabetisierung, zur Gesundheitsfürsorge, zur Existenzsicherung etc. für Frauen anbot. Diese Aktivitäten konnte sie seit Kriegsende ausbauen, teilweise finanziert durch ausländische Hilfsorganisationen.

Die Frauenunion versucht, Frauen zu organisieren, sie über ihre Rechte und Möglichkeiten aufzuklären und bei der Regierung Lobbyarbeit für die Interessen von Frauen zu betreiben. Von der Regierung ist die Frauenunion als progressive Kraft anerkannt, sie wird in die Planung und Implementierung vieler Programme eingebunden, u.a. auch bei der Curriculumplanung. Ob die Frauenunion fähig und willens ist, auch gegen die Regierung Frauenrechte zu verfechten, wird im Land vielfach bezweifelt. Sie finanziert sich über Mitgliedsbeiträge und Spenden.

gender – Anders als »sex« bezeichnet das englische Wort »gender« nicht nur das Geschlecht, sondern die gesellschaftliche Funktion oder Rolle, die den Geschlechtern in der Gesellschaft zugeschrieben wird. Es gibt keine entsprechende deutsche Vokabel. Die Frauenunion und Teile der Regierung versuchen, die z.T. sehr selbstbewußten Kämpferinnen als sog. role models einzusetzen, also als Vorbild für eine andere, gleichberechtigtere Frauenrolle in der Gesellschaft.

Hamade – Lokale Gruppen der Frauenunion. Siehe dort.

Hafash – Hafash war eine Jugendorganisation zur Unterstützung der EPLF.

Hedareb – Die Hedareb sind Nomaden im Nordwesten der Provinz Barka, die meisten züchten Vieh. Die sehr kleine Volksgruppe der Hedareb spricht eine hamitische Sprache. Ihre Vorfahren, die Beja, beherrschten von 700 bis 1300 das ganze Gebiet des heutigen Eritrea.

Infibulation – Während die Klitorisbeschneidung vorwiegend von den Christen im Hochland praktiziert wird, ist bei Muslimen, aber z.B. auch bei den christlichen Bilen, Infibulation üblich. Bei der Infibulation werden den Mädchen im Alter von sieben Jahren Klitoris und Schamlippen weggeschnitten. Diese Operation wird von einer älteren Frau, oft von einer traditionellen Geburtshelferin, mit einer Glasscherbe o.ä. vorgenommen. Es gibt keine Betäubung. Anschließend wird die Wunde mit Dornen zugenäht. Lediglich ein etwa fingergroßes Loch wird mit einem Röhrchen offengehalten. Dem Mädchen werden anschließend die Beine fest zusammengebunden, bis die Wunde verheilt ist.

Beim ersten Geschlechtsverkehr wird die Narbe entweder vom Mann aufgeschnitten, oder sie reißt bei gewaltsamer Penetration. Nach jeder Geburt werden die Frauen wieder zugenäht. Viele Mädchen behalten von der ersten Infibulation Traumata zurück. Die Infibulation führt zu Schmerzen beim Geschlechtsverkehr und, da das Gewebe vernarbt ist, sehr oft zu lebensgefährlichen Komplikationen bei Geburten. Beim Wasserlassen und bei der Periode bleiben später oft Rückstände im Körper der Frau. Folgen sind oft Entzündungen und auch Unfruchtbarkeit. Die Entzündungen können je nach Krankheitsbild zur Stigmatisierung der Frau führen. Unfruchtbarkeit kann ebenso weitgehende Folgen haben. Das Risiko, sich mit HIV anzustecken, ist für infibulierte Frauen ungleich größer als für nicht beschnittene Frauen.

Die EPLF und die Frauenunion haben schon während des Krieges sehr engagiert die Zivilbevölkerung über die gesundheitlichen Risiken der Infibulation für Frau und Kind aufgeklärt. In einigen wenigen Dörfern, z.B. Rora Habab, gelang es sogar, die Re-Infibulation nach Geburten ganz zu stoppen, allerdings nicht die Infibulation der Mädchen. Seit Kriegsende kehrt die Bevölkerung jedoch wieder zunehmend zur alten Tradition zurück. Dabei spielen sowohl Forderungen von Männern eine Rolle, als auch internalisierte Zwänge bei Frauen. Mütter fürchten, daß sie ihre Töchter nicht verheiraten könnten, wenn sie sie nicht beschneiden ließen. Denn die Infibulation gilt als Garant vor- und außerehelicher Enthaltsamkeit, da eine infibulierte Frau Sexualität nicht als schön und erstrebenswert ansehen könne. Frauen stöhnen zwar über die unsinnige Qual der Infibulation. Um sie zu beenden, müßten sie sich aber gegen die Männer stellen. Sie müßten darauf vertrauen, daß ihre Töchter auch unbeschnitten eine Zukunft hätten, sei es im Beruf, sei es in einer Ehe. So lange Frauen im wirtschaftlichen, gesellschaftlichen und politischen Leben nicht mehr Chancen haben, nicht gleichberechtigt sind, werden Mütter deshalb kaum den Mut aufbringen, ihre Töchter nicht beschneiden zu lassen.

Solche Arten der Frauenbeschneidung gibt es in vielen afrikanischen und islamischen Ländern, nicht nur in Eritrea. Heute ist die Infibulation in Eritrea verboten. Explizit gibt es kein Verdikt über die Entfernung der Klitoris, die die Tigrigna praktizieren. Die Frauenunion möchte auch die Klitorisbeschneidung verbieten. Da diese aber nicht so große gesundheitliche Risiken wie die Infibulation mit sich bringt, die Argumentation mit medizinischen Argumenten daher weniger verfängt, fürchtet die Regierung, daß eine Kamgagne gegen Klitorisbeschneidung ihr den Zorn der Männer zuziehen würde. Sie verweigert deshalb ein Verbot. De facto werden nicht einmal Verstöße gegen das Verbot der Infibulation geahndet. Sexuelle Verstümmelung von Frauen wird von der Regierung geduldet.

Ingera – Ingera ist Grundbestandteil einer eritreischen Mahlzeit, es ist ein weicher Sauerteigfladen, der je nach Region (und Geldbeutel) aus Teff, Sorghum oder anderen Getreidearten gebacken wird. Über den Fladen wird mittags oder abends Sauce mit Fleisch oder Huhn, Gemüse oder Kichererbsenbrei gegossen. Arme essen sie oft trocken.

Klitorisbeschneidung – Bei der Klitorisbeschneidung wird dem Mädchen die Klitoris mit einer Glasscherbe herausgeschnitten. Die Operation wird meist von einer alten Frau oder einer Geburtshelferin und immer ohne Betäubung vorgenommen. Die Klitorisbeschneidung wird von den Tigrigna praktiziert und ist nach eritreischem Gesetz erlaubt.

Kunama – Die Kunama leben in, um und vor allem südlich von Barentu, sie sind seßhafte Bauern und sprechen eine Sprache nilotischen Ursprungs. Kunama und Nara bildeten bis Anfang dieses Jahrhunderts das Sklavenreservoir der Region. Sie wurden von anderen Eritreern wegen ihrer dunklen Hautfarbe als »Schwarze« niedrig eingestuft. Manche bezeichnen sie noch heute als rückständig.

Es ist die einzige mutterrechtlich organisierte Volksgruppe Eritreas. Ein Teil pflegt die angestammte Naturreligion, ein Teil ist islamisiert. Die Kunamafrauen haben mehr Rechte und Bewegungsfreiheit als die Frauen der anderen Volksgruppen. Sie dürfen z.B. traditionell Land besitzen und auch pflügen. Aber sie dürfen sich, anders als z.B. die Tigrigna, nicht selbst bei Rechtsstreitigkeiten vertreten. Die Arbeitsbelastung der Kunamafrauen ist noch höher als die von Frauen anderer Volksgruppen.

Anders als bei allen anderen Volksgruppen Eritreas gibt es bei den Kunama keine Frauenbeschneidung. Selbst Schmucknarben im Gesicht sind selten und wenn, dann immer sehr klein. Die Mädchen haben, im krassen Gegensatz zu allen anderen Volksgruppen, das Recht auf voreheliche Beziehungen. Anders als bei den Tigre und den Nara, die im gleichen Siedlungsgebiet leben, ist den Kunamamännern Polygamie nicht erlaubt.

Kuschuk – Ein Kuschuk ist ein buntes, zu einem Schlauch zusammengenähtes Baumwolltuch, das von Männern um den Kopf, um die Schultern und, in muslimischen Regionen, wie ein Rock um die Hüften getragen wird. Frauen tragen ihn nach dem Baden oder auch als Nachthemd.

Landrecht – Die Regierung hat im Oktober 1992 das Land verstaatlicht und allen EritreerInnen, Frauen und Männern, den Rechtsanspruch gegeben, ein Stück Land für sich registrieren zu lassen und zu bearbeiten. Dieses Recht bleibt Frauen auch bei einer Heirat oder Scheidung erhalten, es stärkt damit potentiell Frauen und die Unabhängigkeit von Frauen enorm.

monadela – Bezeichnung für »Freiheitskämpferin« (arabisch-igre).

Nara – Die Nara leben wie die Kunama in und um Barentu, sprechen ebenfalls eine nilotische Sprache, sind aber patrilinear organisiert. Wie die Kunama standen sie bis zum Beginn des Jahrhunderts ganz unten in der sozialen Hierarchie. Die Nara werden in Eritrea und auch in Darstellungen über Eritrea oft noch »Baria« genannt, was auf Tigrigna »Sklave« bedeutet. Die Nara sind Muslime und erlauben den Männern auch Polygamie. Sie sind, wie die Kunama, eine zahlenmäßig kleine Volksgruppe.

national service – Der national service dauert 18 Monate. Bis 1994 umfaßte er nur zivile Aufgaben. Heute gliedert er sich in zwölf Monate Arbeitsdienst in Infrastrukturmaßnahmen (Brunnenbau, Aufforstung, Straßenbau etc.) und sechs Monate Militärdienst. Teilnehmen müssen alle jungen Männer und Frauen zwischen 18 und 40 Jahren, die ohne Arbeitsstelle sind.

PFDJ (People's Front for Democracy and Justice) – Die EPLF hat sich nach dem Krieg umbenannt. Sie ist die einzig zugelassene Partei. Die führenden Mitglieder waren bzw. sind KämpferInnen.

Port Sudan – Port Sudan ist eine Hafenstadt im Sudan, über die die EPLF mit der Außenwelt verbunden war. Massaua, der eritreische Hafen, war bis Ende des Krieges in der Hand der Äthiopier, so daß für die WiderstandskämpferInnen nur der schwierige Landweg von Port Sudan über Karora nach Nakfa blieb. Der Sudan war das einzige Land, das die Freiheitskämpfer durchgängig unterstützte. Es ließ Hilfsgüter und andere Lieferungen passieren und stand den Kämpfern als Rückzugsgebiet offen. Schwerstverletzte wurden von der EPLF in Port Sudan behandelt, schwerbehinderte Kämpfer lebten dort bis zur Befreiung.

Rasheida – Die Rasheida leben im Küstengebiet des Nordens (Sahel- und Semhar-Provinz) und sind Nomaden. Sie sind als letzte Gruppe nach Eritrea eingewandert, Mitte des 19. Jahrhunderts, und sprechen nach wie vor Arabisch. Anders als bei den anderen eritreischen Volksgruppen sind die Rasheida-Frauen verschleiert. Infibulation ist üblich.

role model – Als role model werden in Eritrea Frauen bezeichnet, die qua Persönlichkeit und Lebenssituation eine Alternative zur »Frau am Herd« darstellen: Kämpferinnen und berufstätige Frauen, speziell Frauen in klassischen Männerberufen.

Sahel – Die sehr gebirgige Nordprovinz Eritreas heißt Sahel. Sie wird vornehmlich von Muslimen, Tigre und Rasheida, bewohnt. Nach dem Rückzug 1978 baute die EPLF sich hier eine Basis für ihren weiteren Kampf auf (Schulen, Krankenhäuser, Fabriken, Handwerksstätten etc.). Die KämpferInnen mußten alle Transporte nach und von Port Sudan, den einzigen ihnen zugänglichen Hafen, über eine Piste über Karora durch den Sahel schaffen. Die gesamte Sahel-Provinz, nicht nur die lange umkämpften Städte Afabet und Nakfa, ist schwer vom Krieg gezeichnet, viele Bewohner sind geflohen. Die Menschen in der Provinzhauptstadt Nakfa leben noch in Wellblechhütten. Die Stadt soll wieder aufgebaut werden.

Saho – Die Saho leben südlich von Massaua in den Provinzen Semhar und Akele-Guzai. Sie sind Muslime. Die Frauen dürfen sich kaum außerhalb des Hauses bewegen, sind also sehr abhängig von der Männerwelt. Sie haben, ihrem kaum vorhandenen wirtschaftlichen Aktionsradius entsprechend, auch keine Mitspracherechte bei Entscheidungen. Infibulation ist Usus.

Sorghum – Sorghum ist eine Hirseart, in Afrika und Asien wird sie als Getreide für Menschen angebaut, in den USA als Viehfutter.

tagadalit – Bezeichnung für »Freiheitskämpferin« (Tigrigna).

Tigre – Die Tigre sind die zweitstärkste Sprachgruppe Eritreas (gut 30%). Der weit überwiegende Teil hängt dem Islam an, den Männern ist Polygamie erlaubt, die Frauen werden infibuliert.
Die Tigre leben vorwiegend im westlichen Tiefland und in Sahel. Innerhalb der Tigre gibt es verschiedene Stämme, der größte sind die Beni Amer. Viele Tigre sind Nomaden oder Halbnomaden. Die Sprache Tigre ist semitischer Herkunft. Tigre-Männer sprechen teilweise auch Arabisch. Die Tigre haben den Widerstand gegen Äthiopien maßgeblich (mit-) initiiert und mitgetragen.

Tigrigna – Die Tigrigna sind die größte Volksgruppe in Eritrea, sie stellen ca. 45 % der Bevölkerung. Die Tigrigna leben im teilweise städtisch geprägten Hochland, primär in den Provinzen Hamasien, Akele-Guzai und Seraye. Die Schulbildung der Tigrigna ist verglichen mit der der anderen Volksgruppen hoch. Sie sind Christen (Kopten, griechisch-orthodox, katholisch, evangelisch). Bei den Tigrigna ist die Klitorisbeschneidung allgemein üblich. Landbesitz war den Männern vorbehalten. Die Sprache der Tigrigna heißt ebenfalls »Tigrigna« und ist semitischen Ursprungs.

Die Tigrigna stellten knapp zwei Drittel der EPLF-BefreiungskämpferInnen. Vor allem bei den weiblichen Kämpfern ist der Anteil der Tigrigna sehr hoch.

Gesprächspartnerinnen

Ungezählte eritreische Frauen verschiedenster Bevölkerungsgruppen und -schichten

Dr. Goitom Woldemariam, Botschafter des Staates Eritrea in Deutschland
Frau Schnabel, EG-Repräsentantin in Asmara
Verfassungskommission: Zahra Jaber und Mehret Eyob
PFDJ: Yemane Ghebreab (Leiter der politischen Abteilung)
Verteidigungsministerium: Tesfemariam Negassi, Abteilung für auswärtige Beziehungen
Gesundheitsministerium: Dr. Mismay G. Hiwet (Leiter der Abteilung für Forschung und Planung)
Bildungsministerium: Berhane Demoz (Leiter der Abteilung für Forschung und Planung)
Sozialministerium: Tewelde Zerezgi (Leiter der Abteilung für Planung)
Ministerium für Wasserressourcen: Ghebremicael Tehnewo (Leiter der Abteilung für Forschung und Planung)
Landwirtschaftsministerium: Hermann Thorwart (GTZ entsandter Koordinator auf Leitungsebene), Yirgalem Afeworki (Abteilung für home economics)
CERA: Johannes Ijassu
ERRA: Eva Maria Bruchhaus (MITIAS), Fezume Kebrome
NUEW: Saba Ijassu (Leiterin der Abteilung für Forschung und Planung), Rosa Kiflemariam (Projektkoordinatorin)
NUEYS: Alganesh Feshaye (Mitglied des Exekutivkomitees), Eibebeslassie Haile (Leiterin der Abteilung für Forschung und Erziehung)
National Union of Eritrean Workers: Roman Gheresus (Leiterin der Abteilung für Frauenförderung)
Association of Planned Parenthood: Kidisty Habte (Koordinatorin)
Eritrean War Disabled Fighters Association: Teklay Kidane (Chairman)
NCA: Arild Jacobsen (Leiter)
Oxfam UK: Karin Degome
FKP-Programm: Tedros Demoz, Freweini Zerai, Dr. Uschi Eid
UNICEF: Martine Billanou (Pressesprecherin)
Redde Barna: Woldegebriel Tareke (Programmkoordinator)
Universität Asmara: Prof. Asmarou (Vizepräsident)
Eritrean Profile: Abenet Essayas (Herausgeberin)
Dr. Müller-Dempf (Leiter des IFSP Gash & Setit)
Dr. Karin Oswald, Consultant
Aseghedech Ghirmazion, Consultant

Literaturverzeichnis

Al-Bashir, Abdel Rahman A., s. Habte-Selassie, Elias.

Befreites Land Befreites Leben? Frauen in Revolutionsbewegungen und Revolutionen, Hrsg.: Laudowicz, Edith, Köln 1989 (2.üb.).

Bruchhaus, Eva-Maria: Evaluation of Self-help-potential in Fifteen Eritrean Villages, Asmara 1994.

Bulcha, Mekuria, s. Habte-Selassie, Elias.

Christmann, Stefanie, Eritrea Reisehandbuch, Kronshagen 1995.

Dempf, Martina, Women and Food Security, A Case Study on the Nara and Kunama Societies of Eritrea, (o.O.) May 1994.

Eikenberg, Kathrin, Eritrea, in: Handbuch der Dritten Welt, Hrsg.: Nohlen, Dieter/Nuscheler, Franz, Bd. 5, Bonn 1993 (3.üb.).

Eikenberg, Kathrin, Eritrea, in: Afrika Jahrbuch 1993, Hrsg.: Institut für Afrika-Kunde, Opladen 1994, S. 247-251.

Eritrean Profile.

ERRA, s. Overview

Essential Education Indicators: Eritrea, Ed.: Ministry of Education, Asmara Dec. 1994.

Fact Sheet, Current Status of Women in Eritrea and The National Union of Eritrean Women, NUEW, Asmara o.J.

Final Draft, Government of the State of Eritrea, UNICEF, Programme of Co-operation for 1996-2000, Asmara September 1994.

Gender Profile of the State of Eritrea, Bridge briefings on development & gender, Report prepared for DANIDA, 1994.

Habte-Selassie, Bereket, Auf dem Weg zur internationalen Anerkennung, in: Handbuch Eritrea, Rio Verlag Zürich o.J., S. 229-234 (Referat auf dem 5. Eritrea-Festival in Bologna am 5. 8. 1990).

Habte-Selassie, Elias, Eritrean Refugees in the Sudan: A Preliminary Analysis of Voluntary Repatriation, in: Beyond Conflict in the Horn, Ed.: Doornbos, Martin/Cliffe, Lionel/Ahmed, Abdel Ghaffar M., Trenton 1992, S. 23-32, mit beigefügtem Comment von Bulcha, Mekura (S. 32-35) und Comment von Al-Bashir, Abdel Rahman A. (S. 35-37).

Handbuch Eritrea, Rio Verlag Zürich o.J.

Kemink, Friederike, Die Tegrenna-Frauen in Eritrea, Stuttgart 1991.

Mama, Amina, The Need for Gender Analysis: A Comment on the Prospects for Peace, Recovery and Development in the Horn of Africa, in: Beyond Conflict in the Horn, Ed.: Doornbos, Martin/Cliffe, Lionel/Ahmed, Abdel Ghaffar M., Trenton 1992, S. 72-78.

Maschke, Martin, Bericht Zur Prüfung des Vorhabens »Reintegration von Ex-Kämpferinnen der eritreischen Befreiungsarmee«, (o.O.) November 1993.

Matthies, Volker, Äthiopien, Eritrea, Somalia, Djibouti, München 1994 (2.üb.).

Michler, Walter, Afrika, Wege in die Zukunft, Unkel 1995, S. 82-102.

NUEW, s. Fact Sheet.

Oswald, Karin, Gender-specific Target Group Analysis Mai Aini, Liederbach 1995.

An Overview of the Demobilization and Reintegration of the Eritrean Fighters, ERRA, Oct. 1993.

Selassie, Wubnesh W., The Changing Position of Eritrean Women: An Overview of Women's Participation in the EPLF, in: Beyond Conflict in the Horn, Ed.: Doornbos, Martin/Cliffe, Lionel/Ahmed, Abdel Ghaffar M., Trenton 1992, S. 67-71.

Statistical Report, Semester I, 1994/95 Academic Year, University of Asmara.

Tesfagiorgis, Abeba, A Painful Season & A Stubborn Hope, Trenton 1992.

UNICEF, s. Final Draft.

Wilson, Amrit, The Challenge Road, Women and the Eritrean Revolution, London 1991.

Woldemichael, Berhane, Rural Development in Post-Conflict Eritrea: Problems and Policy Options, in: Beyond Conflict in the Horn, Ed.: Doornbos, Martin/Cliffe, Lionel/Ahmed, Abdel Ghaffar M., Trenton 1992, S. 171-177.

Woldemichael, Berhane, The War Disabled in Eritrea, Asmara 1993.

Zimmermann, Martin, Eritrea – Aufbruch in die Freiheit, Essen 1990.

Esel-Initiative e.V.

Die Esel-Initiative hat sich im Sommer 1995 gegründet. Ihr Ziel ist es, alleinerziehende Frauen auf dem Land zu entlasten, damit

- sich der Gesundheitszustand der Frauen bessert,
- sie selbst sich fortbilden können
- ihre Töchter zur Schule gehen können,

um so den Kreislauf von Armut und Unterentwicklung zu durchbrechen.

Die Idee zur Esel-Initiative wurde in Eritrea geboren, weil der Satz einer Eritreerin »Der Esel sind wir selbst«, mir nicht mehr aus dem Kopf ging. Daß Frauen, die tagtäglich mehrere Stunden einen 20-l-Wasserkanister schleppen müssen, schließlich so empfinden, ist allzu nachvollziehbar.

Die Esel-Initiative sammelt Spenden für Esel und leitet diese Spenden zweckgebunden an die Nationale Frauenunion Eritreas weiter. Die Frauenunion verwendet dieses Geld ausschließlich dazu, für alleinerziehende Mütter in Eritrea einen Esel anzuschaffen. Die Tiere werden nicht importiert, sondern in Eritrea gekauft. Die Frauen erhalten alle weibliche Esel, damit sie selbst Nachwuchs ziehen können. Sie brauchen keine Gegenleistung für den Esel zu erbringen. Sich selbst einen Esel zu kaufen, ist für die Frauen unmöglich: Er kostet 500 bis 800 Birr (120 bis 180 DM) – ein junger Fabrikarbeiter verdient im Monat 150 Birr, die Frauen gar nichts. Viele können sogar nur mit Lebensmittelhilfe überleben.

Ein Esel kann auf einem Weg mehr Wasser tragen als die Frauen und Mädchen, er kann als Gegenleistung für Hilfe beim Pflügen stundenweise verliehen werden. Das spart Zeit, Kraft und schont die »Gesundheit« der Frauen und Mädchen. Ein Esel braucht nicht gefüttert zu werden, er findet in den meisten Regionen sein Futter selbst, und nur dort erhalten die Frauen Esel. Wenn die Mütter einen Esel haben, können sie auch einen Sohn zur Wasserstelle schicken, während Jungen nach der Tradition kein Wasser tragen. Die einseitige Benachteiligung der Töchter endet also in diesem gravierenden Bereich.

Das Esel-Programm startet in der Provinz Gash-Setit, weil diese im Westen des Landes gelegene Provinz besonders stark vom Krieg zerstört wurde und weil die eritreische Frauenunion dort gerade ein Bildungs- und Existenzgründerinnenprogramm begonnen hat. In Gash-Setit leben drei Volksgruppen, die muslimischen Tigre und Nara und die, teilweise noch einer Naturreligion anhängenden, Kunama. Alle drei sollen gefördert werden. Die Kunama sind die einzige matrilinear organisierte Volksgruppe Eritreas. Mit der Hilfe für Kunama-Frauen möchte die Esel-Initiative auch einen Beitrag dazu leisten, daß die Kunama-Kultur erhalten bleibt und Strahlkraft entfalten kann.

Wenn das Programm in Gash-Setit gut angelaufen ist, und wir erste Erfahrungsberichte der Frauen berücksichtigen können, möchten wir, d.h. die eritreische Frauenunion und die Esel-Initiative, das Esel-Programm gern auch auf andere Provinzen ausdehnen. Dabei sollen die besonders unterentwickelten Regionen bevorzugt berücksichtigt werden.

Esel-Initiative e.V.
c/o Stefanie Christmann
Sternstraße 59
D-53111 Bonn

Die Esel-Initiative ist ins Bonner Vereinsregister eingetragen und als gemeinnütziger Verein anerkannt. Für Spenden können wir über das Bundesministerium für wirtschaftliche Zusammenarbeit (BMZ) Spendenbescheinigungen ausstellen lassen. (Spender mögen bitte ihre Anschrift angeben!)

Volksbank Bonn, BLZ 380 601 86, Kto. 180 590 7017